U0599583

司法部国家法治与法学理论研究项目"国际投资法的新发展与中国的应对"课题（12SFB2052）的最终成果

国家社科基金重大项目"外商投资负面清单管理模式与我国外资法律制度重构研究"（14ZDC033）的阶段性成果

外资法律制度研究丛书　　"十三五"国家重点图书

国际投资法：
实践与评析

•••••••••••••••••　张庆麟　主编

WUHAN UNIVERSITY PRESS
武汉大学出版社

图书在版编目(CIP)数据

国际投资法:实践与评析/张庆麟主编.—武汉:武汉大学出版社,
2017.12
外资法律制度研究丛书
"十三五"国家重点图书
ISBN 978-7-307-19887-6

Ⅰ.国…　Ⅱ.张…　Ⅲ.国际投资法学—研究　Ⅳ.D996.4

中国版本图书馆 CIP 数据核字(2017)第 307871 号

责任编辑:张　欣　　责任校对:李孟潇　　版式设计:马　佳

出版发行:**武汉大学出版社**　(430072　武昌　珞珈山)
　　　　(电子邮件:cbs22@ whu.edu.cn 网址:www.wdp.com.cn)
印刷:虎彩印艺股份有限公司
开本:720×1000　1/16　　印张:15.25　　字数:217 千字　　插页:2
版次:2017 年 12 月第 1 版　　2017 年 12 月第 1 次印刷
ISBN 978-7-307-19887-6　　定价:45.00 元

总　序

　　《外资法律制度研究丛书》是"十三五"国家重点图书。该丛书计划对晚近以来国际投资法领域的热点理论与实践问题予以探讨。

　　随着经济全球化的发展，私人海外直接投资与日剧增，对其进行规范的国内法制和国际法制也得到迅猛发展。外国直接投资活动因其存在于东道国境内，加之时间较长、与东道国的经济联系紧密等因素，可能会对东道国的国家安全、产业发展、环境、劳工、司法、行政、公众生活与公共健康等各领域产生广泛的影响。而此类影响既有可能是积极的，即可以为东道国带来资金、技术与管理经验，但也可能是诸如干涉东道国内政、产生垄断、转移定价、破坏环境等消极影响。

　　外国投资法律制度涉及的外国人待遇、外交保护以及侵害外国人而引发的国家责任等问题，在国际法中一直争议较大，未曾形成如同贸易领域的较为统一的国际法律制度。直到20世纪80年代，发展中国家出于引进外资发展本国经济的需求，逐渐转变了对外国投资的态度，纷纷制定外资法以及缔结双边投资协定（BITs），加之双边投资协定所规定的投资者与东道国争端解决机制（ISDS机制）逐渐得到认可并受到外国投资者的重视，从此真正开启了"BIT时代"。基于此，关于外国投资的国际法律制度才逐渐丰富起来。其后，数以千计的双边投资协定以及数以百计的仲裁裁决不断涌现不仅使国际投资领域变得更加"规则化"，而且也为国际投资法理论的形成与变化提供了丰富素材。

　　在全球化深入发展、全球价值链生产体系逐渐形成的背景下，国际投资与贸易之间的关系愈发紧密，不再只是简单的替代关系，而是相互补充的复杂关系。这致使将国际投资规制与国际贸易规则规定在一处的综合性自由贸易协定数量不断增多，实际上这也是投资条约区域化甚至全球化的推动因素。晚近以来的几次全球性经济危机的爆发导致新自由主义政策在外国投资法律制度失去了主导地位，国际社会进行了深刻的反思并引入其他相关理论来指导国际投资法的发展，如嵌入式自由主义、全球行政法、可持续发展理论等。近期的反思成果已有所显现，这就是 UNCTAD 倡导的新一代投资政策正在逐渐形成中。这种政策的一个核心要素就是可持续发展，其对外国投资法律制度所提出的一个基本命题就是外国投资者的私人利益与东道国的公共利益要达致一种平衡。这种平衡实质上就是要求在外国投资法律制度中既要考虑如何吸引与保护外国直接投资，也要考虑如何消除外资对东道国发展的不良影响。反映到国际投资协定的实践中，近期的表现主要体现于不同国家的双边投资条约的范本或者已签订的国际投资协定在条款上出现了"加加减减"，如增加一般例外条款、劳工环境人权条款、东道国规制权条款等，又如一些条约中摒弃最惠国待遇条款、保护伞条款、ISDS机制等。这些条款的"加加减减"以及对 ISDS 机制的改革或存废的争论，其目的均在于期望能够减少国际投资条约对东道国政府合理治理国家的权力与能力的"干扰"与束缚，也希望能够约束外国投资者"滥用"国际投资条约肆意提起投资争端的能力，使得东道国的公共利益与投资者的私人利益趋向平衡发展。所有这些都将会深刻地影响调整外国投资的国际、国内法律规则的发展。

我国目前正在制定一部新的促进与保护外资的《外国投资法》以取代"外资三法"。这部新法旨在为外资创建一个更加开放、自由以及公平的市场环境。其中最重大的变化就是就是实施外商投资准入的负面清单管理模式。这种模式将会对我国的外国投资法律制度产生重大影响。同时，这也对我国管理外国投资的能力以及实施包括外资法在内的市场经济法律体系的能力提出了极大挑战。随着国内外资立法确立外商投资负面清单管理模式，我国会逐渐在新一代国际投资协定中将国民待遇延伸至投资准入前，从而在投资自由化方面迈出重要一步。

本丛书将从调整外资的国际、国内法律制度两个层面，探讨处于变革时代的国际投资法制中的重要理论以及新兴实践，并对转型中的国际投资法律体系予以积极回应，以期丰富我国外资法律制度的理论研究，对我国的相关实践提供帮助。

张庆麟

2017 年 12 月 6 日

前　　言

　　国际投资法正处于变革的时代与大发展的时代。一方面关于外国直接投资的国内立法不断丰富、国际投资协定的数量不断增长；另一方面国际社会对国际投资法也日益不满意，对其有诸多的批评，提出了诸多的改革方案。各国也相应地结合本国情况在国内外资法、对外签署的国际投资条约或者本国拟订的国际投资条约范本中对国际投资法律制度中的不足进行"修修补补"。由于这种"修补"实践目前相当的丰富，本书无法反映其全貌，只能选择了其中的几个点予以介绍与评说，试图以点盖面反映目前国际投资法的发展概貌。

　　全书由五章构成。

　　第一章是国际投资协定中东道国规制权的实践。国际社会批评国际投资协定一向只是规定对投资者权利的保护而忽略对东道国规制权的认可，严重制约着东道国对外资的管制空间。随着对公共利益关注的加强以及投资仲裁危机的加深，规制权成为晚近国际投资法和投资政策关注的焦点，典型代表如美国 2012 年 BIT 范本和 TPP 投资章节、欧盟的 CETA 和 TTIP 投资章节草案。上述协定中的若干实体和程序规则，对东道国规制权予以了较为鲜明的关照，基于此，本章提炼、归纳与评析了东道国规制权在国际投资协定的发展状况并提出了中国应有的立场。

　　第二章是国际投资协定中的竞争中立政策。近年来国有企业海外投资在全球经济中占据重要地位。国际社会普遍认为，国有企业在进行投资活动时能够凭借其国有地位享有很多私有企业无法享受到的优惠条件，如财政补贴、税收优惠、信贷支持等。仅仅凭借这些优惠条件而不是自身的治理结构和技术创新优势，国有企业便能够在市场中获得竞争优势，从而破坏公平的市场竞争环境。在国有企业中，国家具有管理者和所有者的双重身份，而不论其基于何种身份行事，都难以避免地带着政治色彩。当国家借助国有企业实现政治目标，如促进就业、实施产业政策、环境保护等，国有企业更多地是成为了国家的统治工具而不是普通的投资者。而当一国的能源、基础设施等战略重要性领域为它国控制，一旦发生冲突，这些都会成为外国制胜的砝码。因此，国有企业海外投资的存在本身就给东道国的国家安全带来威胁；国有企业在海外投资活动中面临诸多挑战。竞争中立作为一项专门针对国有企业的政策，逐渐登上国际舞台，并在国际投资条约中得到越来越多的体现。在它的影响下，国际投资协定中的国有企业条款作为众多规制方式中的一种，形式日益多样，内容也不断丰富。本章以国有企业的法律规制为出发点和落脚点，对国际投资协定中的竞争中立政策进行深入研究，并对我国未来的国际投资协定谈判和国有企业改革提供了有益的建议。

第三章是加拿大外国投资法律制度研究。加拿大外资法的发展具有较长的历史，其在条例、内容上也具有鲜明的特色，很多方面值得中国借鉴。本章对加拿大的外资法律制度进行了较为全面深入的研究。

第四章是我国《外国投资法（草案）》中的控制标准。商务部于2015年1月19日在其官网上公布《中华人民共和国外国投资法（草案征求意见稿）》及其说明，正式向社会各界征求意见。这是我国自改革开放颁布"外资三法"以来首次对它们进行统一化的修改，其从内容到体例都是一次翻天覆地的改革。该草案中的控制标准部分在该《外国投资法》中具有极为重要的地位。草案总共11章、170条，其中涉及"控制"标准的条文多达20条，贯穿了《外国投资法（草案）》的多个章节，关乎外国投资者和外国投资的认定、外资准入许可、国家安全审查、信息报告等内容，是《外国投资法（草案）》中的关键枢纽。因此，自该草案公布以来"控制"标准就在理论界与实务界引发深入的讨论。本章即是对该"控制"标准的深入与全面的探讨。

　　第五章是跨国土地投资争端的法律问题。作为国际农业投资重要组成部分的跨国土地投资的法律问题一直未曾引起学界的关注。作为农业大国,我们非常有必要对其进行关注,本章以跨国土地投资的争端解决为切入点,对农业的跨国投资中的相关法律问题进行了探讨。

　　本书既是"十三五"国家重点图书——《外资法律制度研究丛书》的一本,也是武汉大学国际法研究所承担的司法部"国家法治与法学理论研究项目"《国际投资法的新发展与中国的应对》(12SFB2052)课题的最终成果和国家社科基金重大项目《外商投资负面清单管理模式与我国外资法律制度重构研究》(14ZDC033)的阶段性成果之一。

　　本书除第一章外均是我指导的法学硕士生的学位论文,其写作分工如下:

张庆麟(武汉大学法学院教授、博士生导师):第一章

朱苗苗(广州荔支网络技术有限公司法务专员):第二章

黄洁琼(武汉大学法学院博士研究生):第三章

汪玉芳(北京君合(深圳)律师事务所律师):第四章

万维(北京天达共和(武汉)律师事务所律师):第五章。

张庆麟

2017 年 12 月 6 日

目　　录

第一章　国际投资协定中东道国规制权的实践

第一节　规制权与国际投资协定

一、规制权的含义

规制不是一个正式的法律术语，其来自于经济学领域，特别是随着规制经济学的发展，在经济学领域得到广泛认可，其后"流入"法学、政治学等领域。规制的前提是市场经济，如何处理和协调政府与市场的关系，是市场经济国家必须处理好的现实问题。不论是理论上还是实践中，对于市场存在失灵是普遍的共识，政府有必要用其"有形之手"干预市场以纠正失灵的市场，也得到普遍的认可。所以，规制的目的是修正市场机制的缺陷，保证市场经济的健康发展。如米尼克指出："规制是针对私人行为的公共行政政策，它是从公共利益出发而制定的规则。"①吉尔洪和皮尔斯认为："政府的产业规制仅仅是对众多私人经济力量的法律控制形式中的一种。"②

一般而言，政府干预市场主要有两种方式：宏观经济政策与政府规制，它们共同构成政府调节体系。对于政府规制而言，通常认为主要有两类：一类是为了保护消费者利益而进行的经济性管制；

---

① Mitnick. B. M. , The Political Economic of Regulation, Columbia University Press 1980.

② Gellhorn. E. & R. J. Pierce, Jr. , Regulated Industries, West Publishing Co. 1982.

1

另一类是为了保护环境、减少健康与安全风险、消除种族歧视和改善贫困状况而进行的社会性管制。经济性管制主要是为弥补市场在自然垄断（natural monopoly）、过度竞争（excessive competition）和经济租（economic rents）三个自身无法弥补的缺陷。这样的经济管制方式有三种：（1）利润控制（profit control），即受管制的企业的定价不能超过为弥补其成本所必需的水平，包括合理的投资资本收益；（2）准入控制（entry control），即如果企业想进入受到管制的服务行业，必须先从管理机构处取得公共事业和必需品的营业执照；（3）价格结构控制（control over price structure），即企业不得实施价格歧视。① 社会性规制主要针对外部性和信息不对称、公共产品等市场失灵，以保障劳动者和消费者的安全、健康、卫生以及保护环境、防止灾害为目的，对物品和服务的质量以及伴随着提供它们而产生的各种活动制定一定的标准，或禁止、限制特定行为的规制。典型的如消费者权益保护、医药管制、生产安全监管、环境保护、资源监管等。②

"规制权"（the right to regulation，或者 regulatory powers）这一概念，应该来自于英美法，并且也不是较为严格的法律术语。其含义大致为"国家寻求指导或者鼓励那些如果没有国家干预就不会发生的经济活动，其目标是纠正市场失灵以满足集体或公众的利益。"③ 对于政府的这类行为，德国通常在其经济行政法、法国依其经济公法来予以规范与调整。在英美没有相对应的法律，学者们为了便于研究，笼统的以"规制"或者"规制法律"等"公认但并不精确的词汇来填补空缺"。④

---

① James G. March &Johan P. Olsen, Rediscovering Institutions: the Basis of Politics (1989), p. 455.

② ［日］植草益著：《微观规制经济学》，朱绍文译，中国发展出版社1992年版，第22页。

③ ［英］安东尼·奥格斯著：《规制：法律形式与经济学理论》，骆梅英译，中国人民大学出版社2008年版，第2页。

④ ［英］安东尼·奥格斯著：《规制：法律形式与经济学理论》，骆梅英译，中国人民大学出版社2008年版，第2页。

从国际法的角度看，规制权属于国家主权的范畴，所围绕的权利有着客观的国内法基础，无须依赖贸易或投资协定的授权。① 规制权常受习惯国际法保护，尤其是作为条约中的例外条款，常见于一般国际法。因此，不管国际投资条约中是否对其有明确的措辞，规制权都是东道国所固有的，具有天然的合法性。《美国对外关系法第三次重述》的注释将"正当的政府管制"划定为"诸如诚实的一般征税行为、刑事惩罚或者其他被公认为属于国家治安权力范围内的非歧视性的行为"，② 国家对其引发的不利经济后果免责。此外，多边投资协定（MAI）的谈判人员在其报告的附件三第 3 条中对"管制权利"进行了解释，即"缔约方可采取、维持或实施其认为能以关切健康、安全或者环境的方式来确保投资活动与本协定一致的任何适当措施"。③ 对此，2012 年的《世界投资报告》有很好的归纳：规制权是一国主权的一种表达。规制既包括东道国法律和行政总体框架，也包括特定领域或产业的特别规则。规则的有效实施、包括权利的执行同样也是必需的。规制不仅是一国的权利，也是一国所必备。如果不具备合适的规制体系，一国无法吸引外国投资。因为，外国投资者会寻求具有清晰、稳定和可预测的投资环境的东道国。规制权在一定条件下也可以让渡给某个国际组织由其为国家集体制定规则。如此，规制权受到国际义务的约束，如同在双边或区域层面经常见到的外国投资者待遇问题，国际承诺会减少"政策空间"。④

---

① IISD, The Right of States to Regulate and International Investment Law 5, adopted on 6-8 Nov. 2002［EB/OL］. available at http：//www. iisd. org/pdf/2003/ investment_right_to_regulate. pdf, visited on 21 Aug. 2016.

② Restatement of the Law Third, the Foreign Relations of the United States, American Law Institute, Volume 1, 1987, Section 712, Comment g.

③ The Multilateral Agreement on Investment（Report by the Chairman of the Negotiating Group）DAFFE/MAI（98）17［EB/OL］. 4 May 1998, available at http：//www1. oecd. org/daf/mai/pdf/ng/ng9817e. pdf.

④ UNCTAD, World Investment Report 2012, p. 108.

二、国际投资协定中规定规制权的目的

保护外国投资一直是国际投资协定的价值取向与主要内容。然而晚近国际投资协定的实践有了新的发展，增设专门条款或在原有条款中加入维护东道国规制权的内容。

国际投资协定设计之初其宗旨就在于保护外国投资者在东道国的财产利益不为东道国政府所肆意侵害。受这种目的的局限，在协定中忽略对东道国规制权的规定亦属正常，而且前已述及，规制权是国内法所授予本国政府管理国家的权利，任何国家均会在本国宪法、行政法或者类似立法中明确给以规定，赋予本国政府管理国家相应权力，并且该权力还得到了习惯国际法的认可。作为在东道国从事投资活动的外国投资者当然应该尊重东道国规制权并受其管制。然而，由于国际投资协定条款所赋予外国投资者的权利在一定条件下可以挑战东道国的规制权，使得东道国正常行使其规制权的权能受到阻碍，在实践中甚至出现了所谓"规制寒颤"（regulatory chill）①的现象，使得国际社会不得不考虑在国际投资协定中增设东道国规制权的相关内容，以减少甚至消除外国投资者利用国际投资协定挑战东道国规制权的情形。尽管外国投资能够促进东道国的经济发展，有利于当地人民生活的改善，但是，它也会对东道国环境、健康和人权造成负面影响。这些负面影响可能因东道国规制漏洞而加剧。此外，宽泛而模糊的国际投资协定条款也使得投资者能够挑战国内核心政策，如环境、能源和健康政策等领域的政策，所以，国际投资协定在继续给予外国投资以坚实的保护同时，也应着手直接提出投资者的责任问题。② 国际投资协定能够帮助缔约国改进其规制与制度框架，包括为其增加国际维度、促进法治与增强善

---

① 规制寒颤，在中文中有多种译法。这里的意思主要是指由于投资者通过投资仲裁利用国际投资协定的规定挑战东道国的规制措施，使得东道国付出巨额的赔付而导致东道国在实施新的规制措施时会心有余悸。

② UNCTAD, World Investment Report 2015, pp. 125, 126.

治。① 尽管如此，国际投资协定不能替代健全的国内政策、规制与制度框架，并且，国际投资协定也不可避免地限制了缔约国在国内政策制定上的权利，因此，国际投资协定的改革必须确保缔约国保留其为追求公共政策利益而进行规制的权利，包括实现可持续发展的目标，如保护环境、促进公共健康及其他社会目标。②

第二节 国际投资协定中规制权的体现

一、东道国规制权权利宣示条款

此类条款主要是对东道国的规制权起到宣示的作用，表明国际投资协定对东道国规制权的认可，要求外国投资者对其予以尊重。从目前的实践看，这类条款主要是两类：

首先是序言中的目标条款。作为国际投资协定目标和方向的集合，序言内容无法产生实体权利义务，也不受投资仲裁机制的管辖约束，但其能覆盖整个投资协定内容，而且发挥着不可替代的条约解释功能。根据《维也纳条约法公约》第 31 条规定，序言中的目标是条约内容不可分割的部分，是仲裁员可任意使用的重要解释工具。为拓展公共政策空间的范围，东道国常常在国际投资协定的序言中阐明对规制权的立场。如美国 2012 年双边投资协定（BIT）范本（以下简称"美国范本"）的序言中规定："希望（Desiring）缔约方在实现投资目标时，能采取适应保护健康、安全、环境和国际劳工权利的方式。"与"希望"的含蓄态度不同，《欧盟—加拿大综合经济贸易协定》（CETA，以下简称"欧加协定"）直截了当地确认了东道国规制权，该序言规定："本协定保护缔约方在其领土范围内的规制权，决心维护其实现合法公共目标的自由权，如公共卫生、安全、环境、公共道德及文化多样性。"由于仲裁庭对投资保护的传统立场偏向，在序言中增加东道国规制权以拓宽公共利益范围确实

---

① UNCTAD, World Investment Report 2015, p. 125.

② UNCTAD, World Investment Report 2015, p. 128.

有助于仲裁庭作出对东道国公共利益的有利解释。然而，公共利益列举的非穷尽性，以及序言的法律效力不足，都制约着序言目标功能的实现。

其次是专门的规制权条款。在重视和保护东道国规制权方面，欧盟的投资条约实践比较超前。为弥补上述序言条款中的缺陷，TTIP 投资章节草案设置了"东道国规制权"的专门法律条款。① 该草案第二部分"投资保护"章节的第 2.1 条规定："本节投资保护不影响缔约方在其领土范围内行使规制权，即东道国为实现公共卫生、安全、环境、公共道德、社会保障和消费者权益保护、促进和保护文化多样性等公共目标，可在必要时采取措施。"在随后的欧加协定中则是在"投资保护"部分设置了"投资与规制措施"条款，其第 8.9 条第 1 款规定："为了本章之目的，成员国重申其在其领土内的规制权，以取得政策目标的合法性，如保护公共健康、安全、环境或公共道德、社会或消费者保护或促进与保护文化多样性。"这是欧盟首次在国际投资协定中引入独立的规制权条款，为东道国规制权设计了更全面明晰的功能。若能被应用和推广，将显著提高东道国规制权在国际投资法中的地位，并有效发挥其在解决投资争议的作用。特别是规制权条款作为实体规则被纳入"投资保护"的专章，东道国可据此直接享有并行使该项实体权利。作为规制权的直接、明确的表达方式，东道国规制权条款具有其他表现形式在法律效力上无可比拟的优越性。理论上讲，该条款可直接适用投资仲裁机制，并作为缔约方维护本国公共利益的有效抗辩，但实践中东道国该如何具体应用，仲裁庭会如何判断及裁决等都有待进一步考察。

二、征收条款中明确将东道国的"管制性"征收作为例外

国际投资协定的最初目标就是为了使外国投资者免遭东道国政府的征收，并逐渐形成了若干习惯国际法原则。实践中对征收和合

---

① TTIP Commission Draft Text, Sep. 16, 2015, Trade In Service, Investment and E-commerce, Chapter II-Investment, Section 2 Art. 2.

法管制措施的界定原本就存在争议，而间接征收使问题变得更加复杂。因此，间接征收成为了国际投资主体共同面临的重大风险，极易引发投资争端。① 为维护东道国对重大公共利益的管制权利，晚近国际投资协定对间接征收规则不断予以完善。

（一）间接征收的认定

美国范本附件 B 对间接征收进行了定义："东道国的行为虽然不构成所有权的正式转移和全部没收，却产生了与直接征收相同的效果。"欧加协定还增添了东道国的行为属性，要求"实质上剥夺了投资者对投资财产所拥有的使用、占有、处置等根本性权利"。在判定间接征收时，美国范本附件 B 排除了单一的经济影响标准，要求仲裁庭在对具体的个案事实进行调查的基础上，应综合考虑"政府行为对投资的经济价值所产生的影响"；"政府行为对投资者明显合理期待的妨碍程度"及"政府行为性质"等因素。TPP 投资章节附件 9-B 第 3 条 b 款给出了判断投资者投资期待"合理性"的具体标准，包括"取决于相关限度内政府是否向投资者提供了约束性书面保证，政府管制的性质和程度，或政府对相关部门的管制能力"等因素。对保护公共健康的管制行为的解释也被列入该条注释。

然而，这种列举方式无法穷尽所有情况，单个仲裁庭仍然享有判断征收的最终的决定权。欧加协定的征收附件进行了如下改进：不仅把"东道国实施措施的持续时间"增列为间接征收的认定因素之一，还强调对东道国的行为目标、内容和意图的关注。此外，东道国措施所造成的严重影响必须达到明显僭越其目的的程度，从而进一步确定了间接征收的可操作界限。如果说美国范本对间接征收的界定和解释都比较概括，为仲裁机构预留了相当大的裁量空间，不利于东道国规制权功能的稳定发挥。那么欧加协定则设置了较高标准的间接征收适用规则，通过对习惯国际法规则适用的进一步澄清，明显减轻了对东道国规制权行使能力的消极影响，并进一步限制了外国投资者利用征收条款挑战东道国规制权的空间。

---

① 王小林：《国际投资间接征收的中国关切》，载《北方法学》2015 年第 2 期，第 85 页。

（二）间接征收的例外

间接征收的认定本身就包含了东道国规制权和外国投资者合法权利的冲突。由于公共利益理念的不断深化，间接征收的藩篱逐渐被拆除。东道国为维护重大公共利益实施的合法管制措施也因规制权的庇护而免予赔偿，形成了间接征收的例外。例如美国范本附件 B 第 4 条规定：除非少数情况，任一缔约方为实现保护公共健康、安全、环境等合法公共利益目标的非歧视性管制措施都不能归为间接征收。该项例外通过对赔偿责任的免除，实质上排除了这些合法管制措施的征收性，发挥了东道国规制权的应有功能。但这种"除非少数情况"的措辞并没有明确肯定的认可规制权，可能使东道国在未来投资仲裁中丧失一定优势。TTIP 投资章节草案的征收附件删去了"东道国措施对投资者合法期待的妨碍程度"的认定因素，并把间接征收的公共利益例外情形扩展至"公共健康、环境、公共道德、社会保障、消费者权益保护、促进和保护文化多样性"。该扩展与东道国对本国重大公共利益的重视和维护不可分割，是其国内管制政策的直接体现。这种对公共利益的例外规定有利于协调投资的经济利益和环境社会利益，值得借鉴和推广。①

综上，晚近国际投资协定征收条款对东道国规制权的关涉主要包括两个方面：一方面是细化对间接征收的认定标准，尤其是综合考察东道国管制措施的性质及经济影响因素，对"投资者合理期待"的澄清，为仲裁庭的个案判断提供了一定指示；另一方面是把东道国规制权直接确认为间接征收的例外，极大地提高了东道国规制权的可适用性，有助于东道国对重大公共利益目标的维护。这种规制权例外模式为间接征收与治安权设置了更明显的边界，也能为仲裁庭作出公正裁决提供更有效的指导。

在有关间接征收的东道国规制措施方面，往往还会涉及治安权这个概念。治安权(policy power)最早是美国法上的一个概念：（1）指一个主权国家所享有的，为维持公共安全、公共秩序、公共卫

---

① 石俭平：《论国际投资条约征收条款的适用危机》，载《学术交流》2012 年第 8 期，第 47 页。

生、公德和社会正义而制定所有必需和正当法律的内在和绝对的权力。它是政府所必需的一项基本权力，不能为立法机关所放弃或从政府中转移。（2）指根据美国宪法第 10 修正案授予州的权力，依此权力，州有权制定和实施保障公共卫生、公共安全和社会福利的法律，或将此权委托给地方政府。不过州行使此项权力应受正当程序和其他规定的限制。（3）泛指政府对私有财产使用的干预，如将该财产予以征用（eminent domain）。①现在，治安权已广泛接受为国家固有的一项管理国家公共利益的权力，特别是在评断一项管制措施是否是间接征收时往往会考量国家的治安权力，这已成为国际法上的治安权原则（the police powers doctrine）：习惯国际法承认东道国在特定情况下有权规制或者采取其他显著的影响外国人财产利益的措施而不构成需要给予补偿的征收。但是，该等措施必须致力于合法目的，其目标是为了普遍福利，且是非歧视性的，完全在该国一般规制或行政权的限度内实施。② 对于在一国享有的治安权范围内、由于善意的非歧视管制所导致的经济损失不予赔偿，这是习惯国际法上公认的原则。③ 从第一次世界大战前以来的一长串事例表明，立法机关可以在不违反财产保护的情况下，制定一般性的法律，以保护公共健康、安全和秩序。这一结论的理论依据是财产权的享有本来就要受制于一个隐含的前提，那就是它不能损害到公共的健康、安全和秩序。④ 因此，尽管表述不一定一致，具体的含义也会有一定的偏差，但是，治安权却是现代法治所赋予一国政府维

---

① 　Brayan A. Garner（ed.），Black's law Dictionary, 9th ed. West Publishing Co. , 2009, p. 1276.

② 　Caroline Henckels, Indirect Expropriation and the Right to Regulate: Revisiting Proportionality Analysis and the Standard of Review in Investor-State Arbitration, Journal of International Economic Law 15(1), pp. 223-255.

③ 　OECD, "Indirect Expropriation" and the "Right to Regulate" in International Investment Law[R]. OECD Working Papers on International Investment, Number 2004/4.

④ 　[美]亨金等著：《宪政与权利》，郑戈等译，三联书店 1996 年版，第 162 页。

护公共福利的正当权力。

虽然治安权是国家固有的管理公共利益的权力,其也为国际社会公认为一项基本的法治原则,但是,它的实施也必须满足一定的条件,即须由国家善意为之。由此,我们不能把治安权解释成代表公共利益而行为的不受限制的国家权力,否则,作为例外情况的治安权就将压倒征收条款本身。① 尽管承认治安权或管制权是一国固有的权利,但是,国家签订双边投资条约(BIT)或自由贸易协定(FTA)时也会承诺对其适当的限制。因此,东道国对外国投资者保证其实施治安权应依照特定条约的条款并满足一定的条件。②

三、例外条款对东道国规制权的进一步确认

联合国贸发会议在一份报告中指出:近期以来"有关直接投资是否可能发生负面作用的争论正在进行之中,在此种背景之下,愈来愈多的国家在其缔结的 BIT 中强调,实行既定的投资保护不能以牺牲东道国合法的公共关切(legitimate public concerns)作为代价。为此,多数国家采取在条约中设定各种例外的做法,以维护东道国制定各种条例的权利,即便所制定的条例与 BIT 不相一致。除了'传统'(作为 BIT 的共同特征而实施了较长时间)的税收和经济一体化例外领域外,如今越来越多的国际投资协定将保证东道国的重大安全与公共秩序、保护国民健康与安全、保护自然资源、保护文化多样性以及东道国在金融服务方面采取慎重措施等,全部或部分列入东道国义务的豁免范围。这些例外豁免规定表明了缔约各方在决策考虑方面的价值观念和衡量标准,并且把对投资的保护从属于缔约各方所追求的其他关键性的政策目标"。③

---

① [美]理查德·A. 艾珀斯坦著:《征收——私人财产和征用权》,李昊等译,中国人民大学出版社 2011 年版,第 118 页。

② Surya P. Subedi, International Investment Law: Reconciling policy and Principle, Oxford and Portland Oregon, 2008, p. 161.

③ UNCTAD, Bilateral Investment Treaties 1995-2006: Trends in Rulemaking, United Nations, New York and Geneva, 2007, p. 142.

（一）环境、劳工的专门例外

环境保护问题已经成为新时期国家经济决策的重要考量，并伴随可持续发展理念的传播而日益强化。国际投资实践中却出现了牺牲环境利益来吸引外商投资的乱象，不仅破坏了全球生态平衡，还引发国家间投资待遇的不正当竞争。为构建正常的投资竞争秩序，国际投资协定出现了对一国环保法制的规范。北美自由贸易协定（NAFTA）率先通过"环境合作、劳工保护"的两个附属协议建立了投资与环境的法制，特别是第 11 章第 1114 条具有突出的环保意义。

美国范本确定了更严苛的东道国环保和劳工责任。该范本第 12 条明确规定：禁止东道国通过弱化或降低环境法保护标准的方式来鼓励投资，并应确保不放弃或承诺放弃、减损其法律法规，还具体解释了"环境法"。这种义务性措辞的环境规制手段，实质上强化了东道国的环境责任。虽然该范本第 12.3 条也承认东道国享有合理管制的自由裁量权和对资源分配的善意决策权。但是，保留一定的自由裁量权并不等同于授予和认可东道国的环境规制权，而且缺乏对"合理"和"善意"的统一解释，作用比较有限。另外，美国范本第 12.6 条建立了国家与国家间的磋商机制，作为环境保护争端解决的专门程序。比照"投资与环境"的模式，美国范本第 13 条确立了"投资与劳工"规则，对"劳动法"的定义，和磋商机制均与前述环境规则模式一致。但第 13.1 条重申了缔约方的国际劳工组织成员国义务，以及对《国际劳工组织关于工作基本原则和权利宣言》及补充规则的所作承诺。

TPP 投资章节由于所涉国家尤其是发展中国家较多，利益交错复杂，条款设置较粗略，远不及美国范本对环境和劳工的保护力度。该章节第 9.15 条简单指出了"不阻止东道国为实现环境、卫生和其他管制目标所采取的适当措施"；第 9.16 条也仅仅对企业纳入社会责任规则作出原则性说明和鼓励。欧加协定与 TTIP 投资章节草案并不存在专门的环境、劳工例外条款，仅在序言或正文中对东道国的环境、劳工利益进行概括性规制。如欧加协定第 22.3 条第 2 款鼓励企业通过自愿履行诸如《经合组织跨国企业准则》指导下的最佳实践，以增强经济、社会和环境目标的一致性，进而间接规定了外国投资者的义务。尽管该条款的约束力不是太强，但是却是在目前的国际投资协定实践中较为少见的。

（二）安全例外条款

实践中，若干国家受 GATT 一般例外条款的启发，在国际投资协定中逐渐发展出一般例外条款和重大安全例外条款试图确认东道国的规制权。如 1998 年毛里求斯—瑞士 BIT 第 11 条第 3 款规定："本协议中的任何规定都不得解释为妨碍任一缔约方为公共健康或者动植物疾病预防而采取必要的措施。"有些协定则与 GATT 第 20 条要求类似，规定了非歧视、不得作为伪装的投资限制等要求，但针对的公共目的较为单一。例如，1999 年阿根廷—新西兰 BIT 第 5 条规定："本协定不得限制缔约一方采取任何为保护自然资源和实体资源或者人类健康所必要的措施的权力，此种措施包括对动植物的破坏、财产没收或者对股票转移的强制限制等，但此种措施的采取不得构成随意的或者不公平的歧视。"①

国际投资协定的例外规定通常可分为"一般例外"和"重大安全例外"，两者的适用范围不太相同。作为整个条约的例外，一般例外条款常常表述为"本条约不要求缔约方"或"本条约的任何条款都不应被解释为阻止一方"。由于内容过于空泛并且局限于所列举的公共利益目标，该条款的有效性被大大降低。例如在美国范本第12.5 条、TPP 投资章节第 9.16 条中，东道国的例外措施必须符合适当性，这就要求对必要联系的存在与否展开客观评估。而重大安全例外条款一般是绝对适用，很少有政策偏离，重大安全利益的认可也直接决定了东道国规制权的功能发挥。根据美国范本第 18 条的规定，东道国可采取其认为能维护国际和平安全及本国根本安全利益的必要措施，对违背自身根本安全利益的信息可不予公开。这里的"其认为"和"其确定"是一种自裁决条款，赋予了东道国主观

---

① 类似的还有 1999 年澳大利亚—印度 BIT 第 15 条规定："本协议不得排除缔约一方依据其可正当适用的法律，在不歧视的基础上采取的为疾病或者虫害的预防而采取任何措施。"

判断及应对国家安全威胁的决定权，仲裁庭只能进行善意评判。如今，自裁决条款现已成为国际投资的立法趋势之一，并作为重要的"安全阀"，为东道国的国家安全利益提供有效保护。

国际投资协定中参照 GATT 第 20 条制作的一般例外条款较为典型的当属 2009 年新修订的东盟综合投资协定（ASEAN Comprehensive Investment Agreement）第 17 条的规定："如果下列措施的实施不会在情形相同的国家及其投资者之间构成任意的或者不合理的歧视，或者不会形成伪装起来的对国际投资流动的限制，本协定中的任何条款不得解释为妨碍缔约一方采取或者实行这些措施：（1）为保护公共道德或者维持公共秩序所必需的；（2）为保护人类和动植物的生命健康所必需的；（3）为保证与本协定相符的法律法规的实施而必需的；（4）旨在保证对任何一方的投资或投资者公平或有效的课征或收取直接税；（5）为保护具有艺术、历史或者考古价值的国家财产所必需的；（6）与保护可用尽的自然资源相关的，并且该措施必须与限制国内生产或消费同步实施。"①2007 年东南部非洲共同市场（简称 COMESA）投资合作协定第 21 条的规定则略有不同："如果不会在同类投资者间构成随意的、不合理的歧视或导致变相的限制投资流动，本协定不能被解释为妨碍缔约国制定或实施以下措施：（1）保护国家安全和公共道德所必需的；（2）保护人类和动植物的生命健康所必须的；（3）保护环境所必需的；（4）经共同投资区委员会同意，缔约国随时可以决定采取的任何其他措施。"

除上述所谓一般例外条款外，一些国际投资协定中还从国家安全、国际和平的角度设置了所谓重大安全例外条款，如，1998 年

---

①　与此类例外条款类似的还有：加拿大 2004 年 FIPT 范本第 10 条规定："如果下列措施的实施不会构成任意的或者不公平的歧视，或者不会形成伪装的对国际贸易或者投资的限制，本协定中的任何条款不得解释为妨碍缔约一方采取或者实行这些措施：（1）为保护人类、动植物生命健康；（2）确保与本协定条款不冲突的法律法规的实施；（3）保护可用尽的或者不可用尽的自然资源。"2005 年美国—乌拉圭 BIT 第 12 条规定："本协定中的任何条款不得解释为妨碍任一缔约方采取、保持或者实施其认为适当的、为确保其境内的投资活动与其环境关切保持一致的措施，该措施不得违反本协定规定。"

德国—墨西哥 BIT 议定书第 3 条规定:"为了国家安全、公共利益、
公共健康或公共道德目的而采取的措施不应给予外国投资者更为不
利的待遇。"2008 年美国—乌干达 BIT 第 18 条规定"本条约的任何
部分不得被解释为阻止一国采取其认为必需的措施,履行职责以维
护或恢复国际和平与安全,或者保护本国的根本安全利益",等
等。① 此外,一些 BITs 中以"一般例外"作为标题的条款除了规定
保护公共利益的例外情形,还规定了保护国家根本安全利益的例外
情形。如日本—越南投资自由化与促进和保护协定第 15 条的一般
例外,就同时包含了重大安全例外的内容和一般例外的内容。

从前述可见,一般例外条款的表现形式和范围纷繁多样。就范
围而言,不同投资协定中的一般例外条款涵盖的范围各有差异,有
的只规定单一公共目的的例外,如文化利益例外、环境保护例外、
自然资源保护例外等,有的则规定了从公共道德、动植物生命及健
康到自然资源保护的综合例外。而该条款中公共目的的表述如公共
道德、公共秩序等也缺乏明确的内涵范围界定,这就使得一般例外
条款的范围宽泛而多样,从而在国际投资协定中较为广泛的确认东
道国的规制权。

(三)其他例外条款

除了常见的安全例外,东道国规制权的正常行使也关乎一国金
融体系安全。为克服金融危机风险以及避免后期被投资仲裁缠身的
困境,许多国家都在国际投资协定中增加了金融审慎例外安排。美
国范本第 20.1 条设置了该项例外,并在注释中澄清了"审慎原
因",包括维持单个金融机构的安全、稳定和完整;维护支付清算
系统财务和运营的完整和安全。第 20.3 条 c 款 ii 项还明确了由缔
约双方共同决定对审慎原因的判断。然而,这种模式仅仅局限于金

---

① 另如,1998 年美国—玻利维亚 BIT 第 14 条规定"本条约不得阻止缔
约国采取必要的措施,履行职责以维护或恢复国际和平与安全,或者保护本国的根本安全利益"。2000 年墨西哥—瑞典 BIT 第 18 条规定:"争端解决条款
不适用于缔约一国因为国家安全原因,根据本国法律作出禁止或者限制缔约
另一国投资者并购本国国民拥有或控制的在本国境内的投资的决定。"2003 年
越南—日本 BIT,1998 年美国—莫桑比克 BIT 等也有类似规定。

融服务领域，至于非金融领域的政府措施，东道国则不能援引此条进行抗辩。这点可以说明美国对东道国享有较宽泛的金融规制权仍存在顾虑。

税收问题与国家主权和国家利益息息相关，是东道国规制权的传统覆盖领域。美国范本第 21 条设计了专门的税收条款，确定了缔约方优先履行其在税收协定项下的义务，并且由同一税收协定下的主管当局来单独决定责任承担。虽然规则设计不够精细，但该条款明确肯定了税收的可仲裁性，并规定了适用条件。作为投资协定的例外，该条款可以防止投资者对税收争议仲裁的滥用，从而维护东道国的税收主权利益。

虽然上述例外规定比较零散，却能促进和规范东道国对关乎重大公共利益的外资管理。

四、程序环节加强对东道国规制权的维护

国际投资协定中涉及的争端主要有两种，一是缔约国之间因条约的解释与履行等产生的争议，这是国与国之间的争议，通常而言不涉及挑战东道国规制权的问题；另一是外国投资者与东道国之间的争议，这类争议往往是外国投资者以东道国违反国际投资协定为由而提起，它直接针对的就是东道国的规制权。在国际投资协定创设之初，为了避免这类争议解决的政治化，借用了解决商人间纠纷的国际商事仲裁模式来解决国家与外国投资者之间的纠纷（这种机制现在通称 ISDS 机制）。随着 ISDS 实践的发展，逐渐暴露出外国投资者利用该机制挑战东道国规制权的缺陷，为了减少这种情况，在没有对 ISDS 机制进行重大改革的情形下，国际投资协定主要在如下几个方面加强对东道国规制权的维护，减少外国投资者挑战东道国规制权的可能性。

（一）磋商机制

磋商程序作为投资仲裁机制的前置程序，是国际投资协定的普遍立场。根据美国范本第 23 条、第 24 条，缔约方必须首先通过磋商和谈判的方式来解决。TPP 投资章节第 9.18 条还强调磋商程序的进行并不代表对仲裁庭管辖权的承认，并要求申请方在提交书面

磋商请求时，对东道国的相关措施事实作出简要描述。欧盟则进一步细化了磋商机制的适用规则，极大地提高了该机制的适用性。通过强化磋商在投资争议解决中的作用，不仅可以减轻 ISDS 所产生的负面影响，也反映欧盟尊重和维护东道国规制权的立法倾向。其内容概括而言：首先扩充了磋商请求的必备内容，包括投资者信息；被指控违反的条款(违约法律基础)；被指控违反条款的待遇(争议措施)；寻求的救济和损害赔偿额等。其次确定了磋商请求的"诉讼时效"，自知晓违反行为和损失后 3 年内，或用尽当地法院救济程序后 2 年内，但任何情况下不得晚于 10 年。① 再说，若申请人自提出磋商申请之日起 18 个月内未申请仲裁请求，应视为对磋商请求的撤回。最后，磋商的内容也是今后外国投资者提起仲裁的内容，即如果磋商不成，外国投资者提起仲裁只能以磋商的内容为依据，不得增加新的内容。欧盟的这种制度设计具体反映在欧加协定第 8.19 条以及 TTIP 投资章节草案第 3 节第 4 条、欧盟—新加坡自贸协定第 9.13 条、欧盟—越南自贸协定第 2 章第 3 节第 4 条等，它们已经形成了较系统的磋商规则。

磋商机制的灵活适用，不仅能提高东道国对投资争议解决的参与度，减少对 ISDS 的依赖，也有助于加深对东道国公共利益的考量，促进规制权的正当行使。

(二)缔约方对条约的联合解释

为避免仲裁庭进行扩大解释，有必要改变传统解释规则，尤其是提高东道国的解释参与度，联合解释规则便应运而生。一般而言，国际投资协定的缔约方无法对 ISDS 实行联合干预或决定摆脱仲裁庭的约束。虽然国际投资协定是由各方共同签署，但当仲裁庭对协定的解释违反其立法意图或现行目标时，缔约方也无计可施。为保证东道国能对国际投资协定的解释施加影响，需要就特定的法律争议设置有约束力的解释条款。至于作为非争端方的投资者母国，也可参与对国际投资协定的解释。

---

① 其中欧盟—新加坡自贸协定中把用尽当地法院救济程序的期限设置为 1 年，而最长诉讼时效 10 年的期限仅适用于 CETA 和 TTIP 投资章节草案中。

根据美国范本第 30 条规定，缔约双方对协定条款作出的联合决定对仲裁庭有法律拘束力，仲裁庭的裁决必须要与之相符；第 31 条也赋予了缔约方对附件解释条款的联合决定权，并将书面提交期限修改为 90 天。TPP 投资章节与美国范本的规则一致，只是把联合决定权授予了未来成立的"某委员会"。① 欧盟也认为东道国的扩大参与可以限制仲裁庭的随意解释，提高对仲裁结果的预见性。为此，欧加协定第 8.31 条、TTIP 投资章节草案第 3 节第 13 条对适用法和解释规则作出规定，二者均要求仲裁庭在解释本投资协定时，应遵照《维也纳条约法公约》及可适用于缔约双方的其他国际法原则及规则。而且，针对可能引起投资重大关切的条约解释，欧加协定和 TTIP 投资章节草案均规定(服务与投资)委员会可以把缔约双方达成的协定解释推荐给(贸易)委员会，一经贸易委员会采纳，该解释将适用于本协定下的所有仲裁庭。尽管由专门的委员会代表行使，缔约双方仍享有对协定的解释权。此外，TTIP 投资章节草案对国内法的适用作出补充说明：仲裁庭在确定东道国的国内法某项条款的具体含义时，应遵循东道国法院或当局对该条款的现行解释，且该解释不能约束东道国法院及当局；仲裁庭无权决定所谓的东道国违约措施在国内法的合法性。

（三）防止外国投资者滥诉以维护东道国规制权

晚近国际投资协定在仲裁程序中设置了无理诉讼的应对机制，使得相当的仲裁案件被驳回，滥用诉权的申请人也被要求分摊一定的法律费用。东道国则通过对不当诉求的进一步限制加强了规制权的行使，并摆脱了 ISDS 对国内政策措施的干涉。因此，对无理诉讼的迅速驳回成为国际投资协定的总体趋势，并通过各种程序条款逐步形成了统一的标准。② 如 TPP 投资章节第 9.22 条第 4 款至第

---

① Trans-Pacific Partnership Agreement, Chapter 9 Investment, Article 9.24 (3), Article 9.25.

② Mysore S, Vora A. Tussle for policy space in international investment norm setting: The search for a middle path? 7(2) Jindal Global Law Review. (2016), p. 154.

6 款，"不符合裁决规定"或"明显没有法律依据"的诉请被视为争议解决的先决问题，被申请人可在规定时间内提出异议。一旦程序启动，仲裁庭应中止与实体问题相关的所有程序，并迅速作出异议的裁决或决定及理由陈述。若符合程序滥用，仲裁庭在适当的情况下，由败诉方承担整个异议过程中的合理费用及律师费。

为防止诉诸仲裁的恶意行为，欧盟对其近期的国际投资协定进行了更多改进。欧盟希望通过构建程序保障措施，减少投资者随意申请仲裁尤其是强迫发展中国家达成和解的可能性。为提高保障措施的有效性，欧盟还对轻率仲裁的投资者同时采取了拒绝补救措施和分担费用的惩罚措施。欧加协定第 8.32 条、第 8.33 条确立了适用投资者轻佻仲裁、无理仲裁的专门程序，赋予仲裁庭在程序初期对该类诉求直接否定的权利，并要求仲裁庭对构成先决问题的法律问题、诉求或其他事项进行审查。为防止投资者滥用程序，欧加协定第 8.18 条第 3 款还明确排除了投资者利用欺诈性陈述、采用隐瞒、贿赂或滥用程序的投资行为的可仲裁性。作为防止投资者滥诉的创新规则，欧加协定采用了"败诉方支付"的一般付费原则。① TTIP 投资章节草案基本采用了与欧加协定中上述两种特殊程序和付费原则，仅对程序期限做了零星修改。② 这些程序若能践行甚至推广，能在一定程度上保护东道国的司法主权，提高 ISDS 的利用效率。

通过避免投资者的无理诉求和轻率诉求，尤其是转移被告东道国的费用承担，能防止投资者得到双重救济以及后续对东道国管制措施的影响。而拒绝明显无理和丝毫没有法律根据的索赔请求，也是欧盟受到了 2006 年修订的 ICSID 仲裁规则的启发，将其发展为清晰的仲裁规则。③ 不过，这种设计也存在一定问题。对投资者不

---

① CETA, Article 8.39.

② TTIP Commission Draft Text, Section 3 Article 16, Article 17, Article 28.4.

③ Titi C. International Investment Law and the European Union: Towards a New Generation of International Investment Agreements, 26(3) European Journal of International Law. (2015), p. 661.

当诉求的有效隔离，固然能为仲裁庭节约大量时间和支出，然而投资者可能会借机利用程序漏洞来拖延和扰乱程序进行，尤其是仲裁庭并无权强制推进仲裁程序。① 虽然付费原则使东道国不必再为投资者的无理行为买单，并可从投资者那里获得成本，有效克服了传统投资仲裁中"各方承担费用"的弊端。但投资者胜诉的话，东道国也必须承担上述费用。因此，该制度对一国监管能力的具体影响还不清楚，能不能实现设计初衷也有待实践证明。

第三节　中国的立场

东道国规制权由主权派生而来，是现代法治赋予一国政府维护公共福利的正当权力，也是国家经济主权的内容之一，不受任何外来干涉。各国在国际投资协定中作出的让渡或减损规制权的承诺，是在主权原则基础上，自愿接受对其主权的某些限制。但由于不同的国际投资协定对东道国规制权的认可程度不同，东道国的实际免责效果也不尽相同。因此，国际投资协定中的认可和澄清对东道国行使其规制权至关重要，这是现阶段国际投资协定改革的主要方向。当然，国际投资协定中东道国规制权的制度安排不是否定投资自由，而是一种带有内嵌自由特征的高水平的平衡措施，是为了实现投资的可持续发展。因此，中国应准确把握规制权的发展趋势，在全球投资治理中积极作为，通过借鉴美国和欧盟的发展模式及在联合国《可持续发展政策框架》的指引下，重新审视和确立 BIT 谈判中有关规制权的立场及规则，为未来国际投资竞争中占据有利地位做好充分准备。

中国作为全球第二大经济体，是新兴国家的重要力量，必须坚持积极参与全球投资治理的立场。这不仅关涉对外投资大国的投资利益，也是作为最大发展中国家肩负构建新一轮国际投资秩序的使

---

① Nyer, Damien, The Investment Chapter of the EU-Canada Comprehensive Economic and Trade Agreement, 32 Journal of International Arbitration. (2015), p. 708.

命使然。当前，国际投资的法律制度出现社会化浪潮，传统国际投资法律制度的"南北矛盾"演变成更复杂的矛盾，并输出了构建综合发展观，重视东道国规制权等新型价值观。为顺应时代形势，美欧等发达国家通过增设 BIT 或含有投资章节的 FTA 中的规制权规则，试图对构建未来规制权的多边及全球规则作出事先安排。中国也应抓住机遇，勇敢作为，促进规制权制度的健康发展。

据统计，自 1983 年中瑞 BIT 签署以来，中国已签订了 128 个 BITs，并积极推进含投资章节的 FTA 及其他区域经济伙伴关系协定(EPA)的签订。回顾中国现有 BITs 的签订历程，基本可以划分为四个时期：1989 年以前的第一代 BIT 只接受 ISDS 对征收补偿数额的管辖权；1990 年至 1997 年的第二代 BIT 也保留了较大权利；1998 年到 2009 年的第三代 BIT，基本接受了 ICSID 对绝大部分投资争议的管辖权；2010 年以后的第四代 BIT 开始平衡投资者与东道国权利，如对间接征收的例外规定。由此看出，中国对国际投资协定的态度经历了从"严格限制"到"全面开放"再到"注重平衡"的发展过程。以新近签署的中澳自贸协定为例，其投资规则框架引入了透明度规则、投资仲裁机制及上诉机制，中方还承诺未来谈判将采用"准入前国民待遇加负面清单"的模式，并确立评估投资章节等工作机制，提供了更加自由便利、公平透明的投资环境。在平衡投资者利益与东道国公共利益方面，不仅明确排除了最惠国待遇条款在 ISDS 中的适用，还对管辖预审制度、法庭之友和仲裁费用作出安排，其第 11 条直接规定：基于维护公共健康、安全、环境、公共道德或秩序等合法公共利益的目的，东道国所采取的非歧视性措施不受 ISDS 的管辖。该条不仅明确认可东道国规制权的管辖例外，并设置了磋商程序中的"公共利益通知"等具体规则。这些条款的规定，反映出我国促进和发展外资的迫切需求及完善国内市场体制的殷切愿望。但中国的国际投资协定体系存在形式多样，结构混乱，内容存在矛盾等问题，不利于东道国规制权的维护。因此，中国在今后的国际投资协定的谈判中完全可以接受当前国际投资协定中增强维护东道国规制权的改革实践，在国际投资协定的框架内促进东道国规制权的健康行使。

　　中国一直积极参与国际投资协定的谈判，就谈判立场选择而言，中国应一视同仁地对待不同国家，不应根据国家法治水平和经济发展程度的高低进行区分，更不要以所谓的资本输出国和资本输入国的"身份"的不同或者所谓身份"转换"、"混同"，而采取不同的谈判立场，这不仅不会带来预设的效果，反而会产生不良的后果。国际投资协定普遍存在的最惠国待遇条款自然会"拉平"这种"差别"，而实际上很难实现这种"差别"对待；而且以所谓"身份"的理由不断变化谈判的立场，导致的是无原则之国家形象并极易授人以"投机"之柄。

　　虽然在国际关系理论中有所谓不同的"身份"而产生不同的利益，进而在相关的国际关系中采取不同立场从事的情形，[①] 但无论如何，在法律制度的构建上，国际法和国内法都是一样的，立法者应当具有较为稳定的价值取向、必须坚守一定的法律原则，需要明晰构建某一具体制度的目的与价值追求。在市场经济的运行中，保护私人财产权是处理政府与私人关系的永恒法治主题。市场逻辑就是个人权利的自由交易，[②] 并且这种自由交易既需要国家权力的保护，又要排除国家权力的侵害。而这一切的前提是个人能够合法的取得与拥有财产，并能够不受外力干涉的自由处置其财产从中受益。也就是说，个人的财产权利及其法律保护制度是市场经济的前提条件，离开了个人的财产权利及其法律保护制度是谈不上市场经济的。因为，离开了个人的财产权利，或者得不到法律保护的财产权利，市场经济无从开始，更无法进行。经济主体能够拥有完全的

---

　　① 　身份学说主要是建构主义的主张，提出行为体的身份界定行为体利益的论断，并以此作为建构主义整个理论大厦的基点。其代表性学者亚历山大·温特(Alexander Wendt)系统地引入并界定了国际关系研究中社会身份的概念，提出了社会身份形成与转化的逻辑假设。至今，学者们对于身份的概念、身份的形成、身份的研究路径、集体身份形成及其对国际关系行为体的意义等基本问题都难以达成较为广泛的一致意见。参见季玲：《重新思考体系建构主义身份理论的概念与逻辑》，载《世界经济与政治》2012年第6期。

　　② 　张曙光：《个人权利和国家权力》，载《市场逻辑与国家观念》，生活·读书·新知三联书店1995年版，第2页。

财产权利是其从事交易的前提，也是其从事市场活动的原动力。首先，没有财产的主体无法从事交易，自然也就不能成为市场经济的合格主体；其次，主体对于其自身利益最大化追求的满足也有赖于有效的产权制度的保障，并特别有赖于产权的排他性属性及其主体本己利益最大化的内部化功能。① 亚当·斯密就曾强调，市场的适当运作取决于个人自由与财产权利的适当转让，后者不仅被看作是私人生产性活动的一种激励，而且也被看作是防止武断的对个人自由的重商主义政府限制的一种保障。② 可以说，私有财产权是市场经济的基础，个人拥有财产权并受到法律的完备保护是市场经济的逻辑起点与归属。在市场经济条件下，由政府施加给个人生产者、贸易者和消费者的那些规则必须尊重并符合个人经济主体的内在权利和行动本能，只有这样，经济与社会过程才会平稳地进行。假如政府的各项贸易法规专断地干预了国内公民的平等自由和财产权利，则他们便有可能产生出无序状态并减少经济福利。③ 正如我国著名经济学家樊纲所言，政府的一个重要职能，并且可以说是首要职能，就是向社会上一切合法利益集团与个人，提供财产权的保障。这种对财产权的保障，是政府所能提供的一种能为全体公民共同享有的重要的"公共物品"。④ 凯利教授从西方思想史的发展脉络同样得出"共同体的政府一旦组成就只有一个功能：那就是保护其成员的财产"⑤的结论。并且这种基本职能构成宪政制度的重要内容之一。而对私人财产权利的保护正是宪法中人权规范的核心内

---

① 李晓明著：《私法的制度价值》，法律出版社 2007 年版，第 370~371 页。

② ［德］E.-U. 彼德斯曼著：《国际经济法的宪法功能与宪法问题》，何志鹏等译，高等教育出版社 2004 年版，第 101 页。

③ ［德］E.-U. 彼德斯曼著：《国际经济法的宪法功能与宪法问题》，何志鹏等译，高等教育出版社 2004 年版，第 189 页。

④ 樊纲：《作为公共机构的政府职能》，载《市场逻辑与国家观念》，生活·读书·新知三联书店 1995 年版，第 14 页。

⑤ ［爱尔兰］J. M. 凯利著：《西方法律思想简史》，王笑红译，法律出版社 2002 年版，第 207 页。

容。这是因为人是物质的存在，同时又是精神的存在，这种双重性的存在都与财产权不可分离。作为物质的存在，人不能在没有占有必要的生活资料的情况下维持个体生命的存在；而作为精神的存在，人同样不能在没有占有相当的物质资料的情况下保持独立自尊的人格。因此，财产权与人类社会产生和发展密切联系。"财产权为个人创造了一个不受国家控制的领域，限制了政府的行动范围以及统治者的专横意志"，它"是市民社会和民间的政治力量赖以发育的温床"。① 具体到国际投资协定的实践，尽管目前出现了相当多的改革呼声，出现了增强维护东道国规制权的内容，但是，国际投资协定对外国投资者财产权的保护依然是核心内容。目前的改革只是对外国投资者可能滥用国际投资协定追求其最大个体利益的一种修正或修补。因此，我们所应坚守的法律原则与价值追求仍然是如何保护投资者的私人财产权益，使其不受东道国政府的肆意侵犯，只是在此基础上，应考虑如何做到既要充分保护投资者的个体利益，又要维护东道国的公共利益，在二者之间保持一种平衡而已。

---

① ［奥］米塞斯著：《自由与繁荣的国度》，中国社会科学出版社 1994 年版，第 104~105 页。

第二章 国际投资协定中的
竞争中立政策

　　国有企业①普遍存在于各个国家，不论它是社会主义制度还是资本主义制度。早在 2011 年的工作报告中，经济合作与发展组织（以下简称"OECD"）根据除美国和日本外的 27 个国家提交的数据，统计出总计有 2085 个国有企业。② 自 2008 年全球经济危机以来，伴随着国际投资活动的日益频繁，国有企业逐渐登上国际舞台，并以惊人的发展速度吸引了全球的关注。

　　根据联合国贸易发展委员会（以下简称"UNCTAD"）近几年的《世界投资报告》，国有企业的海外投资主要有以下几个特征：第一，企业数量庞大。2010 年，全球至少有 650 个国有跨国公司及其拥有的 8500 个外国子公司，到 2012 年达到 845 个，虽然 2013 年和 2014 年的数量有所下降，但总体来看仍然不容小觑。第二，所占资产规模巨大。2010 年，国有跨国公司的境外直接投资流量达到 1890 亿美元，2012 年和 2013 年分别为 1450 亿美元和 1600 亿

---

　　① 国有企业在各国国内法以及各个投资协定中的称谓不一，如《跨太平洋伙伴关系协定》中的"国家所有企业"（state-owned enterprise）、美国 2012 年投资条约范本中的"国家企业"（state enterprise）、《美国澳大利亚自由贸易协定》中的"国家控股企业"（state-controlled enterprise）、《美国新加坡自由贸易协定》中的"政府企业"（government enterprise）、《韩国欧盟自由贸易协定》中的公共企业（public enterprise）等。但它们的内涵基本相同，故本书为了统一表达需要，均称为"国有企业"。

　　② Christiansen. H. The Size and Composition of the SOE Sector in OECD Countries. OECD Corporate Governance Working Papers, No. 5, OECD Publishing, 2011, p. 8.

美元。与全球的投资流量趋势一致，它并没有持续增长，但几乎每年占据全球境外直接投资总流量的 11%。第三，所涉领域地位关键。国有跨国公司主要活跃于一些资本集中、需要垄断地位以获得必要的经济规模或被认为对一国具有战略重要性的领域，如采掘行业、基础设施行业以及金融服务行业。尤其是在油气行业，其中包括中国的中石油，俄罗斯的天然气工业股份公司，巴西和马来西亚的石油公司，沙特阿拉伯的国家石油公司，它们与伊朗国家石油公司和委内瑞拉石油公司被称为国际石油领域新的主权性质的"七姐妹"。① 第四，来自发展中国家和转型经济体的国有企业地位日益突出。2010 年，来自发展中国家和转型经济体的国有跨国公司占据了全部跨国公司的 53%，这一数据到 2012 年达到 60%，其中表现最为突出的有中国、印度、巴西、新加坡等。②

正是因为国有企业海外投资在全球经济中占据如此地位，所以其无论对于母国还是东道国都意义重大。虽然如此，国有企业海外投资在受到一些国家极力欢迎的同时，却遭到更多国家的质疑，它们的疑虑主要集中在两点：第一，利用优势地位扭曲市场竞争。国际社会普遍认为，国有企业在进行投资活动时能够凭借其国有地位享有很多私有企业无法享受到的优惠条件，如财政补贴、税收优惠、信贷支持等。仅仅凭借这些优惠条件而不是自身的治理结构和技术创新优势，国有企业便能够在市场中获得竞争优势，从而破坏公平的市场竞争环境。第二，沦为国家工具威胁国家安全。在国有企业中，国家具有管理者和所有者的双重身份，而不论其基于何种身份行事，都难以避免地带着政治色彩。当国家借助国有企业实现政治目标，如促进就业、实施产业政策、环境保护等，国有企业更多的是成为了国家的统治工具而不是普通的投资者。而当一国的能源、基础设施等战略重要性领域为他国控制，一旦发生冲突，这些

---

① UNCTAD 2014 World Investment Report, p. 58.

② 以上数据为笔者根据 UNCTAD 2011—2015 年《世界投资报告》整理得出。由于并非每年的《报告》都有关于国有企业海外投资的详细数据，故笔者在数据的引用上有所取舍。

都会成为外国制胜的砝码。因此，国有企业海外投资的存在本身就给东道国的国家安全带来威胁。

基于以上原因，国有企业在海外投资活动中面临诸多挑战，我国的国有企业也难逃此运。竞争中立作为一项专门针对国有企业的政策，逐渐登上国际舞台，并在国际投资协定中得到越来越多的体现。在它的影响下，国际投资协定中的国有企业条款作为众多规制方式中的一种，形式日益多样，内容也不断丰富。但是目前学界对竞争中立政策的研究并不全面，要么只是针对其中的某一问题进行探讨，如竞争中立政策对国有企业的影响、竞争中立政策的政策目标等，要么只是针对某一文件进行研究，如《跨太平洋伙伴关系协定》（*Trans-Pacific Partnership Agreement*，以下简称"TPP"）中的国有企业条款或 OECD 中的竞争中立政策，尚没有关于国际投资协定中的竞争中立政策的全面解析。在此背景下，本书以国有企业的法律规制为出发点和落脚点，对国际投资协定中的竞争中立政策进行深入研究，以期对我国未来的国际投资协定谈判和国有企业改革提供有益建议。

第一节　竞争中立政策与国际投资协定的实践

竞争中立最初出现在澳大利亚的国内法中，1996 年的《联邦竞争中立政策声明》最早作出规定，"竞争中立是指政府的商业活动不得因其公共部门所有权地位而享受私营部门竞争者所不能享有的竞争优势"。① 随后，UNCTAD 和 OECD 都对其含义进行了解释。根据 UNCTAD 的定义，竞争中立政策的实施是为了提供一个"平整的游戏场地"（"level playing field"），在这里，所有的资源都将流向

---

① Commonwealth Competitive Neutrality Policy Statement ［EB/OL］. http：//www. treasury. gov. au/documents/275/pdf/cnps. pdf.

效率更高的生产商，而不论它们是国有还是私有。① OECD 的《国有企业治理准则》(*Guidelines on Corporate Governance of State-Owned Enterprises*)指出，竞争中立是指有关国有企业的法律法规框架为市场提供一个环境，使国有企业和私营企业能够公平竞争而不会造成市场扭曲。② 不管采用何种定义，至少从形式上来看，这些背景下的竞争中立政策的目的是一致的，都是通过消除国有企业仅仅因为其国有性质而享有的竞争优势而实现所有企业的公平竞争。可见，竞争中立政策直接针对国有企业。

为了进一步了解竞争中立政策的含义，首先，我们必须将其与相关的概念做一个对比。第一，与竞争政策的关系。虽然学者对于竞争政策的含义并未取得完全一致，但总的来说，它有广义和狭义之分。广义的竞争政策是一个极为宽泛的概念，包括贸易政策、环保政策、宏观政策、宏观调控政策以及一切与市场竞争有关的政策法规，③ 而狭义上的竞争政策主要便是指反垄断法。因此可以说，竞争中立政策是广义的竞争政策的一部分。第二，与竞争法的关系。竞争中立的核心理念根植于传统竞争法中有关公平竞争的基本原则，依法理应当属于以反垄断法为重要组成部分的竞争法律体系的规制范畴。④ 但是，不论是澳大利亚、欧盟、美国这样的国家或地区，还是 OECD 和 UNCTAD 这样的国际组织，都在反垄断法之外设置特别的竞争中立政策来实现对国有企业的专门规制。而竞争中立政策与反垄断法的区别主要体现在规制对象和规制方式上。关于规制对象，反垄断法普遍适用于所有企业，不论其是国有还是私

① Deborah Healey. Competitive Neutrality and its Application in Selected Developing Countries [R]. UNCTAD Research Partnership Platform Publication Series, 2014：13.

② OECD Guidelines on Corporate Governance of State-Owned Enterprises [R]. OECD Publishing, 2005：15.

③ 刘继峰：《论我国反垄断法中竞争政策与产业政策的协调》，载《宏观经济研究》2008 年第 4 期。

④ 齐琪：《反垄断法视角下的竞争中立法律制度研究》，载《国际商法论丛》2013 年第 11 期。

有，但是很多情况下，国有企业享有法律或事实上的豁免权，所以，只有当国有企业商业活动规模足够大，对市场有较大的影响，并且不属于竞争法豁免条款之列时，才会落入竞争法的规制范围之内。① 而竞争中立政策的提出便是专门用来解决国有企业的问题，更具有针对性。在规制手段上，反垄断法属于一种事后监管方式，是针对市场中产生的垄断行为的事后调整，而竞争中立政策除了事后调整，也包括事前监管，比如指导各国进行国有企业改革等。当然，竞争法可以作为竞争中立政策的实现方式之一。

一、竞争中立政策的兴起和发展

（一）澳大利亚的竞争中立政策

竞争中立政策最早出现在澳大利亚，它不仅以国内立法的形式进行推广，而且设置了完备的行政审查机制，形成了极具特色的"澳大利亚模式"。这种模式在得到国际社会的认可和效仿的同时，也被 OECD 广为宣传。有学者统计，根据澳大利亚竞争委员会官网公布的数据，澳大利亚联邦和州政府已经累计发布 368 个与竞争中立政策有关的文件，② 这些文件的形式包括各种报告、说明、出版物以及演讲等，内容上涉及历史背景、具体要求、纠纷解决机制等有关竞争中立政策的方方面面。③ 其内容主要包括以下四个方面：

第一，适用范围。澳大利亚竞争中立政策的规制对象十分广泛，不仅包括国有企业，而且在特定情形下也适用于政府及其分支机构，只要它们的活动具有商业性。而判断"商业性"的标准主要

---

① 唐宜红、姚曦：《竞争中立：国际市场新规则》，载《国际贸易》2013年第 3 期。

② 在这些文件中，被引用和关注最多的是：1993 年的《国家竞争政策》（*National Competition Policy*）、1995 年的《竞争原则协议》（*Competition Principles Agreement*）、1996 年的《联邦竞争中立政策声明》（*Commonwealth Competitive Neutrality Policy Statement*）和 2004 年的《澳大利亚政府对经理人的竞争中立指导》（*Commonwealth Competitive Neutrality Guidelines for Managers*）。

③ 丁茂中：《竞争中立政策走向国际化的美国负面元素》，载《政法论丛》2015 年第 4 期。

有三：一是收费性，即用户对货物和服务付费；二是竞争性，即市场环境中存在真正或潜在的竞争者，三是营运性，即管理者在一定程度上依赖于其生产、供货或定价。①

第二，规制方式。它主要包括五项：（1）税收中立，即要求国有企业在税收豁免或税收优惠方面不会获得优势；（2）信贷中立，即要求国有企业与私有企业承担相似的借贷成本；（3）管制中立，即要求国有企业在运营中不得因为管制环境而获得优势；（4）合理的商业回报率，即要求国有企业在商业活动中获得足够的收益且支付商业股息；（5）价格如实反映成本，即要求国有企业在进行重大商业活动时设置的价格应反映其全部的成本，防止出现交叉补贴的情形。②

第三，投诉机制。通过这个机制，因国有企业的竞争优势而相对处于竞争劣势的市场主体可以向主管部门提出指控。澳大利亚专门设立了竞争中立投诉办公室（Competitive Neutrality Complaints Office, CNCO）来处理竞争中立的问题。起诉的主体既可以是私有企业，也可以是国有企业，起诉的对象包括国有企业和政府公共机构，一般由起诉者承担举证责任，证明被诉者存在违反竞争中立政策的事实。

由上可知，澳大利亚国内法中的竞争中立政策具有以下特点：

第一，以行政审查机制而非竞争法的方式实施竞争中立政策，而且形成了一整套的机制保证执行。这一方面是因为澳大利亚的历史传统便是一直由政府发展和执行竞争政策；另一方面，这种方式可以赋予执行过程中的灵活度。

第二，具有强大的执行力。它不同于国际投资协定中的竞争中

①　Matthew Rennie and Fiona Lindsay, Competitive Neutrality and State-owned Enterprise in Australia：Review of Practices and their Relevance for Other Countries［R］, OECD Corporate Governance Working Papers, No. 4, OECD Publishing, 2011, p. 26.

②　Capobianco, A. and H. Christiansen. Competitive Neutrality and State-owned Enterprise：Challenges and Policy Options［R］. OECD Corporate Governance Working Papers, No. 1, OECD Publishing, 2011, p. 16.

立政策的一个重要方面便在于，澳大利亚联邦和州之间建立了申诉和行政审查机制，这使竞争中立不仅仅停留在顶层设计的制度层面，而是具有有效的执行机制，能够作为一个具体的制度发挥效用。

第三，并非一味限制国有企业，而是赋予其一定的发展空间。澳大利亚的竞争中立政策实施的目的是保证国有企业和私有企业在竞争中的地位平等，更多关注市场环境的中立，而不是国家所有权的中立。所以，虽然该政策对于国有企业有一系列的限制，但同时也赋予其一定的空间，比如只是要求合理的商业回报率而非利润最大化，也没有要求其放弃本来的资源、信誉等优势，反而鼓励其凭借自身的商业实力与私有企业平等竞争。

（二）竞争中立政策的新发展

虽然竞争中立政策源于澳大利亚的国内法，但近年来，欧美借助 OECD 和 UNCTAD 以及投资条约在多边、双边和国际平台上极力推行。总的来说，竞争中立政策从最初被提出发展到现在，经历了两个过程，第一个是由国内法政策发展成为国际法政策的过程，第二个是由倡导性建议发展成为约束性条款的过程。

综合来看，欧美对竞争中立的推动主要借助以下平台：

第一，政府及政要的演讲与声明。在美国，"竞争中立"的概念最早便是由前副国务卿霍马茨在 2011 年的演讲中提出，他认为，全球经济中出现了一种新的竞争模式，即"国家资本主义"，在这种模式下，国有企业、国家支持企业和"国家冠军"（national champion）仅凭借享有的国家财政支持、税收优惠、管制便利以及豁免特权而不是更好的表现和创新开展各项活动，造成了市场扭曲。所以，美国需要在双边、多边条约中建立一个能够得到强有力执行的竞争中立框架，来弥补各国的竞争法以及 OECD 的《国有企业治理准则》在运用中的不足。① 随后，他在其他场合表明美国在

---

① Robert D. Hormats. Ensuring a Sound Basis for Global Competition: Competitive Neutrality [EB/OL]. http：//www.state.gov/e/rls/rmk/20092013/2011/163472.htm#.

竞争中立上的立场和主张。而 2012 年的《欧盟与美国就国际投资共
同原则的声明》确立了七项共同原则，其中就包括"公平的市场竞
争环境"，① 且欧美明确表明支持 OECD 在竞争中立问题上所作的
努力。

　　第二，国际组织平台。如前所述，欧美政府及官员在各种场合
下透露对 OECD 工作的支持，与此对应，他们也积极利用国际组织
的平台来宣传竞争中立政策，尤其是 OECD 和 UNCTAD。实际上，
欧美的主导直接促成了 OECD 中有关竞争中立政策的一系列工作报
告的制定与发布。OECD 对于国有企业和竞争中立政策的研究较为
完整，并且取得了一系列的成果。② 其中被关注和引用最多的是两
个文件，《竞争中立和国有企业——挑战和政策选择》和《竞争中
立——确保国营企业和私有企业间的公平贸易》。在文件中，工作

---

　　① Statement of the European Union and the United States on Shared
Principles for International Investment [EB/OL]. http：//trade. ec. europa. eu/
doclib/docs/2012/april/tradoc_149331. pdf. 根据该声明，七项核心原则分别是：
开放和非歧视的投资环境；公平的市场竞争环境；对投资和投资者有效的保
护；公平和有效的投资争端解决；健全的透明度和公众参与制度；负责任商
业行为；严格审查的国家安全条款。

　　② 经整理，OECD 在国有企业和竞争中立政策方面取得的成果包括：
"Principles of Corporate Governance", 2004；"Guidelines on Corporate Governance
of State-Owned Enterprises", 2005, "The Role of State-Owned Enterprises in the
Economy：An Initial Review of the Evidence", 2008；"Corporate Governance of
State-Owned Enterprises：Change and Reform in OECD Countries since 2005",
2010；"Competitive Neutrality and State-owned Enterprise：Challenges and Policy
Options"及"Competitive Neutrality and State-owned Enterprise in Australia：Review
of Practices and their Relevance for Other Countries", 2011；"Competitive
Neutrality：Maintaining a Level Playing Field between Public and Private Business",
2012；"Maintaining a Level Playing Field between Public and Private Business for
Growth and Development", "A Stock-Taking of International Investment by State-
Owned Enterprises and of Relevant Elements of National and International Policy
Frameworks", "State-Owned Enterprises in the Development Process", 2013；
"Financing State-Owned Enterprises：An Overview of National Practices", 2014；
"Special Focus Issue Note about State-owned Enterprises", 2016。

组指出国有企业可能享有的竞争优势包括：直接补贴、特许的融资与担保、政府提供的其他优惠、垄断和主导地位、股权锁定、破产豁免和信息优势等。① 同时，它列举了竞争中立政策的实施方式包括立法方式、行政机制、正式的纠纷解决机制和国家特别机制。同时，美国积极参加 UNCTAD 的各项活动，借机争取更多国家对竞争中立政策的支持。而 UNCTAD 也针对发展中国家的实践对国有企业和竞争中立政策进行了研究，并于 2014 年发布了《竞争中立和其在所选发展中国家的适用》(*Competitive Neutrality and Its Application in Selected Developing Countries*)，主要研究了中国、印度、马来西亚和越南这四国的国有企业现状和竞争中立政策的实施效果。但是，OECD 和 UNCTAD 所倡导的竞争中立政策只是建议和指导而不具有约束力与执行力。它们对于国有企业和竞争中立政策的主张是，提供研究成果为各国在实施过程中提供一个可以参照的指南，鼓励各国根据自身国情来选择适合自己的方式予以实施。而且它们沿袭了澳大利亚竞争中立政策的精神，并不主张削弱甚至消除国家所有权，而是鼓励根据国有企业的行为实质和行为效果进行区别对待，竞争中立政策针对的是国有企业的可能破坏竞争环境、造成市场扭曲的商业行为。

第三，双边和多边条约。虽然竞争中立政策始于澳大利亚的实践，并发展成为一项成熟的制度，但事实是，澳大利亚缔结的投资条约中一般只是原则性地提及竞争中立，并没有太多的规制细则，可以说，澳大利亚在推动国际投资协定中的竞争中立政策方面表现得并不积极。而相反的，美国却在投资协定中频繁体现或使用。② 美国签订的早期投资协定并没有对国有企业进行专门规制，也没有出现竞争中立的概念，但已经在竞争政策章节中包含诸如"限制和

---

① Capobianco, A. and H. Christiansen. Competitive Neutrality and State-owned Enterprise: Challenges and Policy Options[R]. OECD Corporate Governance Working Papers, No. 1, OECD Publishing, 2011, p. 5.

② 据统计，在美国签订的 15 个区域协定中，高达 8 个都包含美式竞争条款。它们分别是美国澳大利亚 FTA，美国新加坡 FTA，美国智利 FTA，美国韩国 FTA，NAFTA，美国哥伦比亚 FTA，美国秘鲁 FTA 和 TPP。

缩小国有企业，促进私有企业竞争"、"反对国有企业和垄断的信息不透明"等条款。① 随后，美国不仅在条约内容中加入竞争中立条款，如《美国澳大利亚自由贸易协定》(以下简称"美澳 FTA")，而且通过一系列的规制条款将竞争中立政策予以贯彻。美国 2012 年双边投资条约范本(以下简称"美国 BIT 范本")强化了有关国有企业优惠待遇的规制，反映了美国把投资政策和竞争中立政策捆绑的新动向。② 其后，借助 TPP 和《跨大西洋贸易与投资伙伴协定》(以下简称"TTIP")等条约的谈判和签订，竞争中立政策对国有企业的规制作用得以更大的发挥。根据最新公布的 TPP 文本和 TTIP 的建议文本，③ 它们不仅都提高了国有企业在透明度和管辖权等方面的规制要求，而且 TPP 创设了非商业援助制度。正是通过美国在双边、多边条约中的实践，国际背景下的竞争中立政策由只是被倡导的建议性的理念转化成具备约束力的具体制度。

二、国际投资协定中的国有企业条款

(一)国有企业条款的产生和表现形式

虽然国有企业在直接投资活动中引起众多的质疑，但相较于完全排斥国有企业海外投资的做法，欧美国家更倾向于通过规制其行为来消除疑虑。有学者从心理学的角度解释，这是出于损失厌恶心理，因为相比之下，国有企业海外投资给东道国带来的效益要大于损害。④ 因此，在国内层面，很多国家设置了境外投资安全审查制

---

① 东艳、张琳：《美国区域贸易投资协定框架下的竞争中立原则分析》，载《当代亚太》2014 年第 6 期。

② 陈志恒、马学礼：《美国"竞争中立"政策：平台、特点与战略意图》，载《吉林师范大学学报(人文社会科学版)》2014 年第 9 期。

③ TTIP 尚未正式签订，但是欧盟根据 2014 年 7 月 14—18 日与美国的谈判，于 2015 年 1 月 7 日在欧盟委员会官网公布了其建议采用的文本，故笔者也将其作为本文的研究对象，并直接称为 TTIP 建议文本。

④ Angela Huyue Zhang. Foreign Direct Investment From China: Sense and Sensibility [J]. Northwestern Journal of International Law and Business, Summer 2012, p. 12.

度对国有企业进行管制。但是一方面，由于安全审查制度只是针对国有企业准入前的投资活动进行审核，属于事前监管机制，无法延伸至其准入后的投资活动，所以它无法确保准入时没有安全威胁的投资在运营阶段，由于国际国内形势变化不会对东道国造成安全威胁。① 另一方面，这些国内规制仍然是以一系列的模糊测试和主观标准为主，相应的结果就是国有企业可能会遭受国家的、法律的或是行政的歧视性或任意性的对待，当局者也会基于政治而不是有关性质、范围或者经营目标这些真正相关的因素进行考虑。② 所以，西方国家转而在国际层面上努力。最初它们只是借助 OECD 等平台，并以一系列软法性质的文件进行规范，如《国有企业治理准则》以及竞争中立政策相关文件。但是近些年来出现了一个新的趋势，即在国际投资协定中对国有企业进行规制。

其实对于具体的规制方式，理论界和实践界产生两派主张，一派认为根据现有的投资规则即可实现对国有企业的充分规制，比如国家安全例外条款和非歧视待遇条款。③ 他们认为，首先因为投资工具的不断变化是国际投资协定无法预测的，就像其产生之初并没有料到国有企业会在国际直接投资中占据如此重要的地位。其次，即使是对于国有企业，其在进行海外投资时引起的风险和威胁种类

---

① 张庆麟：《公共利益视野下的国际投资协定新发展》，中国社会科学出版社 2014 年版，第 34 页。

② Paul Blyschak. State-Owned Enterprises and International Investment Treaties：When Are State-Owned Entities and Their Investments Protected? Journal of International Law &International Relations, Spring 2011, p. 6.

③ Lu Wang. Non-Discrimination Treatment of State-Owned Enterprise Investors in International Investment Agreements? [J] ICSID Review, Vol. 31, No. 1 (2016), pp. 45-57. 该学者认为，关于国有企业的国家安全担忧可以通过国际投资条约中的安全例外条款来解决，包括国家或者必要的安全例外、公共政策例外等，因为尽管这些例外规定适用于所有的外国投资者，但是他们已经可以充分防范国有投资者带来的国家安全风险，而国有企业的竞争扭曲担忧则可以通过解释非歧视待遇标准的两个要件解决，即"在相同情形下要求"和"公共政策例外"。

众多且无法一一罗列，国际投资协定不可能将所有的考虑因素囊括其中。① 但另一派认为，现有规制普遍适用于各个投资者而不区分国有私有，但国有投资者毕竟不同于私人投资者，故应当对其进行单独规制。显然，欧美等发达国家更倾向于采用第二种方式。于是，投资条约中的国有企业条款应运而生并不断发展，并且一改依附于竞争政策章节的做法，独立成章。其内容不仅包括更为具体和严格的定义和分类条款，而且在透明度和管辖权问题上也针对国有企业提出了新的规制要求。虽然这些规则并没有发展成为普遍使用的国际投资规则，但对国有企业进行特别规制的趋势不可阻挡。

与 OECD 的一系列建议措施相比，国际投资协定中的国有企业条款更具有约束力，与国内层面的安全审查制度相比，国际条约的方式不仅能弥补事前监管的不足，又能实现国有企业法律规制的国际化。在此推动下，国有企业日益成为各大投资条约谈判的焦点，尤其是 TPP 和 TTIP。与此同时，国有企业问题也是未来中美和中欧双边投资条约谈判的重要议题。可见，国有企业在国际投资协定中的规制问题被提到了前所未有的高度。

而纵观国际投资协定中的国有企业规制条款，从形式上看，主要分为两类，第一类是竞争政策章节的一般规定。这一类的条款是有关各国在实施竞争政策方面的义务，会涉及国有企业问题，大部分的自由贸易协定都会设置"竞争政策"章节，如《中国韩国自由贸易协定》（以下简称"中韩 FTA"）、《新加坡澳大利亚自由贸易协定》（以下简称"新澳 FTA"）、《新加坡韩国自由贸易协定》（以下简称"新韩 FTA"）；第二类是国有企业章节的专门规定。它对国有企业进行专门的规制，更具有针对性。它主要出现在美澳 FTA、《美国新加坡自由贸易协定》（以下简称"美新 FTA"）、《北美自由贸易协定》（以下简称"NAFTA"）及 TPP 等美国参与的投资条约中，比如美新 FTA 中专门设置了第十二章"反不正当竞争行为、指定垄断

---

① James E. Mendenhall. Assessing Security Risks Posed by State-Owned Enterprises in the Context of International Investment Agreements [J]. ICSID Review, Vol. 31, No. 1, 2016.

和国有企业"①对国有企业进行规制，TPP 中则将"国有企业和指定垄断"作为第十七章标题，TTIP 建议文本中也会设置国有企业章节。从内容上看，国有企业规制条款主要包括：第一，竞争政策，即缔约国在投资条约中承诺的需要在竞争政策方面遵守的义务，比如制定或维持竞争法，并设立执法机构保证其实施，而国有企业在这方面受到的规制包括，作为国家机构时需承担和缔约国等同的义务和作为普通投资者在市场竞争时需遵守的义务；第二，非歧视待遇，如美新 FTA 中规定缔约国双方都必须保证其设立或维持的国有企业在向涵盖投资销售货物或提供服务时遵守非歧视待遇原则；第三，透明度要求，协定中都会要求缔约国提高本国法律法规和政策的透明度，这主要包括竞争法律的透明、竞争处罚决定的透明以及做出决定的法律和事实依据的透明等；第四，管辖权制度，这既包括缔约国国内法院的管辖权和行政机构的管制权，也包括国有企业是否可免于适用缔约国国内竞争法的情形。

（二）竞争中立政策下的国有企业条款

在欧美的推动下，竞争中立政策不仅出现在 OECD 等国际组织的文件中，而且在国际投资协定中发挥越来越重要的作用，并直接影响了国有企业规制条款的形成和发展。

纵观现有的国际投资协定，竞争中立政策在其中的表现形式主要有三种：第一，仅仅在协定前言或是纲领中提及需要加强竞争领域的交流与合作，或者即使是设置了竞争政策章节，但也只是原则性的规定，并无有关竞争中立政策的实质性内容，比如《澳大利亚马来西亚自由贸易协定》。第二，在竞争政策章节中进行规定，甚至包含标准的竞争中立条款，并且会明确规定缔约方在竞争领域的责任和义务。这种方式较为常见，如中韩 FTA、新澳 FTA、新韩FTA，而且澳韩 FTA、新澳 FTA、新韩 FTA 中都出现了明确的"竞

---

①　美新 FTA 文本中是使用了"government enterprise"的术语，准确翻译过来应该是"政府企业"，但为了统一表述的需要，本书一律采用"国有企业"的译法。

争中立"条款。① 第三，专门的国有企业章节予以体现，并一般与"指定垄断"、"国家垄断企业"等共同作为标题。在这种形式下，国有企业的规制条款不再是竞争政策章节下的附属内容，而是针对国有企业设置的特别制度。如 NAFTA、美新 FTA、TPP、TTIP。值得注意的是，NAFTA 和美新 FTA 中虽然都载有以"国有企业"为标题的专门规定，但是，它们并不同于一般意义上的国有企业规制条款，而是主要涉及东道国在处理贸易、投资等问题时国有企业应当遵守的公平竞争原则，可以说是竞争规则下的国有企业条款，严格来说，这还是传统的规定方式，属于新瓶装旧酒。而 TPP 和 TTIP 与它们的根本不同在于，虽然 TPP 和 TTIP 中的国有企业规制条款最终目的也是为了达到竞争中立的效果，但它们的规制路径是尽可能将国有企业纳入投资协定的规制范围，使其更像一个普通投资者那样从事商业活动，而不仅仅是将其作为一个公共机构进行规制，比如它们都更为详细地解释了"基于商业考虑"和"商业活动"的概念，在透明度问题上也偏向于采用国际组织中的企业治理准则中的要求等。所以，这种形式下的规制条款更加全面和深入地体现了竞争中立政策的内涵。

经过与投资协定中的规制条款的对比分析，我们看出，国有企业规制条款与竞争中立政策下的规制条款并不完全相同，比如，国有企业规制条款包含更全面的透明度要求，但竞争中立政策下的透明度要求更具有针对性。虽然如此，它们与竞争中立政策同时有着不可分割的联系，这主要体现在两方面：

第一，竞争中立政策是国有企业规制条款的指导原则。虽说投资条约对国有企业的规制形式多样，内容也千差万别，但总的来说，它们与竞争中立政策的精神是一致的，都是为了实现对国有企

---

① 例如，新澳 FTA 中原文为，Article 4 Competitive Neutrality：1. The Parties shall take reasonable measures to ensure that governments at all levels do not provide any competitive advantage to any government-owned businesses in their business activities simply because they are government owned. 2. This Article applies to the business activities of government-owned businesses and not to their non-business, non-commercial activities。

业的有效规制，避免其因所有权性质而获得不应得的竞争优势并破坏市场的公平。而且我们可以看出，国有企业规制条款大多出现在美国签订的条约中，而竞争中立政策最主要的推动者也是美国。实际上，在投资条约中设置和完善国有企业规制条款，正是美国推动竞争中立政策国际化和规则化的一个重要方式。

第二，竞争中立政策可以转化为具体的制度在投资协定中发挥作用。随着国有企业规制方式的多样化和规制内容的深入化，除了作为指导原则贯穿于国际投资协定中，竞争中立政策还可以直接转化为一项制度出现在国际投资协定中，典型代表便是 TPP 中的非商业援助制度，它将竞争中立政策由被倡导的理念转变为可遵循的具体制度，可谓是个突破。可以说，它是竞争中立政策最直观的体现。

第二节 IIAs 中的竞争中立政策的实施机制和规制范围

一、竞争中立政策的实施机制

经过对比不难发现，欧美所推动的竞争中立政策在目的、基本内容、法律框架和实施效果上[1]都不同于澳大利亚国内法中的规定，在这种价值导向下，它们主导的国际投资协定对国有企业的法律规制呈现一系列特点，主要体现在实施主体、实施方式和实施效果上。

(一) 实施主体和方式

1. 实施主体

一方面，国际投资协定中的竞争中立政策很多是直接针对缔约国提出的义务而不是国有企业，要求缔约国在管制国有企业时需保持中立、需保证其国有企业的信息透明以及不得给予非商业援助；另一方面，虽然国有企业在国际投资协定中可以作为国家机构履行

---

① 张琳、东艳：《主要发达经济体推进"竞争中立"原则的实践与比较》，载《上海对外经贸大学学报》2015 年第 22 期。

与缔约国等同的义务或是承担国家责任，也可以作为普通投资者享有条约赋予的权利并履行相关的义务，但投资协定中的竞争中立政策的规制措施的性质，更多体现为国有企业需要承担的缔约方义务，这在美式投资协定中表现尤为明显。它们中的竞争中立政策更强调国有企业的国有性质，要求其在行使政府权利时遵守各种义务，而不是将其作为市场参与者进行治理和规制。即使是规定国有企业必须基于商业考虑行事或是需进行商业活动，但也只是强调国有企业公共属性和商业属性的分离，而没有过多涉及国有企业治理方面的内容，比如财务透明、商业回报率等。不同的是，澳大利亚模式不但鼓励国有企业遵守竞争中立政策开展商业活动，而且并不限制其行使政府职能，至于具有商业性质的国有企业，澳大利亚更多关注其治理结构的完善。可见，澳大利亚极力淡化国有企业的国有色彩，但美国却强化国有企业和国家指定垄断企业的国家色彩。① 这也是美国所推行的竞争中立政策与澳大利亚国内法中的竞争中立政策的根本区别。

2. 实施方式

投资协定中的竞争中立政策主要通过竞争法的方式实施，并且赋予缔约国充分的自治权。根据 OECD 工作报告的建议，竞争中立政策的实施方式包括：(1)立法方式，通过竞争法的制定和实施来实现竞争中立。这主要是通过缩小竞争法中的豁免对象范围而使国有企业能够受到法律规制，如欧盟的做法。(2)行政机制，通过政府的政策和措施予以贯彻实施，如澳大利亚的做法。(3)正式的纠纷处理机构，对于违反竞争中立政策的行为进行处罚和救济。(4)国家特别机制，如国有企业改革。② 但是投资条约大多要求借助竞争法的实施来达到目标。而至于何时实施、怎样实施，便交由各国

---

① 赵海乐：《是国际造法还是国家间契约——"竞争中立"国际规则形成之惑》，载《安徽大学学报(哲学社会科学版)》2015 年第 1 期。

② Capobianco, A. and H. Christiansen. Competitive Neutrality and State-owned Enterprise: Challenges and Policy Options[R]. OECD Corporate Governance Working Papers, No. 1, OECD Publishing, 2011, p. 16.

自行决定，这便赋予了东道国很大的自治空间。比如在 NAFTA 中，它只是抽象地规定了竞争政策的相关问题，但是对于不正当竞争行为的具体规制很少涉及。可见，NAFTA 尊重各成员国国内竞争法律的规定，并不试图建立任何超国家的竞争法实体规则，在对于合谋、垄断力的滥用等具体违法标准的判断上，各国也未打算建立统一的实体标准，只能依靠国内反垄断法加以判断。① TPP 中也是采用这种规定模式。即使如此，美国可以在条约之外借助反垄断法的域外管辖权来实现对外国国有企业的规制。但值得注意的是，欧盟模式下的条约倾向于规定竞争法的实体规则，如 TTIP 建议文本中就有意将扭曲竞争的垄断和并购行为纳入规制范围，并规定国有企业受竞争法规则约束。所以在这个问题上，美国和欧盟在 TTIP 谈判中尚留很大的协调空间。

（二）实施效果

1. 形式上的不对等

这种不对等性广泛体现在美国主导的投资协定中。美新 FTA 对于新加坡和美国在竞争政策上需要承担的义务分配是不均的，不论是在国有企业的内涵界定和分类标准方面，还是在具体规制措施上，对于新加坡的要求都更为严格。如美国只需要履行非歧视待遇原则，但是新加坡却还需要保证政府对国有企业决策的不予干涉、透明度要求、逐步减少甚至消除国家对国有企业的所有权控制等额外义务。同时在美澳 FTA 中，也以竞争中立条款规定了澳大利亚的单向承诺。② 在《美国韩国自由贸易协定》（以下简称"美韩

---

①　漆彤：《竞争政策区域合作机制探析——以 APEC、NAFTA 和 EU 为例》，载《武大国际法评论》2007 年第 1 期。

②　参见美澳第 14.4 条第 3 款，原文为 "Australia shall take reasonable measures, including through its policy of competitive neutrality, to ensure that its governments at all levels do not provide any competitive advantage to any government businesses simply because they are government-owned. This paragraph applies to the business activities of government businesses and not to their non-business, noncommercial activities. Australia shall ensure that its competitive neutrality complaints offices treat complaints lodged by the United States, or persons of the United States, no less favourably than complaints lodged by persons or government bodies of Australia."

FTA")中，虽然在竞争章节并没有作更多要求，但是竞争中立政策散布于各项具体行业承诺中，且多为韩国的单方承诺。①

2. 实质上的不公平

且不说条约形式上义务分配的不对等，即使是普遍适用的条款，由于"制度非中性"，其对各国的意义也是不同的。"制度非中性"是指，同一制度对不同的人意味着不同的事情。也就是说，在同一制度下，不同的人或人群所获得的东西往往是不同的，而那些已经从既得制度中、或可能从未来某种制度安排中获益的个人或集团，无疑会竭力去维护或争取之。② 所以，由于各国的国有企业占国民经济的比重各不相同，同时这些国有企业所承担的社会责任和历史使命不同，为实现竞争中立所需要支付的成本也各不相同。③相对来说，国有企业在国民经济中比重大的国家，其实现竞争中立的成本要大于比重小的国家。在这样的情形下，即使是"中性"的制度，也会因对不同的缔约国造成不同的影响而导致实质上的不公平。比如，TPP 中出现了以规模作为国有企业分类标准的规定。对于广大发展中国家来说，国家在企业中持有一定股份的现象很普遍，而且这些国家的国有企业大多规模比较大，但是在发达国家，尤其是美国，国有企业本身并不普遍，尤其是中央级别的国有企业更是几乎不存在。如此，发展中国家的大部分国有企业会成为竞争中立政策的规制对象，但发达国家的国有企业显然就会免于管辖。所以，该条款对发展中国家的国有企业的影响远远大于发达国家。再如，TPP 中对于缔约国国内法院和行政机构的管辖和监管义务的要求，对于具有成熟的司法和行政机制的国家来说，这一条款只是强化了它们对于外国的国有企业的管辖权和管制权，而对于国内机制不健全的国家来说，这更是一种义务，要求它们不得对本国的国

---

① 赵海乐：《是国际造法还是国家间契约——"竞争中立"国际规则形成之惑》，载《安徽大学学报(哲学社会科学版)》2015 年第 1 期。

② 张宇燕：《利益集团与制度非中性》，载《改革》1994 年第 2 期。

③ 沈铭辉：《"竞争中立"视角下的 TPP 国有企业条款分析》，载《国际经济合作》2015 年第 7 期。

有企业给予司法和行政上的便利，这样不仅使这些国家本国的国有企业接受更为严厉的管制，而且投资该过的发达国家的国有企业也不会因此处于管制劣势，可谓是一举两得。

二、竞争中立政策的规制范围

竞争中立政策是为国有企业量身定做的一项制度，但是根据条约的规定，竞争中立条款只是规制国有企业的商业活动而不涉及它们在行使政府职能时从事的公共活动。① 在这样的背景下，判定何为"国有企业"，何为"商业活动"就显得甚为重要。而要解决这样的问题，就必须参照投资条约中有关国有企业的内涵界定和分类条款，这是条约的基础条款，除此之外，国有企业条款还包括法律规制条款。前部分的内容直接决定了竞争中立政策的规制对象和范围。因此，在介绍法律规制条款之前，必须对国有企业的内涵界定和分类标准进行细致的研究。

（一）国有企业的内涵界定

各国的一般做法是在投资协定中通过对"企业"的定义直接或间接地包含了国有企业。它们很少明确使用"国有企业"、"公共企业"等用语，而是通过规定"政府所有或控制"、"公有或私有"等表述将其囊括在内。直接包含国有企业的投资协定如《中国、日本及韩国投资协定》（以下简称"中日韩 BIT"），② 间接包含国有企业的投资协定如《中国加拿大双边投资协定》（以下简称"中加 BIT"），③

---

① 如 TPP 中规定，国有企业是主要从事商业活动的企业，美澳 FTA、澳韩 FTA、新澳 FTA、新韩 FTA 中的竞争中立条款都规定该条款只适用于国有企业的商业活动，而不包括其不具有商业性的其他活动。

② 中日韩 BIT 第 1 条第 4 款规定："缔约一方的企业"是指依照缔约一方的适用法律法规组建或组织的任何法人或任何其他实体，不论是否以盈利为目的，是否私有、由政府所有或控制，包括企业、公司、公司、企业联合体、合伙、独资、合营、社团、组织。

③ 中加 BIT 第 1 条第 10 款规定，"企业"指：（一）根据缔约一方法律组成或组织的任何实体，例如公共机构、公司、基金会、代理、合作社、信托、社团、协会和类似实体，以及私人公司、企业、合伙、机构、合资企业和组织，不论是否以盈利为目的、也不论其责任是有限责任还是其他形式；以及（二）任何此类实体的分支机构。

这种方式虽然没有明确出现"国有"、"政府所有或控制"等字眼，但是根据广义解释也应包含国有企业。有学者对 851 个国际投资协定进行的最新研究发现，只有在巴拿马与德国和瑞士分别签订的两个投资协定中是以某种形式将国有企业排除在外的，其他的投资协定都或明示或暗示的将国有企业纳入"投资者"定义范围。① 深入研究这些定义条款发现，如何判断政府对一企业形成控制是本部分的关键。总的来说，"控制"的界定标准主要有两种，即所有权标准和有效影响标准。

1. 所有权标准

所有权标准是以所有权或控制权为出发点来对企业进行的界定，只有当政府对企业拥有一定比例的股权时才能将该企业称为国有企业。这种标准是各国国内法以及国际投资条约中普遍采用的方法。

根据美国 BIT 范本第 1 条"定义"的规定，除了由政府所有的企业被界定为国有企业外，如果政府拥有一家企业一定比例的股权，那么该企业也会被视为国有企业。② 只是此文件并没有明确规定政府到底拥有一企业多少比例的股权才形成控制。但是根据之后签订的美新 FTA，国有企业是指一国能够施加有效影响的企业。并且接下来，附件 12A 以图例的方式对国有企业的界定进行了十分明确的规定。这个图例以股权比例作为唯一的考虑因素，详细列举了何种情况下构成国有企业。根据该图例，政府控制可以分为两种：第一，直接控制，即政府所有或者政府持股 50% 以上；第二，间接控制。只要政府、控股公司、国有企业单独或者合计持有一企业的超过 20% 的股份，并且构成最大股权，则该企业也被界定为国有企业。可见，在美新 FTA 中，国有企业的适用标准十分宽松，适用主体也相当广泛。而最新公布的 TPP 和 TTIP 建议文本中，对

---

① Mark Feldman. State-Owned Enterprises as Claimants in International Investment Arbitration [J]. ICSID Review, Vol. 31, No. 1, 2016.

② 美国 2012 年投资条约范本第一条规定，国有企业是指由一国拥有的或者通过所有权权益控制的一家企业。

国有企业采取了与以往较为不同的定义方式。① TPP 虽然仍然是以政府控制标准为主，但是明确将规制对象限于从事商业活动的国有企业，而且并没有采用美新 FTA 中 20% 的股权标准。

2. 有效影响标准

该标准以政府对企业的影响程度作为判断依据。美新 FTA、TPP 和 TTIP 建议文本中都对它有所提及。

根据美新 FTA，在新加坡方面，政府能够施加有效影响的企业便被视为国有企业。同时，协定进一步解释了有效影响的含义，规定在至少满足以下条件之一时，认为国家对企业产生有效影响：第一，拥有企业超过 50% 的投票权；第二，有能力对企业董事会成员的组成或者其他管理机构产生实质性的影响，有能力决定企业发展策略、财务或经营管理政策以及计划等方面的最终结果。在政府享有企业超过 20% 但少于或等于 50% 的股份时，推定为政府对企业形成有效影响。而 TTIP 建议文本中规定，中央或地方能够通过所有权、财务参与或其他方式对运营规则或行为造成决定性影响（decisive influence）的企业被称为国有企业。② 而"决定性影响"存在于拥有企业大部分资本、拥有企业大部分投票权和能够任命企业管理机构、执行或监督机构的超半数成员的情形。可见，美新 FTA 和 TTIP 建议文本都采用了广义的包括所有权标准的有效影响标准。而狭义上的有效影响标准则在当政府享有企业少于一定股份时才需要参照，考虑的因素主要是政府在企业管理机构中的地位，以及影

---

① 根据 TPP 第 17.1 条的规定，国有企业是指主要从事商业活动的企业，并且满足下列条件之一：第一，缔约方直接拥有 50% 以上的股份资本；第二，缔约方通过拥有者权益控制 50% 以上投票权的行使；第三，缔约方拥有任命大多数董事会或其他同等管理机构成员的权利。

② 原文为："State enterprise" means any enterprise involved in a commercial activity over which a Party at central or sub-central level exercises or has the possibility of exercising decisive influence directly or indirectly by virtue of its ownership of it, its financial participation therein, by the rules or practices on the functioning of the enterprise, or by any other means relevant to establish such decisive influence。

响企业作出决策的能力。相比之下，TPP 中并没有出现"有效影响"、"决定性影响"等措辞，但是第三个构成要件，即缔约方拥有任命大多数董事会或其他同等管理机构成员的权利，便是有效影响标准的体现。

关于界定标准，解决投资争端国际中心（以下简称"ICSID"）仲裁庭认为，对于何时构成控制并没有统一的公式，除了在存在百分之百的所有权或者是不享有任何所有权时，其他的任何情况中，都不能仅仅凭借所有权来单独判定是否国有，只是在所有权比例较小的情形下，需要综合考虑的因素相较于所有权比例大的时候更多而已。① 诚如以上所言，单一所有权标准并不能完全反映政府对企业的控制程度。仅仅因为是国家所有并不意味着完全受国家控制，因为企业仍享有一定的自治管理空间，相同的，仅因为是私有也不能排除其与国家的紧密联系，因为它可以通过其他安排与政府产生关系。② 所有权可以作为认定"控制"的考虑因素，但绝不能是决定因素，在特定情形下，通过技术、供应获得、市场准入、资本准入、专业技术以及权威声誉中的一种或几种也能达到控制。③

（二）国有企业的分类

即便是被界定为国有企业，也并不意味着所有的国有企业都会受到条约的约束，或者说不会受到条约中同一规则的约束。国有企业在投资条约中可以扮演两种角色，即作为国家机构的国有企业和作为普通投资者的国有企业。在作为国家机构时，国有企业需要承担和缔约国等同的责任和义务，而在作为普通投资者时，则相应的享有投资者的权利和义务。所以，准确区分国有企业的类别确定投资条约的规制对象至关重要。总的来说，国有企业的分类标准有两种，第一种是政府授权标准，第二种是活动实质标准。

---

① Vacuum Salt Products Limited v. Government of the Republic of Ghana, ICSID Case No. ARB/92/1, Award, 1994.

② Curtis J. Milhaupt and Wentong Zheng. Beyond Ownership: State Capitalism and the Chinese Firm [J]. Georgetown Law Journal, March 2015, p. 12.

③ Arbitral Tribunal constituted under Chapter Eleven of NAFTA, conducted under the UNCITRAL Arbitration Rules Award, 2006, para. 107.

1. 政府授权标准

根据政府授权标准，当国有企业在政府授权之下行使政府权力时，就被认定为国家机构。据此，这个标准有两个构成要件，第一个是政府授权，第二个是行使政府权力，前者是后者的来源。相关的规定在美国 BIT 范本、美新 FTA 和 TPP 中都有体现。

根据美国 BIT 范本的规定，国有企业行使政府规制性、行政管理性或其他政府权力时，需要遵守条约中的有关义务，而这些义务均属于由政府承担的缔约方义务。[①] 在这种情况下，国有企业并不是一般的投资者，而是作为国家机构且需要承担国家责任。之所以这么规定，在于防止缔约国政府将某些规制性或行政管理性职能授予该国的国有企业，以规避其在履行管理职能时可能面临的投资争端，或者使某些获得政府特别授权的国有企业可利用身份混同获得特殊的竞争优势。[②] 但是，它只是以脚注的形式规定了授权的具体形式，包括立法授权、政府命令、指示或其他行动。[③] 美新 FTA 中的规定与美国 BIT 范本中的规定极为相似，但不同的是，首先不论是正文还是脚注中都没有规定政府授权的具体形式，其次是在正文中规定了所行使的政府权力的具体内容，包括征收、发放许可、批准商业交易或实行配额、课以费用和其他规费的权力。TPP 中的规定与美新 FTA 中的规定几乎一致，只不过其对于政府权力的内容是以脚注的形式进行规定的。

在实践中，国有企业行使政府职能并不一定都具有法律授权，而是会形成事实上的行政管理权，也就是说，在有些情况下，政府

---

① 美国 2012 年投资条约范本第 2 条规定，缔约一方在 A 节项下的义务适用于经政府授权行使任何规制性、行政管理性或其他政府权力的国有企业和其他人员。而 A 节项下的义务均属于由政府行使的政府职能。

② 美国国务院官方网站：http：//www. state. gov，最后访问日期：2016年 3 月 1 日。

③ 原文为：For greater certainty, government authority that has been delegated includes a legislative grant, and a government order, directive or other action transferring to the state enterprise or other person, or authorizing the exercise by the state enterprise or other person of, governmental authority.

并没有明确授权国有企业替代行使政府权力，但是在事实上，国有企业通过政府指定而在特定市场中享有独占经营权或支配性政府力量。可见，这种标准在实践中存在一定的局限性，并不能完全涵盖国有企业行使政府权力的所有情况。

2. 活动实质标准

与政府授权标准不同，活动实质标准更多关注国有企业的行为性质，只有当国有企业的投资活动具有商业实质时，才会落入投资条约的规制范围。

美新 FTA 规定国有企业应仅仅基于商业考虑行事，并进一步解释"基于商业考虑"是指，在相关商业或行业中与私有企业通常的商业惯例保持一致。但是至于何为"相关"，何为"通常的商业惯例"，协定都没有进一步规定。

TPP 在定义中指出，国有企业是指主要从事商业活动的企业，并将"商业活动"解释为企业从事的以营利为导向的活动，并且该活动以企业决定的数量和价格在相关市场上进行。同时 TPP 还规定，商业考虑是指价格、质量、可获性、适销性、运输，和其他购买或销售的条款和条件；或相关商业或行业的私有企业在商业决策中通常考虑的其他因素。TTIP 建议文本中除以上之外还要求遵守国际贸易的市场经济原则。

对于在判定活动实质时，是否应当考虑行为的目的和动机，各个条约中都没有明确规定。而 ICSID 仲裁庭在 CSOB 诉斯洛伐克（Ceskoslovenska Obchodni. A. S. v. The Slovak Republic）中论证 CSOB 是否在行使政府基本职能时认为，判断的关键在于 CSOB 从事的商业活动的实质而不是行为的目的。[①] 但笔者认为，虽然目的和动机这样的因素过于主观难以判断，而且在存在多个目的时，是应该根据主要目的判断还是只要是目的之一即可，这些都会在实践中造成困惑。但是对国有企业的行为目的的考虑仍是必要的。实际

---

① Ceskoslovenska Obchodni, A. S. V. The Slovak Republic, ICSID Case No. ARB/97/4, Decision of the Tribunal on Objections to Jurisdiction, 1999, para 20.

上，当前对于国有企业的一个主要的疑虑便是，它是为了实现政治目标而非出于纯粹的商业动机进行投资活动。这是对国有企业的行为目的而非行为性质的直接质疑，所以与此相对应，为了消除这些疑虑，自然应该探究国有企业的行为目的或动机。

政府授权标准和活动实质标准的适用路径是不同的，政府授权标准是从政府的角度出发，只要国有企业行使的是政府授权范围内的政府权力，其就被认定为是国家机构而需承担和缔约国等同的责任和义务，而活动实质标准则是从企业自身的行为出发，当国有企业所进行的活动具有商业实质时，其就被认定为投资条约中的"投资者"，并受相关条款约束。所以，这两个标准是解决一个问题的两条路径，单独使用其中的一个都不能很好的界定国有企业条款的适用范围，而将两者结合使用，则是最佳方式。即在认定国有企业是否得到国家授权的同时，还需要考虑其投资活动是否具有商业性，而且所行使的政府权力应不仅仅限于具有法律依据的明确授权下的权力，还应该包括事实形成的经营管理权。

第三节　IIAs 中的竞争中立政策的规制方式

在投资条约中，竞争中立政策主要通过以下几种方式实现对国有企业的规制：第一，管制中立。这是对缔约国的立法、司法和行政机关的要求，目的在于确保国有企业和私有企业处于同一管制环境下，而不会享受到优待或豁免。一般来说，所有的竞争政策章节都会明确要求缔约国建立或者维持国内的竞争法律以禁止限制竞争的商业行为并且设立竞争主管机关保证有效执行，如中韩 FTA。① 第二，透明度要求，即条约中都会要求缔约国提高竞争政策的透明度，这主要包括竞争法律的透明、竞争处罚决定的透明以及做出决定的法律和事实依据的透明等，同时也会针对国有企业提出透明度

---

① 中韩 FTA 第 14.2 条规定，各缔约方应维持或实施竞争法，禁止反竞争商业行为，促进和保护市场竞争过程，各缔约方应保持设立一个或多个竞争机构，负责其本国竞争法执法。

要求。第三，补贴中立。即要求缔约国政府不得对本国的国有企业给予特定的援助，这主要体现在 TPP 的非商业援助制度中。

一、管制中立

管制中立是竞争中立政策的重要规制方式，指国有企业不得因为管制环境享有竞争优势，这里的管制环境包括一国所有涉及竞争环境的法律法规、政策和制度。可以说，管制中立的规制对象为政府反竞争行为（government anti-competitive conduct）。广义上来说，在实施主体上，政府反竞争行为不仅包括行政机构的限制竞争的行为，还包括立法机关和司法机关的相关行为。在行为性质上，不仅包括具体的政府行为，还包括垄断性的制度安排，因为在很多情况下，行为不规范直接由制度的不合理造成。因此，不触及制度性的变革，很难对政府反竞争行为构成有效控制。① 与此对应，管制中立也涉及对立法、司法和行政机关的行为的规制，它在投资条约中的体现，归纳起来，主要包括三个方面。

（一）法律适用中立

这是对缔约国竞争法尤其是反垄断法的制定和适用提出的要求。几乎所有的含有竞争政策章节或是国有企业章节的投资条约都会明确要求缔约国必须设立或维持本国的竞争法并适用于国有企业。同时，有的投资条约还会特别规定可予豁免的情形，只是规定了相应的条件。如澳韩 FTA 第 14.3 条赋予缔约国将特定的商业活动或者部门排除出竞争法的适用范围，只要这些豁免是透明的并且是基于公共政策或者公共利益实施的，美澳 FTA 第 14.4 条第 2 款中美国单方面承诺本国州政府层面的国有企业必须受本国反垄断法的规制，而不享有国家行为豁免。它们都限制了缔约国竞争法中的豁免制度的适用。实际上，各国的竞争法适用于本国的国有企业是没有问题的，但是在具体适用时会产生问题，即有企业可能因为自身的公共性或者所从事的活动的公益性而享有法定豁免权。纵观

---

① 郑鹏程：《对政府规制的规制——市场统一法律制度研究》，法律出版社 2012 年版，第 116 页。

各国的国有企业，它们一般从事的都是自然垄断或是政策性垄断行业，首先，反垄断法只是规制滥用市场支配地位的行为，只要它们没有滥用这种垄断地位，就不会落入反垄断法的规制范围。其次，很多国家反垄断法中的豁免条款中会将从事"普遍经济利益"、"公共服务"等性质的活动的企业作为豁免对象。因此，国有企业全部或部分地可以免受反垄断法的规制。鉴于此，投资条约针对这种豁免提出了要求。

UNCTAD 的竞争和消费者政策机构（The Competition and Consumer Policies Branch，CCPB）曾在 2010 年建立了研究合作平台（Research Partnership Platform，RPP），它向 35 个国家或地区①的竞争主管机关发布问卷以调查它们国内竞争法的制定与执行情况。根据问卷的设置，35 个国家的竞争法都有规制国有企业的内容，而大部分的国家都规定竞争法适用于国有企业，但是同时也规定了可予以豁免的情形。有的国家或地区以是否行使国家职能作为豁免标准，如印度和马来西亚；有的国家或地区不区分国有私有，只是规定从事特定服务的企业享有豁免权，如美国将联邦设立的具有公共服务义务的企业排除在谢尔曼法的规制范围之外，新加坡还将从事特定活动的企业排除，包括邮政服务、管道饮用水、废水处理、规划的和许可的公共汽车服务以及许可的货运服务；有的国家或地区将指定的企业或机构作为豁免对象，如新加坡和我国香港地区分别排除本国或地区的 575 和 66 个法定机构或组织。② 尤为值得一提的是欧盟的做法。欧盟在《欧洲联盟运行条约》（*Treaty on the*

---

① 这些国家和地区包括发达国家、发展中国家和转型国家以及欧盟和有关地区，它们分别是：俄罗斯、塞尔维亚、塞舌尔、新加坡、西班牙、瑞典、瑞士、特立尼达和多巴哥、突尼斯、土耳其、澳大利亚、巴巴多斯、巴西、中国、欧盟、法国、希腊、圭亚那、中国香港特区、匈牙利、印度、意大利、牙买加、日本、哈萨克斯坦、肯尼亚、韩国、立陶宛、马来西亚、毛里求斯、墨西哥、巴基斯坦、秘鲁、波兰和美国。

② Eleanor M. Fox, Deborah Healey. When the State Harms Competition: The Role for Competition Law [J]. Antitrust Law Journal, 2014.

Functioning of the European Union，TFEU）第 106 条规定国有企业①
必须受欧盟竞争条款的规制，但是将提供普遍经济利益服务的企业
和产生财政收入的垄断企业排除在竞争法的规制范围之外。根据欧
洲法院的案例，这两个豁免条件的适用十分严格。要证明服务"具
有普遍经济利益"，至少要遵守四个条件：首先，需要证明企业所
提供的服务是必要的而且在经济上具有可接受性；其次，服务对象
具有普遍性；再次，该经济利益是为了公共利益而与私人利益无
关；最后，申请豁免的企业需要承担证明遵守竞争规则将"阻止履
行"委托给企业的特定任务的举证责任。②

　　可见，大部分国家的某些特定国有企业享有竞争法的豁免权，
实际上，反垄断法的适用范围和豁免制度，是由反垄断法的价值目
标所决定的，并受竞争政策与政府其他经济政策的关系影响。③ 而
这些价值主要包括经济价值、公平正义价值和公共利益价值。公共
利益价值是各国普遍采用的价值目标，在这种情况下，从事关乎公
共利益的行业或服务时可免于适用竞争法。虽然实行何种豁免制度
是一国经济主权范围内的事情，但是，欧美等国家还是坚持在投资
条约中进行规定，企图通过要求缔约国的竞争法适用于国有企业来
减少国有企业享有的管制上的优势，而实现的方式便是，要求缩小
竞争法中给予国有企业的豁免范围。该类条款有两层意义：一方
面，对于那些对国有企业保护倾向严重的国家来说，该条款可以有
效限制它们在竞争法上对本国国有企业的豁免，比如，只能依据公

----

　　① 《欧洲联盟运行条约》中使用的术语是"public undertakings"，准确翻
译应该是"公共企业"。而且根据 1980 年的《透明度指令》第 3 条的规定，公共
企业是指公共机构可以直接或间接通过行使所有权、财政参与权或通过管理
该企业的规则施加支配性影响的任何企业。且当公共机构控制了该企业的资
本、投票权或者能任命该企业行政管理机构或监督机构一半以上的成员时，
就被认为是具有支配性影响。
　　② 应品广：《法治视角下的竞争政策》，法律出版社 2013 年版，第 216
页。
　　③ 钟刚：《反垄断法豁免制度研究》，北京大学出版社 2010 年版，第
23 页。

共利益或公共政策标准给予豁免，虽然并没有明确规定何为"公共利益"和"公共政策"；另一方面，它也通过投资条约的形式确认和强调了一国限制外国国有企业的权利，因为各国可以通过设立、补充或者本国的竞争法，尤其是关于豁免制度的条款，相应增加竞争中立政策的相关规定，而达到限制外国国有企业的贸易和投资的目的。

（二）管辖权中立

这是对缔约国的司法机关作出的要求，以达到限制国有企业援引国家豁免的目的。根据国际法的属地管辖原则，缔约国对于境内的外国投资者享有属地管辖权，其中就包括外国的国有企业。国内管辖权作为一国的主权，其行使得到国际社会的认可和尊重。如此看来，国内管辖权的行使具有正当性，无须说明。但是，TPP 却专门强调了国内法院对国有企业的管辖权。TPP 国有企业章节第17.5 条进行了相关规定。根据其规定，各缔约方应保证国内法院对国有企业在其领土内从事的商业活动享有民事诉讼管辖权。但同时也规定，如果法院对于非国有企业没有类似诉讼的管辖权，则无须作此要求。① 根据条款的措辞，它是以条约义务的方式提出的对缔约国的一项要求，而不只是强调缔约国的司法主权。该条款也包含两层意思，一方面对于奉行绝对豁免理论的国家，它是一种义务。根据美国贸易代表办公室的说明，该条规定要求缔约国保证国内法院对国有企业的商业活动的管辖权的义务，以确保国有企业不会仅仅因主张国家豁免而免受法律诉讼。② 这就要求缔约国不得对

---

① 参见 TPP17.5 条第 2 款，原文为：1. Each Party shall provide its courts with jurisdiction over civil claims against an enterprise owned or controlled through ownership interests by a foreign country based on a commercial activity carried on in its territory. This shall not be construed to require a Party to provide jurisdiction over such claims if it does not provide jurisdiction over similar claims against enterprises that are not owned or controlled through ownership interests by a foreign country。

② 美国贸易代表办公室官网：https：//medium. com/the-trans-pacific-partnership/state-owned-enterprises-and-designated-monopolies-bfddb20cb3b3 # . blk 5p6vlz. bpf71vtiu。

国有企业实行绝对豁免，而应对其商业活动进行管辖，它直接限制了国有企业对国家豁免的使用。另一方面，对于发达国家来说，它更多的是一种权利。因为这些发达国家大多采用限制豁免，比如美国《外国国家豁免法》和澳大利亚《国家豁免法》都确立了限制豁免制度。所以，对这些国家而言，此条款的意义某种程度上有助于其国内的竞争法律制度借助投资条约的平台得以实施和进一步推广，为竞争中立政策的国际化推广奠定了重要基础。

（三）行政监管中立

除了对国内法院管辖权的要求，TPP 还规定了缔约国行政机构的有关义务。根据其规定，各国行政机构都应当以公正的方式对所有企业进行监管，尤其是国有企业，并在监管中享有自由裁量权。① 同时，美新 FTA 中也规定，作为一个股权者，政府可以行使投票权，但是作为一个管理者，新加坡政府不得以与协定不一致的方式直接或间接地干预或者主导国有企业的决策，比如通过实施因有效影响而形成的权益。② 据此，缔约国行政机构在对其国内的国有企业和私有企业进行监管时必须一视同仁。

一方面，行政机构不能不合理地干涉国有企业的经营管理而使其获得管制上的便利和优惠。这尤其适用于政府指定垄断的情形。指定垄断具有存在的必要性，但是如果行政机构利用这种机会而对国有企业区别对待，势必会造成竞争的扭曲。所以，虽然国际投资

---

① 参见 TPP17.5 条第 2 款，原文为：Each Party shall ensure that any administrative body that the Party establishes or maintains that regulates a state-owned enterprise exercises its regulatory discretion in an impartial manner with respect to enterprises that it regulates, including enterprises that are not state-owned enterprises。

② 参见美新 FTA 第 12.3 条第 2 款 e 项，原文为：Singapore shall take no action or attempt in any way, directly or indirectly, to influence or direct decisions of its government enterprises, including through the exercise of any rights or interests conferring effective influence over such enterprises, except in a manner consistent with this Agreement. However, Singapore may exercise its voting rights in government enterprises in a manner that is not inconsistent with this Agreement。

协定大多肯定了指定垄断的必要性和合理性，但同时也会对该类行为对缔约国的行政机构作出相应的规制，比如美澳 FTA 和美新 FTA 中都要求政府在指定垄断时，需保证实行垄断的企业遵守四个要求：第一，在执行与垄断有关的政府职能时，以与协定一致的方式开展；第二，完全基于商业考虑开展活动；第三，遵循非歧视待遇原则；第四，不得利用垄断地位在非垄断市场实施反竞争行为。所以，在这种情形下，政府不得滥用它的指定垄断权，而对国有企业的经营管理进行不合理的干涉或者在其他政策上对其倾斜，比如税收制度、信贷政策、许可制度等，而应当以公平的方式对待所有的市场参与者。

另一方面，行政机构应当积极行使自己的行政职能，使国有企业接受有效的监管。比如澳大利亚在竞争中立政策上确立了一套行政审查机制，行政机构可以通过它的实施实现对国有企业的规制。再如，反垄断审查作为行政机构的一项重要权力，不仅可以对本国的国有企业进行监管，还可以通过域外管辖权的作用，对外国国有企业的海外投资产生影响。条约的规定进一步确认了一国行政机构的这一权力。

二、非商业援助制度

非商业援助制度在以往的投资条约中并非无迹可寻，其思想源头便是竞争中立政策。严格来说，对国家援助的控制仍然属于管制中立的范畴，但是在以往的投资条约中并没有就提供给国有企业的援助进行专门规制，而 TPP 却对此十分重视，并通过详细的规定将其作为一项制度予以实施。非商业援助制度作为 TPP 国有企业规则的根本性变革，它的制定，有效排除了认定国有企业提供补贴、采取救济措施的困难，成为专门针对从事商业活动的国有企业的一种制度。①

———————

① 韩立余：《TPP 国有企业规则及其影响》，转《国家行政学院学报》2016 年第 1 期。

（一）非商业援助制度概述

TPP 将"非商业援助"解释为，因政府对一国有企业的拥有权或控制而给予该国有企业的帮助。从这个定义上来看，非商业援助制度是为国有企业量身定制的，因为它只限于提供给国有企业的援助，而非一般意义上的惠及所有企业的援助。① 其主要内容包括以下四点：

1. 援助的表现形式

援助包括资金或潜在的资金、债务的直接转移和更优惠条件的货物或服务，前者包括赠款或债务减免、更优惠融资、与投资惯例不一致的权益资本。可见，援助的表现形式十分多样。

2. 援助的主体

援助的主体包括政府、一国的国营企业或国有企业，甚至是非国有企业，但非国有企业须是按照缔约国委托或指示行事。在这里，不仅将国营企业或国有企业作为国家机构进行规制，甚至在特定情形下非国有企业也可以是提供援助的主体。既然在将非国有企业作为援助主体时规定了限制条件，即需经缔约国委托或指示，而对于作为援助主体的国有企业并没有类似限制，可以推断，只要国有企业提供的援助符合其他构成要件，不论其是作为国家机构还是作为普通投资者，都构成非商业援助。

3. 援助方式

TPP 中规定的援助方式包括四种，第一种是明确将帮助限于国有企业使用，第二种是帮助主要由国有企业使用，第三种是将不成比例的大量帮助提供给国有企业，第四种是在提供帮助时通过使用自由裁量权对国有企业给予照顾。只要是属于四种方式中的一种即构成援助。这一规定类似于《补贴与反补贴措施协议》（以下简称"SCM 协议"）中的"专向性"规定，根据 SCM 第 2 条的规定，判断补贴是否具有专向性有几大原则：第一，明确限于某些企业使用；第二，事实上的专向性；第三，指定地理区域的某些企业使用；第

---

① 比如，根据 TFEC 第 107 条第 1 款的规定，国家援助是指一个成员国提供的或以任何形式通过国家资源提供的援助。

四，凡是禁止性补贴都具有专向性。可见，SCM 协议中对于专向性的规定是比较具体且严格的。而 TPP 中规定的援助方式，前三种的专向性似乎是比较明确的，但第四种援助并不具有明显的专向性，而且文本也没有规定自由裁量权的行使方式、行使程度等问题，这似乎意味着只要行使了自由裁量权并给予了国有企业照顾，不论这种权力行使的程度，也不论给予的照顾的种类和程度，都可以被认定为提供了非商业援助。这一定程度上突破了专向性的要求，在这种情形下，政府或企业可以在向其他对象提供帮助时，同时对国有企业给予照顾，但是这种照顾首先并不是专门针对国有企业的，所以不具有专向性，其次，它是很隐蔽的，并没有明显的轨迹可查。所以，非商业援助制度对援助的认定可谓十分宽松。

4. 排除范围

非商业援助制度的排除情形有三种：第一种为在脚注中标明的三种排除情形：按照商业惯例要求在财务报告中排除的企业集团的内部交易，国有企业之间与私有企业公平交易的惯例一致的其他交易，以及缔约方代表出资人和受益人对养老基金进行投资；第二种为经济紧急状况例外，包括临时应对经济紧急状况的缔约国行为或是应对经济紧急状况时临时采取或实施措施的国有企业行为；第三种为特定的金融服务例外。参照《欧洲联盟运行条约》中的规定，它在第 107 条规定了国家援助制度的两种适用除外，第一种是，如果援助具有社会性并且是不管产品的产地无歧视地给予个体消费者，或者是因团结一致这一特定情形给予的援助，① 第二种是，给予非常萧条地区的援助，促进具有共同利益的重大项目或者救济成员国经济严重失序的援助，以及地区或部分援助。② 与之相比，TPP 中的豁免范围非常有限，要么只是根据性质排除正常交易中的商业援助，要么就是在特定状况下的豁免，不但没有给予缔约国自由裁量权，而且也没有在具有公共性质的援助上留有余地。

同时协定规定，在一缔约国作出申请时，另一缔约国应当向其

---

① 参见《欧洲联盟运行条约》第 107 条第 2 款。
② 参见《欧洲联盟运行条约》第 107 条第 3 款。

公开所提供的非商业援助的十项信息，这是对非商业援助制度的透明度要求。笔者将在下一节进行专门介绍。

（二）非商业援助制度的特点

1. 竞争中立政策的规则化和国际化

非商业援助制度是竞争中立政策在多边平台实现规则化的首次尝试。首先，它是竞争中立政策规则化的体现。在传统的实践中，竞争中立政策更多只是作为一个理念被宣传而没有形成具体的能有效执行的制度，而非商业援助制度首次将竞争中立政策以明确的方式规定在投资条约中，并且直接针对国有企业，是对国际投资协定的一个重大变革。同时，尽管欧美极力推行竞争中立政策，但其要么只是借助 OECD 平台，通过发布一系列没有法律约束力的文件建议实施，要么就是在影响范围有限的双边投资条约中进行实践。而TPP 作为一个拥有 12 个亚太国家参与的多边贸易、投资协定，在其中规定非商业援助制度，不仅解决了以往法律约束力不足的问题，也将竞争中立政策的具体制度从双边发展到了多边规模，为其进一步国际化奠定了很好的基础。

2. 参照 SCM 协议增强可操作性

在非商业援助制度下，缔约方需承担两项义务：第一，缔约方以及国有企业不得通过对国有企业直接或间接的非商业援助对另一缔约方的利益造成不利影响；第二，缔约方不得通过直接或间接的非商业援助对另一缔约方的国内产业造成损害。"不利影响"包括替代影响、价格影响和市场份额影响。"损害"包括实质性损害、实质性损害威胁和实质性阻碍。TPP 在认定非商业援助是否存在时使用了不利影响标准和国内产业损害标准。这与 SCM 协议第 5 条和第 15 条的内容相仿。只是不同的是，TPP 中两个标准的适用范围更为广泛，不仅包括货物贸易，还包括服务贸易和国际直接投资，而 SCM 协议只适用于货物贸易，服务贸易在补贴方面的纪律尚为空白。由此看出 TPP 是一个在货物贸易、服务贸易和投资三个领域的规范制度上高度统一的协定，同时也体现了国际投资规则与国际贸易规则的融合。通过借鉴贸易领域的规则，非商业援助制度在适用过程中更具有操作性和针对性。

3. 规制标准的宽松化和规制对象的特定化

TPP 中的非商业援助制度对于援助的形式、援助主体、援助方式都是给予了宽松的规定，只要满足其中的任一条件都构成援助，而无须单独考虑公共机构认定问题、利益认定问题、专向性问题。[1] 根据这一规定，只要是政府或国有企业对另一国有企业进行了范围内的援助，无须界定作为援助主体和作为援助对象的国有企业是否公共机构，国有企业是否获得了利益以及此项援助是否具有专向性，便可认定非商业援助的构成。虽说这大大减少了该制度在适用过程中的阻碍，但也将规制范围极大地扩大化。为求平衡，TPP 中对于该制度中作为援助对象的国有企业的范围进行了限定，即不适用于前三个连续的财务年中有任何一年，自商业活动获得的年收入少于 2 亿特别提款权的国有企业。这就将援助的对象限于规模较大的国有企业。而且值得一提的是，不同版本中竞争中立对规制对象的规定，皆是从企业所有权或与政府的紧密程度上进行定义，从未对国有企业规模有所限定，但 TPP 中的国有企业条款却另辟蹊径。[2] 虽然客观上看，这么安排可以解释说是由于大规模的国有企业造成的竞争市场扭曲效果比小规模的国有企业更严重，但更准确地说这是 TPP 各成员国利益博弈的结果。

三、透明度要求

(一) 国际投资协定中的透明度要求

国际投资协定中有关国有企业的透明度条款有两种，一种是一般的透明度条款，这类条款可以单独作为一条或者一章规定在双边投资条约和自由贸易协定中，也可以是某一章节下的具体一条，涉及的内容大多是对缔约国法律法规、制度、措施的制定和执行的透明度要求，或者对投资者-东道国争端解决程序的透明度要求，这种类型的条款是缔约国必须遵守的一般义务，并没有特定的适用对

---

① 参见 TFEL 第 107 条第 1 款。

② 唐宜红、姚曦：《混合所有制与竞争中立规则——TPP 对我国国有企业改革的挑战与启示》，载《学术前沿》2015 年第 23 期。

象，所以对于国有企业没有特殊的要求。另一种便是专门针对国有企业的透明度条款，该类条款要么规定在竞争政策章节中，要么出现在专门国有企业条款中，规定了缔约国在国有企业方面必须遵守的透明度原则。而竞争中立政策下的透明度要求主要体现在第二类条款中，所以笔者将主要针对第二种类型下的条款进行研究，探讨该条款对国有企业在透明度方面的特殊要求。

国际投资协定中的有关内容主要可以概括为两点，即存在透明和行为透明，并集中体现在美新 FTA、TPP 和 TTIP 建议文本中。

1. 存在透明

存在透明即指国有企业自身及国有企业的有关情况的公开。比如 NAFTA 第 1502. 2 条 a 项要求缔约方向其他缔约方通报其指定的国有企业，美新 FTA 中除了对国有企业名单的透明度要求之外，还要求新加坡方主动提供有关本国国有企业的综合报告，该报告的内容应当包括以下四点：第一，缔约方或国有企业在该国有企业中的累积股份和投票权比例；第二，对任何特殊的股权、投票权或其他权利的说明；第三，在国有企业中任职的官员或董事会成员中的政府官员的名单以及所任的政府职位；第四，根据国有企业构成涵盖实体的条件，公布国有企业的年收入和总资产中的一项或两项。① 同时，在美国政府要求时，对于涵盖实体外的企业或条款排除适用的企业就前述四项信息进行公开，如淡马锡控股公司。TPP中规定，在一缔约国认为某一国有企业的行为可能对投资的解释造成影响并作书面请求时，另一缔约方应提供国有企业的相关信息，信息的部分内容与美新 FTA 中的相同，但修改了一处并新增了两项内容，前者为要求提供国有企业的最近 3 年的年收入和总资产的信息，后者包括提供国有企业根据缔约方法律所享有的免责和豁免，以及其他可获信息，如年度财务报告、审计报告。而 TTIP 建议文本中的透明度要求一共包括 8 项，除了 TPP 中的前 5 项，还包括：第一，企业的治理结构，董事会或其他能够通过附属或关联实体直接或间接对企业造成影响的同等机构的组成，以及交叉持

---

① 参见美新 FTA 第 12. 3 条第 2 款 g 项。

股；第二，监管企业或者审核报告要求的政府部门或公共机构的详情；第三，政府或任何公共机构在有关管理人员的任命、解除或薪酬制度方面的角色。①

2. 行为透明

行为透明主要包括两类：第一类是影响国有企业运营和监管的国家行为以及法律法规、政策的透明，这主要是有关竞争法和竞争政策的公开；另一类就是国有企业自身的特定行为的透明。前者如《欧盟智利联合协议》在竞争章节的透明度条款中要求缔约方就可能阻碍投资的国家行为进行通报，TPP 中规定，缔约方应另一方要求，必须提供可能影响对投资的解释的提供非商业援助的国家政策或项目信息，并且要求披露的信息多达十项，涵盖各方面，比如援助形式、援助主体、进行援助的依据以及援助的统计数据等。② 后者如美澳 FTA、《加拿大智利自由贸易协定》、美韩 FTA 中都规定，缔约国所设立或维持的国有企业在行使任何管制性、行政管理性或其他政府职能时，都应当以与投资章节下的义务相符的形式开展。TTIP 建议文本中规定，当一缔约方有理由认为另一方的国有企业的行为会严重损害自己的利益时或会阻碍缔约国双方之间的贸易或投资时，可以要求对方提供国有企业

---

① Textual Proposal. Possible Provisions on State Enterprises and Enterprises Granted Special or Exclusive Rights or Privileges. http：//trade. ec. europa. eu/doclib/docs/2015/january/tradoc_153030. pdf.

② TPP 第 17.10 条第 5 款规定，缔约方提供的关于政策和项目的信息至少应当包括如下内容：(1)提供的非商业援助的形式；(2)提供援助的政府机关、国有企业或国营企业的名单，以及已经获得或有资格获得的国有企业名单；(3)法律依据和政策目标；(4)对于货物，单位金额，如不可能，则提供的非商业援助的总金额或年度预算金额；(5)对于服务，提供的非商业援助的总金额或年度预算金额；(6)如果非商业援助以贷款或贷款担保形式提供，则为贷款或担保的金额、利率和收取的费用；(7)如果非商业援助以提供货物或服务的形式进行，则为收取的价格；(8)如果非商业援助以权益资本形式提供，则为投资的金额，获得股份的数量及描述，以及就潜在投资决策开展的任何评估；(9)政策或项目的存续时间或其他任何所附时间期限；(10)可用来进行评估的统计数据。

的运营情况的信息。

不同于其他国际投资协定中的零零散散规定，TPP、TTIP 建议文本和美新 FTA 在国有企业章节中专门就透明度问题进行了具体的规定。通过对有关条文的观察得出，三者规定的内容具有一定的相同点：第一，披露方式都分为主动披露和应要求披露。第二，部分内容重叠，如要求披露的信息都包括国有企业的名单、股份比例和投票权比例、董事会成员情况等。但是它们也存在区别，主要体现为：第一，美新 FTA 的非对称性。不同于 TPP 和 TTIP 建议文本中的一般规定，美新 FTA 中对新加坡施加了特殊的透明度要求，很多规定只是适用于新加坡而美国无须遵守。第二，披露的信息内容有所差别。比如，在国有企业的有关信息上，美新 FTA 规定必须由新加坡方主动提供，但是在 TPP 和 TTIP 建议文本中则是只有在认为国有企业的活动将影响缔约方之间的贸易和投资时才需要提供。而且，TPP 合 TTIP 建议文本中的透明度要求较美新 FTA 中更为严格，表现之一便是，它们中的信息披露范围更为广泛，如要求其他可获得信息的披露中就涉及国有企业的财务信息，以及作为监管机构的政府机构的信息披露等，这些在美新 FTA 中并没有得到体现。

(二)透明度要求的意义

透明度要求是实现竞争中立政策的重要方式，它具有重要意义：

第一，有利于明确政府和国有企业的关系。国有企业遭受质疑的一大表现便是，认为它与政府的关系过于紧密，以至于失去自己的独立性和商业性而成为国家的统治工具。要消除这个疑虑，最有效的方式就是，保证国有企业和政府关系的透明。所以，美新 FTA、TPP 和 TTIP 建议文本中都要求披露国有企业的股权结构、重要管理机构的成员等，而且 TTIP 建议文本中还特别要求提供作为国有企业监管主体的政府机构或公共部门的详细信息，这是直接对作为所有者的政府的要求，不同于以往的只是站在国有企业视角作出的透明度要求。实际上，这与 OECD 的《国有企业治理准则》中的要求是一致的，根据该文件，政府在作为国有企业的所有者时，应保证其股权政策的透明，它包括国家所有的整体原理、国家在企业治理中的角色、国家如何实施股权政策以及与实施该政策有关的所有政府机构的相应角色和责任等。①

第二，有利于识别国有企业运营成本。大部分的国有企业都兼具了公共性质和商业性质，而竞争中立政策只是规制国有企业的商业活动而不限制其行使政府公共职能。尤其是在补贴的问题上，不论是条约还是各国和地区的竞争中立政策，都并不禁止对于履行公共服务义务的国有企业进行补贴。但是这就会产生一个问题，即同时提供行使政府职能的服务和从事普通商业活动的国有企业可以将其因承担公共服务而获得的补贴用于支持其商业活动，这样它就很有可能实施扭曲竞争的行为，如进行掠夺性定价等，这会破坏正常的市场环境。针对这种情形，竞争中立政策以及条约在肯定补贴正当性的同时，也规定了这种补贴必须限于国有企业在履行义务时所付出的成本，而不应该渗透至商业活动中而使国有企业获得不应享有的成本优势。除了补贴中立的规制方式，透明度要求也是实现该目标的重要途径。通过财务信息和运营情况的披露，可以有效识别国有企业在提供公共服务与进行正常商业活动时各自产生的成本以及收益，使国家补贴能够限定在合理的范围内而不会对市场造成负面影响。

第三，有利于完善国有企业的治理结构。虽然竞争中立政策中的透明度要求侧重于国有企业财务信息和与政府关系的透明，但是，它作为国有企业治理结构的透明度原则中的一个重要部分，不仅有利于提高企业的治理水平，而且在实践中，投资条约中的透明度要求发展的一个方向便是，以企业治理的视角来对国有企业作出透明度要求。这在美新 FTA、TPP 和 TTIP 建议文本中都得到了很好的体现。它们已经出现了向 OECD 和世界银行有关文件中的透明度要求靠拢的趋势，而这些国际组织的文件专门针对国有企业的治理，如世界银行 2008 年的《对国有企业的治理安排》(*Governance*

---

① OECD Guidelines on Corporate Governance of State-Owned Enterprises [R]. 2015 Edition, OECD Publishing, 2015, p. 17.

Arrangements for State-Owned Enterprises）和 2014 年的《国有企业的企业治理》（*Corporate Governance of State-Owned Enterprises*），OECD2005 年和 2015 年的《国有企业治理准则》。比较国际组织的工作报告和投资协定中有关国有企业的透明度要求的规定可以看出，欧美等发达国家主导的国际投资协定中的透明度要求虽然没有OECD 和世界银行中的严格和全面，但是很多内容与其相似甚至直接来源于它们，比如对股权和投票权的公开，对治理结构的公开等，都是与 OECD 准则中的基本精神是一致的。而且 TTIP 建议文本中直接规定，国有企业在透明度要求上需遵守 OECD 的《国有企业治理准则》。可以预测，未来的竞争中立政策对于国有企业的透明度要求必然会遵循治理要求而愈加严格和全面。

第四节　IIAs 中的竞争中立政策对我国的影响和启示

如前所述，竞争中立政策下的国有企业条款主要涉及国有企业的内涵界定、分类和规制措施等。一方面，虽然这些条款具有一定的局限性，如只是存在于约束力有限的双边或多边投资条约，且除TPP、TTIP 建议文本和美新 FTA 外的国际投资协定中的国有企业条款大多内容零散结构分散，故而并未形成一套完整的普遍适用的国际投资规则。但另一方面，这并不意味着该条款在国际投资协定中的发展与我国无关。很多学者指出，欧美所主张的竞争中立政策剑指中国的国有企业，而竞争中立理论作为国有企业条款的一项核心理论，对国际投资协定中国有企业条款的设置以及未来发展有着关键的作用。因此，我们不仅不能回避竞争中立政策和国有企业问题，还应当积极采取措施以应对未来可能面临的挑战和风险。

一、竞争中立政策对我国的影响

国际投资协定中的竞争中立政策对我国的影响主要体现为两方面，一是对我国国有企业海外投资的影响，二是对我国未来投资条约谈判的影响。

　　(一)对我国国有企业海外投资的影响

　　近年来，我国对外直接投资迅速增长，资本输出量的增长速度大于资本输入量，并一跃成为世界第三大资本输出方，仅次于美国和中国香港。① 在走出去的这些队伍中，国有企业占据了重要位置。根据商务部公布的文件，截至 2014 年末，我国对外非金融类投资存量为 7450.2 亿美元，国有企业仍居于主导地位，所占比例为 53.6%，主要投资目的地包括美国、澳大利亚、欧盟、加拿大等。② 可见，我国与 TPP 成员国，尤其是竞争中立政策的主要推动者都存在着紧密的投资关系。而 TPP 中的各项规定都将对我国的国有企业具有潜在的影响，体现为三点：

　　第一，对国有企业的认定和治理的挑战。首先，现有的国际投资协定对国有企业的认定标准单一，大部分都是采用所有权标准，而且在控制的认定上不仅包括直接控制还包括间接控制。在我国这样一个存在大量混合所有制企业的国家，势必会有大量的企业因为所有权而被认定为国有企业，从而落入竞争中立政策的规制范围。其次，根据 TPP 的规定，它主要规制具有一定规模的国有企业，比如非商业援助制度、透明度要求和非歧视待遇原则的适用对象是年商业活动收入 2 亿特别提款以上的国有企业。而我国的大多数国有企业规模巨大并且垄断重要行业，必将成为 TPP 的规制对象。最后，美新 FTA 以及 TPP 和 TTIP 建议文本中都奉行严格而全面的透明度要求，TTIP 建议文本中甚至出现以企业治理中的透明度原则来要求国有企业的趋势，而从我国国有企业目前的治理水平来看，很难达到这一标准。

　　第二，在准入阶段面临更严厉的要求。有学者指出，TPP 的国有企业条款实质上减损了协定的投资章节赋予国有企业的国民待

---

　　①　UNCTAD2014 World Investment Report，p. 20.
　　②　中华人民共和国商务部、统计局、国家外汇管理局：《2014 年度中国对外直接投资统计公报》，第 25 页。

遇，并可能构成准入阶段的投资壁垒。① 根据 TPP 的规定，如果在投资章节和其他章节存在冲突时，其他章节优先适用。也就是说，国有企业章节的规定优先于投资章节得以适用。而国有企业章节要求缔约国承担额外的透明度义务，这种准入前的义务一定程度上减损了投资条约中的国民待遇标准。相同的问题存在于美新 FTA 中。而且，这些投资条约仅仅是因为企业的国有身份而对其区别对待，可以成为继"国家安全审查制度"之后，拒绝中国企业进入市场的另一有效政策工具。② 同时，根据 TPP 中严格的非商业援助制度，我国政府提供的大部分补贴都将落入其范畴而受到规制。

第三，在运营阶段可能面临新的风险。比如 TPP 中强调了缔约国国内法院的管辖权和行政机构的监管义务，缔约国可以充分利用这些管制权而制定、修改本国的国内竞争法和竞争政策，使它们更能体现竞争中立政策的要求，这样即使是非成员国的我国的国有企业在海外投资项目的运营中都必须面临新的法律风险。

(二) 对我国未来投资协定谈判的影响

虽然我国被排除在 TPP 的成员方之外，但是并不代表它对我国没有任何影响。一方面，我国与 TPP 中的众多成员方之间都已存在自由贸易协定，如东盟、智利、新西兰、新加坡、韩国和澳大利亚，以后不论是修订现存的自由贸易协定还是制定新的协定，这些国家很可能会对我国适用 TPP 中的标准；另一方面，我国目前正在积极进行中美双边投资条约(以下简称"中美 BIT")和中欧双边投资条约(以下简称"中欧 BIT")的谈判，谈判的内容直接涉及国有企业问题。所以，TPP 中的国有企业条款与我国未来投资条约的谈判具有直接的联系。

中美两国在 2013 年举行的中美战略与经济对话上就全面启动谈判达成一致，且于第 11 轮谈判正式开始文本谈判。截至 2016 年

① 毛志远：《美国 TPP 国企条款提案对投资国民待遇的减损》，载《国际经贸探索》2014 年第 1 期。
② 参见美新 FTA 第 12.3 条第 2 款 g 项。

1月，中美投资条约已经进行了 24 轮谈判。① 国有企业问题作为重要议题之一，直接关系到条约谈判的成功与否。中欧于 2012 年首次谈及双边投资条约的谈判，并于 2014 年 1 月正式启动。截至 2016 年 1 月，共进行了 9 轮谈判。② 根据欧盟披露的对中欧 BIT 的 12 项诉求，国有企业为其中的核心诉求之一，必须确保国有企业保持竞争中立。③

美国和欧盟作为竞争中立政策的最主要推动者，不仅在投资条约谈判中明确了竞争中立政策的地位和对国有企业进行规制的决心，而且根据美国 BIT 范本，其也有意将国有企业纳入双边投资条约的规制范围。何况继美国在 TPP 中取得极大成功后，其势必会协同欧盟等国家或地区在 TTIP 以及其他平台继续推动国有企业条

---

①　商务部网站：http：//www. fdi. gov. cn/CorpSvc/Temp/T3/Product. aspx? idInfo＝10000557&idCorp＝1800000121&iproject＝21&record＝89040。

②　商务部网站：http：//www. fdi. gov. cn/CorpSvc/Temp/T3/Product. aspx? idInfo＝10000557&idCorp＝1800000121&iproject＝21&record＝88509。

③　Impact Assessment Report on the EU-China Investment Relations, SWD (2013) 185 Final, Commission Staff Working Document, Brussels, May 23, 2013, p. 20，根据该文件，欧盟对中欧投资协定的 12 项诉求为：（1）更大的市场准入和有效的准入前与准入后非歧视待遇；（2）中国有关国家利益的定义模糊，与国家安全考量相比过于宽泛，应增加投资监管和审查中的透明度和可预测性；（3）向欧盟对华投资者提供最大可能的、标准一致的法律保护和确定性；（4）投资保护标准应包括严格的知识产权保护；（5）对中国投资者提供统一的欧洲保护标准，以提升中国对欧投资的吸引力；（6）增加透明度，如确保在引入影响投资的法规之前咨询利益相关方，公布相关规则，透明地管理、实施和适用相关法规；（7）就协定的实施，建立咨询点和一站式的信息分享；（8）提高欧盟在华企业的竞争力，提供更加公平的竞争环境，以抵消中国国有企业所享有的及有关贷款和补贴带来的歧视性的竞争优势，考虑给予中国国有企业对欧投资以公平的竞争环境；（9）确保双方有权力在其认为适当的保护水平基础上为了合理的公共政策目标（如环境、社会、劳工和人权等）而采取必要的措施，只要这类措施不构成不当歧视或者变相限制；（10）确保双方国内法律和政策提供高水平的环境与劳工标准，双方不得为鼓励外国直接投资而降低环境与劳工立法和标准，不得为了保护和促进文化多样性而降低核心劳工标准和法律；（11）引入有关企业社会责任的投资者义务；（12）完善和有效的争端解决机制，当事人可选择在法院诉讼之外的仲裁机制。

66

款的制定和竞争中立政策的发展。而竞争中立就如同国际投资法领域的 WTO 规则，发达国家借助其在国际舞台的影响力，制定出一套意图推行的目标规则，并通过双边和多边途径不断推动其他国家对该目标规则的接受，直至其成为普遍接受的国际硬法规则，而剩下的国家若要试图融入国际社会，就不得不全盘接受这一国际规则，而无法将自身的诉求反映在规则之上。① 根据美国总统奥巴马在《2016 年贸易政策议程和 2015 年度报告》中的阐述，美国在 TTIP 中的诉求之一便是，继续发展关系企业的规则、原则和新模式，解决全球共同关注的问题，包括知识产权和针对国有企业的市场导向性纪律。② 而欧盟的 TTIP 建议文本中也对国有企业的各个问题进行了专门规制。在此背景下，中国在未来的中美 BIT 和中欧 BIT 谈判中困难重重。

二、竞争中立政策对我国的启示

据统计，目前我国共签订 128 个双边投资条约和 14 个自由贸易协定，这些条约并没有明确表明实行竞争中立政策，甚至没有设置专门的国有企业条款，只是在个别条约中将国有企业包含进"企业"的定义中，比如中日韩 BIT、中加 BIT、中国乌兹别克斯坦 BIT 和中国墨西哥 BIT，也有只有一方的文本中包含国有企业的，如中国卡塔尔 BIT、中国加纳 BIT、中国秘鲁 BIT。可见中国在国有企

---

①　黄志瑾：《国际造法过程中的竞争中立规则——兼论中国的对策》，载《国际商务研究》2013 年第 34 期。

②　The President's 2016 Trade Policy Agenda and 2015 Annual Report[R]，p. 133，https：//ustr. gov/sites/default/files/files/reports/2016/AP/2016% 20AR %20Chapter%203. pdf. 根据该报告，美国在 TTIP 谈判中的 8 项诉求分别为：(1)进一步扩大作为美国最大出口地的欧洲市场，提高美国出口的货物和提供的服务；(2)加强投资规则的制定，以维持世界最大的投资关系；(3)消除货物贸易的关税壁垒；(4)解决阻碍货物流通的境内非关税壁垒；(5)获得更高的服务贸易市场准入；(6)增强管理程序的透明度、公共参与及可问责性，以最大程度地减少因规则、标准、一致性和评估程度的差异而产生的成本；(7)继续发展关系企业的规则、原则和新模式，解决全球共同关注的问题，包括知识产权和针对国有企业的市场导向纪律；(8)增强小微企业的全球竞争力。

业问题上一贯采取保守的态度。但基于欧美等国家对竞争中立政策的推动以及 TPP 中取得的初步的实质性成果，我们不得不引起重视，并可从国际和国内两个层面应对竞争中立政策的发展。

（一）积极进行国际投资规则的研究与制定

虽然我国投资条约中并没有国有企业条款的实践，但是为了防止未来在该问题上处于被动的地位，我们应积极进行有关规则的研究与制定。

1. 加强国际合作发挥集团力量

在国有企业的问题上，我国本来应有很多立场一致的伙伴，比如马来西亚、新加坡，但是，它们最终还是作出妥协并接受了 TPP 中的国有企业条款。但我们应该认识到，TPP 的做法并不说明竞争中立政策已经成为了国际投资规则，而且这些国家的接受也并不代表它们对国有企业规制措施的全盘接受，所以在这个问题上我国还有很大的回旋余地。不论是在中美 BIT、中欧 BIT 这种直接场合，还是在《区域全面经济伙伴关系协定》(*Regional Comprehensive Economic Partnership*，以下简称"RECP"）这种间接场合，我们都应该充分发出自己的声音。尤其是 RCEP 作为我国参与的成员最多、规模最大、影响最广的自贸区谈判，成员方不仅包括东盟十国、中国、印度等发展中国家，还包括日本、韩国、澳大利亚、新西兰这样的发达国家，对我国的意义重大。我们应充分利用这种机会，坚定自己在竞争中立政策上的立场。国际投资协定并不是唯一也不一定是最佳的实现竞争中立的方式。横向来看，竞争中立可以通过国内层面和国际层面实现，纵向来看，即使是在国内层面，也可以通过立法、行政机制、国家特殊制度等方式实现，如通过完善国内的竞争政策、法规、进行国有企业改革等。正如 UNCTAD 在其研究报告中所说，一个经济体可以各种方式实施竞争中立政策，但如何实施则属于其管辖范围内的事情，并且在实施中应综合考虑本国的发展现状、政府干涉市场的程度以及政府参与市场的方式等各种因素。① 因此，

----

① Deborah Healey. Competitive neutrality and its Application in Selected Developing Countries [R]. UNCTAD Research Partnership Platform Publication Series, 2014, p. 13.

竞争中立政策不应是一个绝对的事物，我们不宜盲目照搬或是遵从，而应该根据本国国情，权衡利益，深入考量其可能带来的积极效果和消极影响，多途径、循序渐进地予以实践。

2. 在未来投资条约中合理设置规制条款

除了在多场合坚定自己的立场，在未来国际投资协定中的国有企业条款中，我们应当坚持以下做法：

首先，严格认定条约的适用主体和适用范围。现有的国际投资条约对于国有企业的认定大多采用所有权标准，甚至所有权比例低到20%，如美新FTA。实际上，仅仅凭所有权很难界定企业和政府之间的紧密程度，尤其是在我国这样存在大量混合所有制企业的国家，国家拥有一定比例的股权并不能说明企业是否基于商业考虑独立运营。而且，在国有企业的分类上，甚至出现以企业规模作为分类标准的趋势。这些做法没有充分考虑各国不同的经济水平以及国有企业的特殊性，势必会造成实质上的不公平。所以，不论是在国有企业的界定还是分类上，我们应当主张以多重标准取代单一所有权标准，而且遵循实质重于形式原则，更多的关注国有企业的行为性质和行为效果，而不仅仅是所有权结构，避免造成"所有权歧视"。

其次，合理设置规制条款。现有的投资条约对国有企业的规制过于严格，尤其是透明度要求和非商业援助制度。高标准的透明度原则会加大一国实施竞争中立政策的成本，而非商业援助制度中，对于援助形式、援助主体和援助对象的界定都十分宽泛，这对于缔约国尤其是发展中国家来说是极为不公平的。而且，部分条约还出现限制一国实行反垄断法豁免制度的做法。实际上，豁免制度是一国在遵循特殊的价值目标下作出的符合本国国情的竞争政策，应当是一国主权行使范围内之事。所以，在未来投资条约的国有企业规制条款的设置上，尤其是在中美BIT和中欧BIT中，应避免TPP的一揽子协议模式，而应充分考虑双方在实施竞争中立政策上的不同诉求和不同成本，给予我国一定的过渡时间和空间。

(二) 继续深化国有企业改革

虽然欧美所主张的对国有企业过于严格和歧视性的规制方式是

我们坚决反对的，但是不能否认，这恰恰可以对我国形成外在压力，促使我国进一步加快国有企业改革步伐。而且，虽然除澳大利亚和欧盟外的其他国家和地区，包括我国，并没有在国内层面实行专门的竞争中立政策，但是它们在本国的竞争法中，不论是在序言或纲领，还是在具体条文的设置上，大部分都体现了公平竞争的价值追求。从这个层面上来看，竞争中立政策作为竞争政策的一部分，是符合各国经济发展的需要的。而且，竞争中立政策作为一项具有全面性和针对性的制度，在对国有企业进行规制时，具有独特的优势。比如，它能延伸至反垄断法鞭长莫及的地方实现对国有企业的全面规制，弥补它的不足。实质上，竞争中立政策与我国的国有企业改革方向并不冲突。我国国有企业改革的目标之一，便是创造国有企业和私有企业公平竞争的市场环境。竞争中立政策的有些内容对于国有企业改革还具有借鉴意义，比如提高国有企业的财务透明度、强化国有企业的商业性等。但是，这与欧美所主张的竞争中立政策不同，我们的关注重点在于公平环境的建立，它可以通过竞争法和竞争政策逐步实现，而不是一味减少甚至消除国有企业中的国有成分，也不是彻底杜绝国有企业从事非商业活动。

所以，我们在吸收竞争中立政策对于国有企业规制的有效做法的同时，应当结合自身的实际情况，逐步推进国有企业改革。

1. 分类改革

国务院于 2015 年 8 月 24 日颁布的《关于深化国有企业改革的指导意见》(以下简称《意见》)中，根据国有企业在经济中不同的功能和发展现状，将其分为商业类和公益类两大类。其中商业类又可细分为处于充分竞争行业和领域以及处于关系国家安全、国民经济命脉的重要行业和关键领域、主要承担重大专项任务两小类，对于这两类商业类国有企业有不同的改革要求。随后，根据《意见》中发展混合所有制经济的指导思想，国务院公布了《关于国有企业发展所有制经济的意见》，并继续强调了分类推进混合所有制经济改革的要求。不仅是这些顶层设计取得进展，2016 年 2 月 25 日，国资委、国家发改委、人力资源和社会保障部在联合召开的媒体通气会上，披露了继续深化国有企业改革的"九项重点任务"和"十项改革试点"，进一步明确了国有企业改革的具体事项。可见，我国已经明确了国有企业分类改革的基本思路，并以试点的方式逐步推行。这不仅符合国际投资条约中的国有企业条款的发展趋势，即以活动实质来界定国有企业的适用范围，而且可以更好地应对竞争中立政策，毕竟它的规制对象只是从事商业活动的国有企业。根据活动实质对国有企业进行分类，剥离其商业功能和公共职能，能避免行使政府职能的国有企业落入竞争中立政策的规制范围，也能促使商业性质的国有企业增强自身的竞争力，更好地应对海外投资中面临的挑战。但是，至于商业类和公益类的判定标准，并没有相关文件进行明确。根据《意见》的表述，应是以国有企业的主营业务作为区分标准，但是在实践中，国有企业的各种业务相互重叠，难以明确界定。所以，在今后的改革实践中，需研究出一套行之有效的判断标准，否则，不仅不会解决国有企业现存的问题，还会造成监管、考核、定责过程中的混乱。

2. 透明度建设

信息不透明是造成我国国有企业遭受质疑的主要原因之一，东道国可借此机会肆意对我国的国家政策、国有企业的商业行为进行解读，甚至给私有企业披上政治外衣，比如美国一再质疑华为技术有限公司和中兴通讯股份有限公司与中国政府的关系，致使它们在海外并购中频频受挫。这种思维并非完全无理，尤其是在我国，国有企业和私有企业的地位不对等似乎是显而易见的，具有同等条件的两个企业，往往项目中最终获得青睐的是国有企业，即使主管部门是在综合衡量两个企业的各种条件之后作出的公正决定，但因为没有将衡量标准公之于众，在这种信息不足的情况下，外界往往凭主观臆想和个人喜好进行猜测，这对于国有企业显然是不利的。同时，由于国有企业内部治理结构的不透明，大家很难判断政府对其干涉的程度大小，也就无从判定其享有自主决策、自主经营的空间到底有多大。因此，甚至我国的私有企业也被贴上国有企业的标签也就不足为奇了。

竞争中立政策下，国有企业不仅保证财务上的透明，还应当保证国有企业与政府关系的透明，同时出现向国际组织中有关国有企业治理的文件中的透明度原则靠拢的趋势。虽然我们认为这些投资条约和国际组织文件中的透明度要求过于严格，我国现阶段的国有企业无法完全达到，但至少可将其作为一个参照对象适当借鉴，比如其中的信息报告制度和外部审计制度。《意见》中提到了国有企业改革的一个要求是完善现代企业制度，其中包括公司法人治理结构的健全、薪酬制度的完善和用人制度的改革等，这些都有利于透明度要求的实现。但是，文件中不但没有确立透明度建设的重要地位，而且涉及的也只是透明度要求的部分内容，这不得不说是当前的国有企业改革的一个不足。所以，国有企业的透明度建设任重道远，是未来改革需要重点努力的方向。

第三章　加拿大外国投资法律制度研究

第一节　加拿大外国投资审查法律制度概述

"政治、法律、哲学、宗教、文学和艺术等的发展是以经济发展为基础的。但是，它们又互相影响并对经济基础产生影响。"①经济基础与上层建筑是国家政治、经济、文化发展的永恒命题，经济基础决定上层建筑，上层建筑反过来又对经济基础产生重要的影响，加拿大外国投资法律制度便是随着加拿大国民经济发展的需要应运而生的。

一、产生背景和制度演进

加拿大的外国投资审查体系的建立与发展经历了漫长的历程，自 1973 年正式建立发展至今已有四十余载，其间国家经济与政治、国际投资的变化对于加拿大的对外政策以及外国投资审查体系的建立与发展产生了重要的影响。

（一）1973 年以前：单一条款规制外资阶段

加拿大建国以后至 20 世纪 50 年代中期，为了建立本国的工业体系，加大资源开发，大力发展经济，加拿大基本处于完全开放的经济时期，政府积极引进外资，外资几乎不受任何约束便可自由的在加拿大进出并得到政府的优惠政策。在加拿大对外国投资的全面开放时期，英美资本充斥着加拿大各工业部门，加拿大本国企业资本薄弱，加拿大国民经济基本处于被外国资本控制的境地。为扭转

---

① 《马克思恩格斯选集》第四卷，人民出版社 1995 年版，第 506 页。

此种局面，20世纪50年代以后加拿大政府改变以往放任自流的外资政策，转为在"关键部门"制定单一条款对外资进行限制，以扩大加拿大人对本国经济的控制权。如在保险业，1957年《加拿大不列颠保险公司法》规定，董事会中加拿大人应占大多数，且董事会有否决加拿大的股权向外国人转让的权利。由于该法未能阻止加拿大人寿保险公司被兼并的局面，该法在1964年被修订，规定外资股份不得超过25%，单个非居民持有的股份不得超过10%。除了保险业、银行、投资公司、广播产业、石油和天然气等部门都分别设立了外资股权的限制，并规定相关企业的董事会至少四分之三以上成员应当是加拿大人。①

1973年以前，加拿大都是通过制定单一条款对外国投资进行规制，其特点在于制定单一条款对"关键产业"的外国投资进行限制，旨在提高加拿大本国人对于其国民经济的控制权，然而该办法只是在一定程度上达到了限制外国投资者对加拿大本国经济控制的作用，其作用具有"局部性"和"防御性"，并没能有效阻止外资的入侵。

（二）1973—1985年：《加拿大投资审查法》规制外资阶段

20世纪60年代，随着外资对加拿大重要产业的控制程度不断加深，加拿大成为当时受外资控制程度最高的国家。据统计，当时加拿大74%的石油和天然气工业、65%的采矿和冶炼行业以及57%的制造业均掌握在外资手中。②外资对加拿大产业的高度渗透造成加拿大产业结构的失调及整个经济发展的不平衡，严重威胁着加拿大经济的发展，1972年《关于外国在加拿大直接投资的报告》(*the 1972 Foreign Direct Investment in Canada*)，即著名的《格雷报告》(*Gray's report in* 1972)明确提出设立一个外资"筛选机构(screening agency)"对外资并购交易进行逐案(case-by-case)审查。

---

① 王立民主编：《加拿大法律发达史》，法律出版社2004年版，第503~505页。

② Government of Canada, Foreign Direct Investment in Canada, Ottawa May 1972, Gray Report, p. 20.

1973 年 1 月，当时的加拿大自由党政府向国会提出了 132 法案(Bill-132)，其主要内容便是制定《加拿大投资审查法》(*the Foreign Investment Review Act*，FIRA)，随后该法案于同年 12 月正式在国会通过。该法的实际目的在于提高加拿大人对加拿大产业的控制权，该第 2 部分第 1 条明确指出："由于意识到加拿大产业、贸易以及商业的控制权在相当程度上已经被非加拿大人取得，以及维护加拿大人对本国经济的控制权已经成为全国的关注……"

FIRA 建立了对外国投资进行逐一筛选的外资审查制度，并确定了"显著利益(Significant Benefit)"的审查原则，该原则要求外国投资者在加拿大的所有投资都必须证明该投资对加拿大具有或可能具有显著利益。为有效执行 FIRA，加拿大建立了外国投资审查局(Foreign Investment Review Agency)审查外国投资是否符合"显著效益"的原则。工业、贸易和商务部部长(the Minister of Industry, Trade and Commerce)对该法负责，根据 FIRA 的规定，外国投资审查局对某项外国投资进行审查后向部长提出关于该投资是否对加拿大具有或可能具有"显著"的建议，当部长认为该建议可行，则直接向内阁送达该建议，内阁根据该建议最终决定允许或拒绝该投资。

根据 FIRA，"显著利益"审查标准的评判因素主要包括五个方面内容：(1)外国投资在加拿大经济活动的水平：投资是否能通过更多的加拿大生产的零件和服务、更大的资源处理或零件的使用，来增加或提高加拿大产品或服务的质量、或加拿大的出口；(2)加拿大人的参与：加拿大人的大量参与对于该外国投资部门是否很重要，投资者是否给予加拿大人股权，是否任命一个相当数量的加拿大人到企业高级管理职位或董事会、或进入合伙企业；(3)加拿大的生产力、生产效率、技术开发和产品革新：外国投资是否可能在这些方面产生有益影响；(4)竞争：外国投资是否能带动加拿大的行业竞争；(5)国家和省的经济政策目标：外国投资是否有助于实现其他经济目标，如产业均衡发展、区域增长、国际收支平衡等。

除了实施外国投资全面审查制度，加拿大政府在关键领域和保护其民族特征方面也并没有放松对外国投资者的限制。为摆脱美国资本对加拿大石油控制权，1980 年加拿大自由党政府还推出国家能源计划（National Energy Program，NEP），旨在确保加拿大能源能够提高加拿大人对本国能源工业的控制权，实现自主供应，摆脱对海外油气的依赖。为实施该计划，外国投资审查局对加拿大能源资源方面的外国投资进行严格审查，以将加拿大人对加拿大能源产业的控制权提高到 50% 以上为目标。① 国家能源计划实施的最初两年确实极大地提高了加拿大人对其本国能源产权的控制，据统计，这一时期加拿大对本国能源产业的控制权从 22.3% 增长到了 33.1%。② 尽管该计划的实施在实现提高加拿大人经济控制权的国家政策目标方面确实颇有成效，但同时也导致了经济其他方面的衰退以及失业率的增高。随着 1982 年经济衰退的加剧，加拿大严苛的外国投资审查制度更是受到了国内外的质疑和批判，特别是美国认为加拿大国家能源计划和 FIRA 所确立的外国投资审查制度严重损害了美国的合法权利而采取了一系列经济措施，加快了加拿大经济的衰退。最终，国家能源计划不得不因各方压力而停止。

1984 年，奉行开放经济政策的加拿大保守党政府在大选中胜出，并在同年 12 月第一次提出了《加拿大外国投资法》（*the Investment Canada Act*，ICA），随后该法于 1985 年 6 月 30 日正式生效取代了 FRIA，并沿用至今。

（三）1985 年至今：《加拿大外国投资》规制外资阶段

ICA 确立了以外国投资对加拿大具有"净效益（Net Benefit）"为审查核心的新的外国投资审查制度，该制度是在 FIRA 所确立"显著效益"审查制度的基础上建立的对外国投资更为友好的外资审查制度。尽管在立法上"净效益"审查制度继承了"显著效益"审查制度的诸多条款，但二者的制度设置仍存在诸多不同：首先，"净效

---

① James M. Spence, Q.C., Canada's Foreign Investment Review Act and the Problem of Industrial Policy, 6 Mich. YBI Legal Stud 1984, pp. 142-143.

② Mel Hurtig, At Twilight in the Country: Memoirs of a Canadian Nationalist, Stoddart, HB W/DJ edition, 1996, pp. 58-62.

益"审查制度摒弃了"显著效益"审查制度所采用的逐一审批模式，采取了有选择性的审批制即只有达到审查门槛的投资即所谓的"重大投资（Significant Investment）"才需进行审查；其次，提高了外国投资的审查门槛；再次，放宽外国投资的审查标准，采用比"显著效益"标准低的"净效益"审查标准；最后，严格限制审查时限，提高审查效率，保护外国投资者的利益。

2001 年"9·11"恐怖事件发生以后，国家安全的概念第一次被提出并受到世界各国的广泛关注，随着"外国政府控制交易"与"国家主权基金"的快速发展，"国家安全"在国际投资领域中也愈来愈受到国家的重视，世界各国纷纷重新审视其外国投资政策，建立起保护国家安全的外国投资审查机制。"国家安全"概念最早提出于加拿大 2005 年 6 月的 ICA 修正案（C-59），该修正案旨在对国家安全进行保护，不论投资大小对外国投资进行审查，但该法案最终并没能通过。

2008 年美国 ATK 航天防务科技系统公司（Alliant Techsytems）对加拿大 MDA 空间科技公司（MacDonald, Dettwiler and Associates Ltd.）并购案的发生再次促使国家安全审查制度的建立被提上议程。该案中，MDA 是加拿大国内拥有领先卫星技术的知名卫星和航空公司，其与加拿大太空署合作研发的 Radarsat-2 长期向加拿大政府提供关于加拿大北极地区的相关影像和信息，以实现加拿大对该地区的监控，在维护加拿大北极地区的国家主权方面发挥着重要作用，而 ATK 是一家全球排名领先的美国宇航和防务公司，其在 2008 年对 MDA 提出 13.25 亿加元的收购中明确提出掌握 Radarsat-2 技术的要求，最终加拿大工业部长以投资威胁到了加拿大的国家主权为由认为该投资有损加拿大的国家安全而不符合"净效益"，拒绝通过该项交易金额高达 13 亿加元的收购。随后，加拿大便于 2009 年通过了建立国家安全审查程序的 ICA 修正案（C-10），加拿大外国投资国家安全审查机制于此时正式建立，与"净效益"审查制度一同构成了加拿大外国投资审查双重门阀。

二、立法模式

纵观世界各国，外资立法主要有三种模式：①

第一，制定系统统一的外国投资法或投资法典，作为调整外国投资关系的基本法，并辅之以其他可适用于外国投资的相关法律。在此模式下，外国投资法或投资法典通常对外国投资关系作体统而基本的规定，如外资的定义、对外资进行管辖的范围、投资的条件、禁止投资的领域等，除此之外，还有其他有关法律也可适用于外国投资关系，如公司法、石油法、技术转让法等。

第二，没有制定统一外资法，而是通过制定一项或多项有关外国投资的专门法律或特别法规、法令对外国投资进行规制。在此模式下，东道国往往通过制定专门法律如合资经营企业法，对外国投资企业的设立、变更进行规制，通过制定其他相关法律如外税法、关税法、进出口管理法、外资管理法等对外国投资企业在东道国的活动进行规制。

第三，未制定关于外国投资的基本法或专门法规，而是通过一般的国内法律、法规来调整外国投资关系及活动。

尽管加拿大是世界上第一个用统一成文法规制外资的国家，但其外资立法模式是从 1973 年以前制定专门法律、单一条款向 1973 年以后制定统一外资法发展而来。目前，加拿大采用的仍然是通过制定统一外资法对外资进行规制的立法模式。

正如前文所述，ICA 确立加拿大现行的外国投资审查制度，该法于 1985 年 6 月 20 日在国会通过，并于 1993 年、1995 年、1996 年、2001 年和 2002 年经历了个别项目的修改，形成了以"净效益"审查为主的外国投资审查体制。2009 年，国会通过了 C-10 法案对 ICA 的修改，在 ICA 第四章增添一章为"IV.1"，建立了国家安全审查程序。ICA 对加拿大外国投资审查体系作了实体和程序性的规定，确定了加拿大外资审查制度的审查主体及职权、审查标准和审查程序。

---

① 姚梅镇：《比较外资法》，武汉大学出版社 1993 年版，第 242 页。

除了 ICA 以外，加拿大还颁布了《加拿大投资法细则》（*Investment Canada Regulations*）和《国家安全审查条例》（*National Security Review of Investments Regulations*）对 ICA 相关规定进行补充和细化以保障 ICA 的实施。《加拿大投资法细则》对 ICA 的相关概念作了进一步定义，并对加拿大外国投资审查中所需提交的投资信息内容、方式进行了更为详细的规定。2009 年加拿大建立国家安全审查程序以后，加拿大于同年通过了《国家安全审查条例》，该条例进一步明确了国家安全审查各个阶段的期间以及明确加拿大相关部门参与具体国家安全审查，旨在保证 ICA 有关国家安全审查规定的实施。

除了 ICA、《加拿大投资法细则》和《国家安全审查条例》三部法律，加拿大外国投资审查主管部门通过颁布相关行政指南进一步明确外国投资审查的相关规定。到目前为止，加拿大外国投资主管部门所颁布的行政指南有 6 部，分别是《附则四业务——申报指南》（*Schedule IV Business Activities — Filing Requirements*）、《相关业务指南》（*Related-Business Guidelines*）、《国有企业投资——"净效益"评估指南》（*Guidelines — Investment by state-owned enterprises — Net benefit assessment*）、《行政程序指南》（*Guidelines — Administrative Procedures*）、《调解指南》（*Mediation Guideline*）、《石油和天然气收购指南》（*Guidelines — Acquisitions of Oil and Gas Interests*），其内容涉及外国投资审查特别事项，如特别业务的申报要求、文化企业及相关企业的审查、具体评估标准和程序步骤、以及自然资源如石油和天然气的收购。

三、制度特点

加拿大外国投资审查制度的最大特点在于"净效益"审查制度与国家安全审查制度对外国投资进行审查的双重设置：尽管国家安全审查制度建立于原有加拿大外国投资审查制度的基础之上，但与原有的外国投资审查制度并行而施，最终共同构成了外国投资审查的双重门阀。

2009 年国家安全审查制度建立以前，"净效益"审查是外国投资进入加拿大所需要经历的唯一审查程序。在"净效益"审查制度下，主管部门对外资进行选择性审批，这意味着一部分外国投资无需进行"净效益"审查，只需在主管部门进行投资备案。据统计，自2000年至2016年，共有9570项外国投资在加拿大外资主管部门进行了备案，446项外国投资进行了外资审查的申报并经历了"净效益"审查。① 尽管进行"净效益"审查的外国投资的数量远不及仅需进行备案的外国投资的数量，但这些需要进行"净效益"审查的外国投资都可谓重大投资，其投资所涉资产价值远高于仅需进行备案的外国投资。仅以2016年为例，该年进行备案的外国投资有626项，其价值总额为298.3亿美元，而进行"净效益"审查的投资仅有15项，其价值总额便高达268.8亿美元(如图1、图2)。

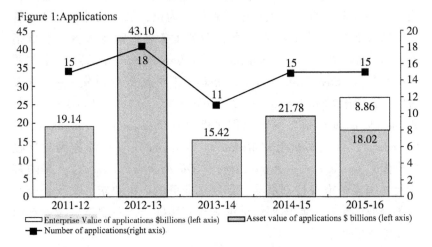

图1 2011—2016年在加拿大进行审查申报的外国投资统计图

资料来源：Innovation, Science and Economic Development Canada, Investment Canada Act：Annual Report 2015-2016, adopted on 5 Aug. 2016, available at http：//www. ic. gc. ca/eic/site/ica-lic. nsf/eng/h_lk81126. html, visited on 10 Apr. 2017.

①　Innovation, Science and Economic Development Canada, Investment Canada Act：Annual Report 2009-2010, 2010-2011 2011-2012 2012-2013, 2013-2014, 2014-2015, 2015-2016.

Figure 2:Notifications

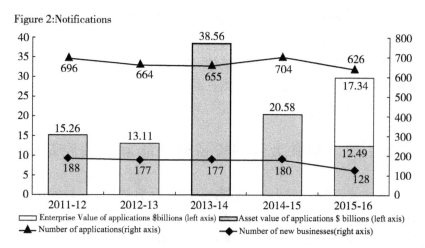

图 2　2011—2016 年在加拿大进行备案的外国投资统计图

资料来源：Innovation, Science and Economic Development Canada, Investment Canada Act：Annual Report 2015-2016, adopted on 5 Aug. 2016, available at http：//www. ic. gc. ca/eic/site/ica-lic. nsf/eng/h_lk81126. html, visited on 10 Apr. 2017.

自确立国家安全审查制度的新法于 2009 年 3 月 12 日生效以后，2009 年 3 月至 2016 年 3 月共有 4259 项外国投资进行了备案，112 项外国投资进行了"净效益"审查，而 8 项外国投资进行了国家安全审查(如图 3)。在 8 项进行国家安全审查的外国投资中，有 3 项受到加拿大命令禁止实施，2 项剥夺了外国投资者的控制权，2

April 2012- March 2013	April 2013- March 2014	April 2014- March 2015	April 2015- March 2016
2	1	4	1

图 3　2012年4月到2016年3月在加拿大进行国家安全审查的外国投资统计图

资料来源：Innovation, Science and Economic Development Canada, Investment Canada Act：Annual Report 2015-2016, adopted on 5 Aug. 2016, available at http：//www. ic. gc. ca/eic/site/ica-lic. nsf/eng/h _ lk81126. html, visited on 10 Apr. 2017.

项在加拿大和外国投资者达成的统一条件下实施，1 项则在审查结果出来前便主动撤销了。

加拿大对外国投资的数据统计可以看出，尽管国家安全审查对可能损害加拿大国家利益的外国投资进行审查，但这类投资数量并不多，"净效益"审查主要承担了对重大外国投资的审查职责。

第二节　加拿大外国投资法律制度的理论基础

外国投资与东道国经济发展之间存在矛盾与统一，外国资本在向东道国流通的过程中，为东道国带来大量资金、技术，东道国为发展本国经济制定各种优惠政策吸引、利用外资，二者统一于这种互补之中。然而由于资本的逐利性，外资为了寻求利益而不惜损害东道国的利益打破外国投资于东道国经济发展之间的平衡，这种外资与东道国之间的矛盾是基础性的，东道国需要在利用外资与保护国家利益之间寻求良好平衡。外国投资审查制度的作用在于对外国投资进行审查，使外国投资符合东道国国家利益发展的需要，是维护国家利益的有效手段，国家利益保护是外国投资审查制度建立的根本目标，但非唯一目标，外国投资审查在维护国家利益的同时也应当保证外国投资的合法利益，为国家有效利用外资实现国家利益最大化提供制度保证。

加拿大外国投资审查制度的建立正是以国家经济发展目标、保护国家安全的理念、平衡外资与国家利益之间关系的基础之上建立起来的。

一、基于国家经济发展目标

所谓国家经济安全，是指主权国家的经济发展和经济利益不受外部和内部的威胁而保持稳定、均衡和持续发展的一种经济状态。①在投资全球化的语境下，作为资本输入国的东道国如果不能

---

① 陈曦、曾繁华：《国家经济安全的维度、实质及对策研究》，中国经济出版社 2010 年版，第 65 页。

有效利用外资，则可能面临着外资所带来的各种风险。

（一）影响东道国产业安全

产业安全是国家经济安全的重要组成部分，是指在国际经济交往与竞争中，本国资本对关系国计民生的国内重要经济部门的控制，本国各个层次的经济利益主体在经济活动中的经济利益分配充分，以及政府产业政策在国民经济各行业贯彻执行的状态。[1] 产业安全的衡量包括以下两个方面：第一，外资在各产业之间的分布；第二，外资在关键产业领域的分布。[2] 外国投资者往往利用其在资金、技术、管理等方面的巨大优势，牢牢把控东道国的重要经济产业，而其他产业却鲜有涉足，导致东道国经济产业结构的不平衡。另外，外国投资者在东道国实施的投资往往牵涉其母国的重要利益，因此，当东道国为平衡其国内产业发展而作出各种产业政策时，往往会受到来自投资者母国的压力，导致政策不能顺利实施。最后，由于外国投资在资金、技术、管理水平、营销方面的巨大优势，往往容易在其涉足的经济部门中形成垄断，挤压东道国民族产业的生存空间，使得民族产业越发缺乏竞争力而难以发展。

（二）使东道国民族企业发展受阻

作为国家宏观经济发展的微观主体，民族企业的发展关系其企业自身的兴衰成败，也关系到国家民族经济竞争力的发展，国家整体经济的良性运行，在国家经济发展的过程中有着举足轻重的地位。在东道国经济发展的初期，由于资金、技术、管理水平的缺乏，民族企业往往难以自立，不得不借助外资的力量发展经济。虽然外资的进入弥补了东道国发展经济过程中的不足，但民族企业也因此面临着来自外资的压力。一方面，民族企业面临着来自外资企业的巨大竞争力，加上其本身所存在的管理水平、技术水平和生产效率的低下以及竞争力水平不足的缺陷，若没有国家的大力扶持，

---

① 杨公朴、夏大尉：《现代产业经济学》，上海财经大学出版社1999年版，第238页。

② 田文英：《外资并购与国家安全》，中国法律出版社2011年版，第142页。

稚嫩的民族企业必将陷入发展的恶性循环之中而难以翻身；另一方面，外资对民族企业的并购使得民族企业被牢牢地掌握在外国投资者的手中，虽然外资并购为民族企业带来了资金和技术，但随着企业控制权的流失，民族企业的自主能力将逐渐丧失，最终将不再具有民族性。如此一来，民族企业将面临着巨大发展困境。

（三）影响东道国当地就业水平

就业水平是影响东道国国民经济健康发展的重要因素，就业水平不仅包含了东道国国民的就业率，也包含了东道国国民的就业质量。在就业率方面，外资对东道国企业进行并购的过程，往往可能出现转移东道国生产线、高科技技术以及原材料等的情况，生产力、技术及原材料的转移必将导致东道国的生产力的削减，进而造成当地就业率的降低、失业率的增高，导致社会、经济发展的动荡。在就业质量方面，为了保证技术水平、管理水平和避免高科技的流失，入驻东道国的外资企业在任用高级管理人员、高级技术性人才方面往往选择其母公司派任的人员，而不会选择东道国当地的人员，在企业内部，拥有东道国国籍的企业员工也少有进入重要岗位的机会，从而对东道国国民的就业质量产生影响。

（四）破坏东道国的环境和资源

在资本从发达国家流向发展中国家流通的过程中，除了资金、管理水平和技术的转移外，更伴随着环境污染的转移。外资企业在母国的生产常常受到政府和环保主义的限制，导致生产成本大幅度增加，然而各国对环境的要求因经济发展程度的不同而存在差异，相比其作为外资企业母国的发达国家，还属于发展中国家的东道国在经济发展过程中则选择优先发展经济，而对于环境并无过多的要求，因此在发展中国家，企业发展的环境成本偏低。发达国家与发展中国家发展之间企业发展的环境成本差异必然引发直接投资主体即跨国公司在全球范围内的"寻租"活动，即将资本从环境标准高、环境成本高的国家和地区撤出，投向环境标准低、环境成本低的国家和地区，以获取源于环境成本差异的高额利润。因此，东道国外资企业的发展往往伴随着资源的大幅度开采，并将发展中国家视为"污染的避风港"，将污染程度高、耗能大的生产部门转移到发展中国家，将环境的污染和资源的消耗转移给东道国。

　　加拿大在利用外资发展本国经济的过程中也面临着外资威胁国家经济发展的风险，其中最为严峻的便是外资对于加拿大能源产业的高度渗透以及对加拿大民族企业所造成的巨大生产压力。《加拿大外国投资审查法》及其所确立的"显著效益"审查制度正是在这种环境下应运而生的，尽管 1985 年后，"净效益"审查取代了"显著效益"审查制度，但从本质上而言，"净效益"审查与"显著效益"审查都是通过对外国投资进行经济审查使外资符合加拿大经济发展目标的外国投资审查制度。因此，国家对本国经济安全的保护，是加拿大外国投资审查制度建立的出发点，也是其发展与完善的理论基础。

二、基于国家安全的保护

　　在国家利益的体系中，最为重要的是"国家安全"。皮尔逊（Frederic S. Pearson）和罗切斯特（J. Martin Rochester）曾提出，主权国家的国家利益至少包括：第一，确保自身的生存，包括保护其公民的生命和维护领土完整；第二，促进其人民的经济福利与幸福；第三，保持其内政不受外界的干涉。① 罗宾逊（Thomas Robinson）则根据优先性、特殊性和持久性原则提出了更为具体的六种不同的利益，其中最为重要的利益便是国家生死攸关的核心利益或战略利益，涉及国家的生存发展不容作出妥协的利益，即国家安全。②根据传统安全观，其关注的焦点在于主权国家如何应对外来的战争威胁和军事入侵，如外部的敌对国家可能对本国发动攻击或对本国边境地区、海洋岛屿实施军事占领。因此，在传统国家安全观中，国家主权、领土、军事安全是国家安全评定的核心因素，而维护国家

---

　　① Frederic S. Pearson and J. Martin Rochester, International Relations, 4th edition, New York：McGraw-Hill, 1998, pp. 177-178.

　　② Thomas Robinson, "National Interests" in James N. Rosenau, ed., International Politics and Foreign Policy：A Reader in Research and Theory, New York：Free Press, 1969, pp. 184-185.

安全的主要方式则是武力和战争。① 随着新国家安全观的发展，
"国家安全"概念的内涵呈现出多元化的发展趋势，日益强调政治、
经济、科技、宗教、文化等因素对保护国家安全所产生的重要作
用。尽管学界对于"国家安全"的内涵与外延并没有绝对统一的界
定，但可以肯定的是，国家安全是国家生存与发展的过程中不容作
出妥协和退让的利益，与其他的国家利益有着本质的区别。

在国际投资领域，东道国也面临着外资损害其国家利益的
风险：

首先，外国投资在东道国的发展往往牵涉其母国的重要利益，
当外国投资在东道国的发展遭受损失时，其母国不惜通过极端方式
维护其本国企业在东道国的利益。20 世纪 60 年代，智利作为铜矿
产量世界第一的国家，其 60% 的出口与铜矿有关，然而美国企业
却控制着智利 80% 铜矿的生产。为了提高国家对铜矿生产的控制
权，智利政府提出了铜矿生产国有化的政策。该政策严重损害了美
国的利益，随后美国便向智利采取了经济封锁，智利将军皮诺切特
（Augusto Pinochet）也在美国中央情报局的支持下发动了军事
政变。②

其次，外国投资可能通过对东道国重要企业的并购掌握东道国
国防、军事等方面的科学技术，或窃取国家重要信息，从而威胁东
道国的主权安全。2008 年美国 ATK 航天防务科技系统公司（Alliant
Techsytems）对加拿大 MDA 空间科技公司（MacDonald, Dettwiler and
Associates Ltd.）便充分证明了此点。

随着世界各国对外国投资影响国家安全的认识不断加深，各国
开始重新审视其所制定的调整外国投资的法律制度，并考虑对国家
安全利益制定更为严格保护制度，国家安全审查制度便应运而生。

---

① 任卫东：《传统国家安全观：界限、设定及其体系》，载《中央社会
主义学院学报》2004 年第 4 期，第 70 页。

② CECELIA M. WALDECK, Proposals for Limiting Foreign Investment Risk
Under the Exon-Florio Amendment, 42 Hastings L. J. 1175, Hastings Law Journal,
APRIL, 1991, p. 1187.

国家安全审查制度在保护国家利益方面有以下优势：

首先，具有较高的灵活性。在"国家安全"的立法实践中，"国家安全"概念的往往具有有限确定性，既不能规定得太局限以致威胁国家安全的因素钻了法律的漏洞，也不能规定得太宽泛而影响国家利益的实现，特别是在利用外资发展本国经济的过程中。"国家安全"概念的有限确定性使得任何东道国认为任何对于本国国家安全有重要影响的因素皆可被纳入审查范围，便于其慎重权衡具体某一项外资并购对于本国的利弊，并且可以对已完成的并购进行审查，禁止或限制某项并购而不披露原因等，加上国家安全的审查有着非常高的审级，这也赋予了东道国自身在外资审查中有较高的主动权。

其次，避免与本国国际义务相抵触，最大程度保护国家安全。各国所签订的双边或多变协定中往往存在所谓的"安全例外条款"，如WTO的《服务贸易总协定》关于"安全例外条款"的规定赋予了其成员国在保护本国国家利益时有权限制或禁止某些跨国交易的实现。国家安全审查制度便可援引该条款的规定，禁止威胁其国家安全的外国投资的实施，而避免与本国国际义务相抵触。

最后，有利于提升国家利用外资的空间。东道国在顺应投资全球化中最应当注意的问题便是在保障国家根本利益的前提下让外资发挥最大效用，在自由与限制中寻求平衡。为了防范外资带来的不利影响，外资准入制度本质上是一种筛选外资的机制，由于其缺乏灵活性，仍然在一定程度上损害了投资自由化以致不能实现最大化利用外资。国家安全审查制度的建立弥补了外资准入制度不能对国家根本利益形成有效保障的缺陷，形成了各东道国在国家安全的场合中行使权利的最终保障，东道国便可提高外资进入本国市场的自由度如减少审批程序、拓宽外资进入领域等，如此一来东道国利用外资的空间便得到提升。

综上所述，结合加拿大外国投资发展的历程，也正是基于对国家安全的保护，加拿大才于2009年正式建立国家安全审查制度。

三、基于鼓励外资和保护国家利益之间的平衡

资本是一把"双刃剑",尽管作为资本输入国的东道国在利用外资时面临着诸多的风险,但外资为东道国带来的巨大利益更是不可忽视的。

(一)外资为东道国带来的经济利益

东道国在经济发展初期极度缺乏资本、技术和管理经验,生产力低下、物资匮乏,经济发展十分缓慢,外资的进入首先带来了大量资本、技术和管理经验,东道国十分需要借助外资的力量发展经济。外资的进入使得东道国的资源得到有效利用,正如加拿大在改革开放的初期,大力引进外资,外资在加拿大肥沃的土地上兴建生产设施,为加拿大能源资源的开发带来了专业技术,促使加拿大的工业体系迅速建立,生产水平得到有效提高。

资本、技术和管理经验是影响经济产业结构演进的基本要素,跨国公司的溢出效应使得东道国产业结构得到了优化。资本、技术和管理经验这些生产要素的投入为东道国的企业和市场带来强有力的竞争,并产生示范效益,使得当地企业不得不向先进的外资企业学习,不断提高生产水平、工业水平,最终实现产业结构的优化升级。① 资本带来的产业结构优化与笔者在前文所提到的威胁产业安全的风险并不矛盾,资本最初的进入必然给东道国当地的市场和企业带来巨大冲击,随着市场的发展,外资所带来的风险也逐渐显现,只有当东道国对外资进行适当有效监管,对市场的健康运行作出调控时,便可化风险为效益。东道国产业结构的升级将进一步促使经济生产力的提高,实现一国的经济增长。

通过优化产业结构从而促进经济增长,东道国的经济竞争力得到了提高。从微观上来说,尽管外资给东道国民族企业带来了强大的竞争,稚嫩的民族企业有被扼杀在摇篮的风险,但跨国公司的示范效益促进了东道国企业技术、管理水平和国际化程度的提高,竞

---

① 裴长洪、林江:《跨境并购是中国利用外资的新形式》,载《中国外资》2007年第6期,第17页。

争力水平也得到了巨大的提升。从宏观上来说，跨国公司促使东道国行业发展规范化，经济发展市场化、自由化和国际化，经济总体竞争力也得到了有效的提高。

外资拉动了东道国的就业。企业在发展中东道国和跨国公司的母国之间的发展存在巨大的劳动力成本差异，这样的差异促使跨国公司将其生产部门向发展中国家转移，从而带动了发展中的东道国的就业。

（二）外资为东道国带来了政治利益

东道国通过外资企业实现自己的政治诉求。① 在没有跨国公司的情况下，国家之间的冲突常常通过政府间的外交沟通来解决，这种直接的解决方式容易使争议的解决陷入僵局。当两国之间存在着跨国公司的紧密联系，这使得在发生国家间利益的冲突时，作为东道国得一方可以选择通过外资在母国的影响力实现自己的政治诉求。

无论是外资从发达国家向发展中流通，还是从个别发展中国家向发达国家流通，外资都在一定程度上促进了东道国法律制度的完善。日本明治维新以后，大力吸收西方发达国家先进文化和法律制度，迅速走上现代化的道路。经济基础决定上层建筑，改革开放不仅为我国带来了经济上的繁荣，也促进了我国社会法治建设进步和法律制度的进一步完善。

外资维持了其母国与东道国的政治稳定。跨国公司以及资本流通实际上促进了国家间的经济体形成稳定和长久的经济联系，国家间的政治利益从根本上来说决定于国家间的经济利益。跨国公司往往在其母国有着较高的政治影响力，当跨国公司在东道国存在着巨大的经济利益，其母国与东道国之间的政治的平衡也很难打破。

外资为东道国所带来的利益与风险是相对，东道国可以通过制定外资政策、建立调整外资的法律体制来规避风险。在对外资进行规制的过程中，自由还是限制、开放还是保护是外国投资法律制度

① 周学森：《外国直接投资与发展中国家利益的国际政治经济学分析》，复旦大学 2012 年博士论文，第 200 页。

无法回避的问题，每个国家都试图在利用外资和国家利益的保护之间寻求良好的平衡以实现利益最大化，然而这种平衡却很难达到。

1973 年加拿大通过制定 FIRA 建立外国投资审查法律制度对外国投资进行逐一审查，之后更提出了国家能源计划，旨在于扭转外资对加拿大经济高度渗透的危险局面，抓住加拿大的经济主权。然而随着保护政策的愈演愈烈，加拿大的经济反而陷入萧条。同样为转变不利的局面，1985 年加拿大颁布了 ICA 建立了对外资更为友好的外国投资审查制度，并转变其保护主义的对外资政策，重新打开了加拿大的国门。这一切都反映了加拿大为在利用外资和国家利益保护之间寻求平衡而作出的努力，正如现行 ICA 第二条所述，引导外资符合加拿大的经济发展和保护国家安全的前提是认识到外资所带来的资本和技术的增加对加拿大有益。

第三节　加拿大外资并购"净效益"审查制度

根据 ICA 第 2 款："由于认识资本和技术的增加对加拿大有益，并且认识到国家安全的重要性，本法制定的目的在于对非加拿大人在加拿大的重大投资进行审查以鼓励投资、促进经济和增加就业，并对非加拿大人可能危害加拿大国家安全的投资进行国家安全审查。"[①]，该条可以看出 ICA 所确立的加拿大外资审查体制的目的有二：一是确保外资有利于加拿大经济，二是保护加拿大的国家安全。现行的加拿大外国投资审查制度以"净效益"审查与国家安全审查为主要内容，二者并行而施，审查内容各有侧重。"净效益"审查的对象是"重大"的外资并购，审查的目的在于确保外资对加拿大具有"净效益"，其审查的侧重点在于外国投资带来的经济效益；国家安全审查的目的则在于确保外资无损于加拿大的国家安全，其审查的对象为所有的外国投资，审查的侧重点在于外国投资对国家安全的影响。本章主要内容为加拿大的"净效益"审查，该审查制度规定于 ICA 第 4 章，其内容涉及审查的主体及职权、审查

---

① ICA, Article 2.

对象及门槛、审查标准和具体的审查程序等。

一、"净效益"审查的主体及其职权

加拿大最初的外国投资审查的主管机构为外国投资审查局，随后该局变更为加拿大投资局，自 1994 年起由加拿大工业部主管，该部于 2015 年更名为加拿大创新、科学与经济发展部（Innovation, Science and Economic Development Canada），主要负责外国投资法的审核修订及实施，并为投资者提供服务。根据 ICA，除了加拿大创新、科学与经济发展部负责一般的投资审查之外，关于文化产业方面外国投资的审查事宜另由加拿大文化遗产部（Canadian Heritage）负责制定与实施。

根据 ICA，总督（Government in Council）、部长（Minister）和投资主管（director of investment）为加拿大外国投资审查体系中主要审查主体。ICA 所称"部长"是指外资审查主管部门负责人员，在具体审查中则指的是加拿大创新、科学与经济发展部部长或加拿大文化遗产部部长。总督和部长在外资审查中享有行政管理权，但二者的权限有所区别。总体而言，部长由总督委任，主要负责 ICA 的执行。在"净效益"审查中，部长可以说全权负责执行"净效益"审查，只有当特殊情况即总督认为豁免审查的投资可能对公共利益造成影响时，总督可决定对该投资进行"净效益"审查，除此之外总督并不过问具体审查情况。而在国家安全审查中，部长则并不享有此等权力，不仅国家安全审查的最终审查权、决定权和行动权在总督，具体案件的审查结果也需要上报总督，总督和部长在外资审查中的权限设置实际上反映了国家安全审查在外资审查领域有着比"净效益"审查更高的权力位阶。投资主管（director of investment）由部长任命，负责协助部长执行 ICA。

在"净效益"审查中，部长的主要职能包括：（1）发布相关投资审查信息，如在 1 月计算制定出新的"净效益"审查门槛的数额并发布在该年的加拿大政府公报（the Canada Gazette）上①，发布年

---

① See ICA, Article 14.1.

度审查报告(the Annual Report)等；(2)通知，通知外资提交申报、审查等程序的材料，告知外资进行陈述听证，告知审查结果等；(3)决定，根据外资所提交的材料对投资进行评估，作出相关审查决定等；(4)监督，监督外国投资者承诺的履行。除了具体审查所涉及的职能之外，部长还具有为实施 ICA 而制定相关法律法规，协调政府部门服务外资、创建平台等职能。

二、审查对象及门槛

ICA 关于"净效益"审查的对象规定于第 14 条，根据该条的规定，"净效益"审查的对象为通过直接或间接地方式取得加拿大产业控制权且交易所涉资产达到一定价值的并购投资。① 这意味着"净效益"审查存在一定的门槛(financial threshold)，只有达到和超过该审查门槛的并购才为"可审(reviewable)"，而并非所有的外国投资都需要进行"净效益"的审查。

"净效益"审查所涉及的门槛是以并购所涉资产企业价值(enterprise value of assets)②为计算，且根据不同的外国投资者或投资适用不同的档别。这些不同的审查安排主要包括：(1)适用于一般外国投资者的一般规定；(2)使用于 WTO 外国投资者的特殊安排；(3)适用于国有企业(State-Owned Enterprises，SOEs)外国投资者的特殊安排；(4)关于文化产业投资的特别规定。其中，ICA 赋予了 WTO 投资者比一般外国投资者更为优惠的待遇，此设计的其主要目的在于履行加拿大的国际义务，另外也出于对国有企业投资

① 根据 ICA 的规定，取得加拿大控制权的"间接的方式"指的是外国投资者通过对在加拿大境外注册成立的实体进行并购，从而取得该实体所控制的在加拿大经营商业的加拿大实体的控制权。该"间接并购"强调的是，外国投资者通过对加拿大境外注册成立的实体进行并购，从而取得加拿大业务的控制权。

② 企业价值是指持续经营企业的价值，是该企业预期自由现金流量以其加权平均资本成本为贴现率折现的现值，它与企业的财务决策密切相关，体现了企业资金的时间价值、风险以及持续发展能力，是一种动态的价值，与企业清算时的价值相区别。

者特殊身份的考量，对外国国有企业投资者实施的外资并购设定了更高的审查义务，而对于文化产业的外国投资则并不适用这些规定，具体审查办法由加拿大文化遗产部另做规定。

（一）"净效益"审查门槛的一般规定

根据 ICA 关于"净效益"审查门槛的一般规定：（1）无论外资并购是直接取得加拿大产业资产或用于该产业的资产、对该加拿大产业的直接经营者进行的并购、还是对该加拿大产业直接经营者的控制实体（该实体于加拿大国内注册成立）进行的并购，当外资并购所涉产业资产价值累计达 500 万加元及以上时即需要进行"净效益"审查；（2）在对加拿大产业直接经营者的控制实体进行并购的情景下，当该实体是在加拿大以外注册成立的，则该并购所涉及加拿大产业资产高于该实体总资产的 55% 且价值 500 万加元以上，该并购需要进行"净效益"审查；（3）在对加拿大产业直接经营者的控制实体进行并购的情景下，若该实体是在加拿大以外注册成立，且并购所涉加拿大产业资产低于总资产的 55% 时，该并购无需进行"净效益"审查，除非该并购所涉加拿大资产价值高于 5000 万加元。在以上规定中，第（2）和第（3）所规定的并购的情况其实属于 ICA 所规定的"间接投资"。①

表 1

外国投资者	投资对象	并购规模（所涉资产）	"净效益"审查
一般外国投资者	加拿大业务、加拿大业务的直接经营者	500 万加元以上	可审
一般外国投资者	加拿大业务直接经营者的控制实体，该实体在境内注册成立	500 万加元以上	可审

---

① James M. Spence, Q. C. , Canada's Foreign Investment Review Act and the Problem of Industrial Policy, 6 Mich. YBI Legal Stud 1984, pp. 142-143.

续表

外国投资者	投资对象	并购规模（所涉资产）	"净效益"审查
一般外国投资者	加拿大业务直接经营者的控制实体，该实体在境外成立注册(间接方式)	500万加元以上且占总资产的55%以上	可审
一般外国投资者	加拿大业务直接经营者的控制实体，该实体在境外成立注册(间接方式)	占总资产的55%以下但5000万加元以上	可审
一般外国投资者	由 WTO 投资控制的加拿大业务	无	不可审

（二）WTO 投资者外资并购审查办法

根据 ICA，WTO 投资者包括：（1）除加拿大以外 WTO 成员国国民，或在 WTO 成员国有永久居住权的个人；（2）除加拿大以外 WTO 成员国的政府或政府机构，无论联邦、州或地方；（3）由 WTO 投资者通过拥有多数表决权股票、表决利益、或占有表决团体多数席位所控制的非加拿大人控制实体；（4）除了第(3)种情况外的，非为加拿大人控制的公司、限合伙企业或信托实际为 WTO 投资者所控制，或该公司、有限合伙企业或信托的三分之二以上董事会成员、合伙人或托管人由加拿大人和 WTO 投资者组成；（5）其他为 WTO 投资者所控制的任何组成形式的商业主体。

根据 ICA，无论是 WTO 投资者对加拿大产业实施的并购，还是由一般外国投资者对 WTO 投资者控制下的加拿大产业所实施的并购，当其并购的方式为"间接方式"时，则无论该并购的规模如何，该并购为"不可审"。当该并购不为"间接方式"时，WTO 投资实施的并购也应根据规定进行"净效益"审查，其审查门槛相交于一般投资者更高，意味着相对于一般投资，WTO 投资实施的外资并购承担较小的审查义务。该门槛随着加拿大 GDP 的增长而变化，在 2015 年或 2016 年间，WTO 投资者取得加拿大业务、加拿大业务的直接经营者或在境内注册成立的该直接经营者的控制实体的控制权达到或超过 6 亿加元资产时该并购为"可审",该数额将在 2017 年 4 月提高至 8 亿加元,2019 年 4 月提高至 10 亿加元。部长将根据审查门槛所涉及的并购额度计算公式计算出当年 WTO 投资进行"净效益"审查的门槛金额,并于当年 1 月发布。

另外当 WTO 投资者同时为国有企业投资者或该加拿大业务为国有企业所控制时,当并购所涉资产达到 500 万加元且占总资产的 55%以上时为可审。①

表2

外国投资者	并购对象	并购规模 (所涉资产)	"净效益" 审查
WTO 投资者	加拿大业务直接经营者的控制实体,该实体在境外注册成立(间接方式)	无②	不可审
一般外国投资者	WTO 投资者控制的加拿大业务(间接方式)	无	不可审
WTO 投资者	加拿大业务、加拿大业务的直接经营者或在境内注册成立的该直接经营者的控制实体	2015:6 亿美元以上 2017:8 亿美元以上 2018:10 亿美元以上	可审
WTO 投资者或其所控制的实体为国有企业投资者	加拿大业务、加拿大业务的直接经营者或在境内注册成立的该直接经营者的控制实体	500 万加元以上且占总资产的 55%以上③	可审

———————

① 此处"总资产的 55%以上"是指:当并购对象直接为加拿大业务时,并购所涉加拿大业务占总业务资产的 55%以上;当并购对象为控制加拿大业务的实体,包括其直接经营者或直接经营者的控制实体,并购所涉加拿大业务占该实体资产的 55%以上。

② 此处的"无"意思是无规定。

③ Innovation, Science and Economic Development Canada, Investment Canada Act: Annual Report 2009-2010, 2010-2011 2011-2012 2012-2013, 2013-2014, 2014-2015, 2015-2016.

（三）SOEs外资并购审查办法

根据ICA对国有企业的定义，国有企业投资者包括：（1）商业行为中的外国政府或政府机构，无论是联邦、州还是地方政府；（2）直接或间接地受第（1）条所规定的政府或政府机构影响或控制的实体；（3）代表政府或政府机构，以及直接或间接地受政府或政府机构影响的个人。根据ICA的规定，当WTO投资者同时为国有企业时，通过并购取得加拿大业务资产达500万加元且占总资产的55%以上，或仅具有国有企业投资者身份的外国投资者通过并购取得WTO投资者的加拿大业务控制权的资产达到500万加元且占总资产的55%以上的外国投资为可审。如此看来，当WTO投资者为国有企业者时，其审查门槛更低，这意味着加拿大对该类投资者设定了更高的审查义务，加拿大对于外国国有企业进行的投资持较为保守的态度。

（四）文化产业外资并购的特别规定

根据ICA对文化产业的定义，文化产业主要包括：（1）出版、分发、销售书籍、杂志、印刷品或机器可读形式的期刊或报纸，而非仅仅印刷或排版；（2）出版、分发、销售或展览影视产品或音频、视频音乐产品；（3）直接由一般公众、广播电视、有线电视、卫星节目和网络广播服务等接受的无线电传输等。除此之外，一个产业即使只是整个产业运行的一小部分其也可能被认定为文化产业。

加拿大对于外资在文化产业的管制最为严格，根据ICA第15条a款，即使外国投资达不到"净效益"审查的门槛，但该投资如果关系到加拿大的文化和国家认同则为"可审"。这意味着，文化产业方面的外国投资不适用ICA关于"净效益"审查门槛的规定，文化产业方面的外国投资都要进行"净效益"审查。

（五）"净效益"审查的兜底条款

除了外资并购"净效益"审查的一般规定、WTO投资者外资并购审查办法、国有企业投资者外资并购审查办法、文化产业外资并购的特别规定外，ICA还规定了"净效益"审查的兜底条款，即当总督认为某项投资（在加拿大实施的所有新设投资和并购投资）可能对公共利益造成影响，总督可决定对该投资进行"净效益"审查。

三、审查标准

"净效益"审查的标准主要规定于 ICA 第 20 条，该条规定了关于"净效益"审查的六大评定因素：

投资对加拿大经济活动的水平和性质的影响，包括对就业、能源、加工和出口的影响；

加拿大人对加拿大企业或新加拿大企业参与的程度和重要性以及对加拿大企业或新加拿大企业所属或将所属的产业的参与的程度和重要性；

投资对加拿大生产率、产业效率、技术开发、产品革新、产品品种的影响；

投资对加拿大产业内部竞争的影响；

投资同民族工业、经济及文化政策的一致性如何，并考察政府所发布的工业、经济及文化政策目标或可能受投资重大影响的省的有关立法；

投资对加拿大在世界市场竞争能力的贡献。

另外，除了该六大评定因素，部长根据 ICA 第 38 条所授予的解释该法的权利，在关于 ICA 的指南中对该标准做了进一步的规定，包括在 2010 年所发布的外国投资审查年度报告中对"评定步骤"的披露，以及加拿大 2012 年发布的《外国国有企业（SOEs）投资"净效益"评估指南》（*Guidelines — Investment by State-owned Enterprises — Net Benefit Assessment*）。

根据 2010 年加拿大外国投资审查年度报告，审查的第一步在于设定"审查基准"。何为"基准"？根据报告，基准是由部长拟定的，着眼于拟并购的加拿大业务，以该业务的健康发展为基础，对其财务状况进行考察，并对其主要优势、需要改进的地方以及面临的挑战进行评估，形成对该加拿大业务发展前景的预判。"净效益"审查将以该基准为参照，根据投资者提供的相关信息、陈述和谅解承诺以考察外国投资对该加拿大业务所造成的影响，包括是否

为加拿大产业带来其所不具有的资金和专业技术等。① 从该基准的
设定来看，"净效益"审查对于外国并购的最低要求是维持发展现
状，当外资并购对加拿大业务的影响不能满足最低要求则该投资可
被认定为对加拿大不具有"净效益"，尽管该认定并不绝对，可以
通过与加拿大政府达成承诺并执行来取得投资的放行，美国钢铁公
司对加拿大钢铁的并购反映了此点。2007 年，美国钢铁公司
（United States Steel Corporation，U. S. Steel）以 11 亿美元对加拿大钢
铁公司（Stelco Inc. ）进行并购，为符合对加拿大具有"净效益"的要
求，美国钢铁公司作出了"在 3 年期限内维持加拿大的钢铁产量及
现有雇用水平"的承诺，② 然而美国钢铁公司在 2009 年关闭了旗下
的汉密尔顿工厂及其附近 Lake Erie 工程的大部分，这将导致当地
约 1500 名工人面临失业，加拿大工业部长因此向加拿大联邦法院
起诉要求美国钢铁公司履行 2007 年并购时所作出的承诺，该案持
续了 3 年以后，美国钢铁公司最终与加拿大政府达成和解，不仅恢
复相关工厂的生产，并承诺向加拿大主要工厂的生产和当地社区及
教育的改善方面投入更多的资金。

外国并购投资对东道国的影响是一种综合体现，可能涉及相关
产业、社会、经济等领域的各方面。为此，加拿大"净效益"审查
是一种综合审查机制，对外资并购的影响采用计算总净效益的评估
方法进行综合考察，加拿大工业部在其发布的关于"净效益"审查
的《行政程序指南》中明确指出了这一点。根据该指南，审查决定
的作出不仅从相关单独的评价因素考虑投资所带来的影响，还会考
虑投资所带来的各种正负面影响相抵消后的总净效益（the aggregate
net effect），只有当总净效应是积极评价时，该投资才会被评价为

---

① 2010 Annual Report 6-7.

② Sue-Anne Fox，Canada v. US Steel：Recent Developments under the
Investment Canada Act，N. AM. REG'L FORUM NEWS，Oct. 2010，at 12.

对加拿大具有"净效益"。①

　　除了"净效益"审查的一般评定标准,《外国国有企业投资"净效益"评估指南》对关于 SOE 投资的评定标准做了进一步规定。《指南》明确表明:"加拿大政府关于外国国有企业审查的政策核心是确保其商业目的及公司治理符合加拿大标准",部长将根据 SOE 投资者所提交的投资计划、谅解以及国有企业的特征特别是国家对企业的控制或影响力对该投资是否对加拿大具有"净效益"进行审查。具体而言,审查包括对投资和 SOE 投资者进行审查的两方面内容:首先,对 SOE 投资的审查在于对其商业基础进行评价,包括出口地、运营地、加拿大人的参与、投资对加拿大生产力和产业效率的影响、对加拿大持续创新、科研和发展的支持、适当的资本支出水平、保持加拿大业务在全球地位的竞争力,即应遵循 ICA 第 20 条所规定的"净效益"6 大评定因素的内容;其次,对于 SOE 投资者的审查在于对其是否符合加拿大公司治理标准进行审查,是否符合加拿大的法律和通常做法,以及是否坚持自由市场原则。

　　在对 SOEs 投资者进行"净效益"评估时,除了以上基本的六大评定因素外,还要特别考察该国有企业如何以及在多大程度上受国家控制,以及该企业的行为和商业活动如何以及多大程度上受到国家的影响,除此之外还需考察该投资者是否达到了加拿大企业管治标准,例如承诺的透明度和信息披露,独立董事会成员,独立审计委员会和公平对待股东,并对其是否坚持自由市场原则进行考察。②

---

　　① Industry Canada, Investment Canada Act Guidelines — Administrative Procedures (Dec 2012), Net Benefit:"In reaching a decision, judgments will be made both in measuring the effects of a proposal in relation to the relevant individual factors of assessment and in measuring the aggregate net effect after offsetting the negative effects, if any, against the positive ones. An investment will be determined to be of net benefit when the aggregate net effect is positive, regardless of its extent." At: http://www.ic.gc.ca/eic/site/ica-lic.nsf/eng/lk00064.html#p3.

　　② See http://www.ic.gc.ca/eic/site/ica-lic.nsf/eng/lk00064.html # p2, 2016.3.22.

四、审查程序

"净效益"审查的对象并非所有外国投资，除了"重大"的外资并购外，其他的不可审的外国投资实施前有"通知（Notification）"的义务。"通知"规定于 ICA 第三部分，是不可审的外国投资者在加拿大实施投资应首先经历的环节。根据该部分的规定，外国投资者拟在加拿大实施的新设投资和并购投资即所有投资，应当在投资实施前或实施后的 30 天内将与该投资相关的信息告知投资主管，只有当投资相关的信息都提交时才构成完整的通知。若投资者无法在规定的时间内提供该信息，必须向投资主管告知原因。无论外过投资者是否能进行完整有效的通知，投资主管在收到外国投资者所提交的通知后都要提供一份收悉（receipt），收悉的内容包括完整通知到达的时间、进一步提交完整信息的时间以及投资不可审的告知。一般的外国投资，投资主管可直接告知其不可审，当外国投资涉及特殊商业活动如涉及加拿大文化、国家认同和公共利益的，则在 15 天后对不可审的外资进行告知。若外资并购符合"净效益"审查的门槛，或总督认为一般地涉及特殊商业活动和公共利益的投资需要进行"净效益"审查的，或外国投资涉及损害加拿大国家安全的，则需要根据具体情况进行审查的申报。由此看出，"通知"程序其实是独立于审查之外的备案程序，其对象是包括新设投资和并购投资在内的不可审的所有外国投资，也不存在任何实质性的审查过程，其主要作用在于对加拿大的外国投资进行备案。作为备案程序的"通知"是外国投资进入加拿大的必经环节，与对特殊外国投资进行审查的审查程序构成完整外准入制度的设置。因此，为对加拿大外资审查制度形成全面的理解，尽管本节的内容为"净效益"审查的程序，但仍然有必要阐明"通知"程序的职能。

（一）申报

根据 ICA，符合该法第四部规定的"可审"的投资都需要在投资实施前进行"净效益"审查的申报，投资主管收到审查申报后便会要求外国投资者在规定的时间内提交审查所需要的材料，当所有材料都提交以后申报才算完成。若外国投资者申报中提交的材料不充分，投资主管则会要求外国投资者在规定的时间内补齐材料。在申报的过程中，外国投资者提交材料后，投资主管都将提供注明日期的收悉，若申报信息不充分，该收悉还会注明补交材料的期限。若投资主管并没有在15天内对申报进行回复，则可断定申报已经完成，这样做的目的在于保证审查的时间，提高审查的效率。

（二）审查

外国投资者完成了"净效益"审查的申报以后，投资主管将所有的申报材料交于部长，部长对该外国投资进行审查的时间是45天。经过审查后，若部长认为该外国投资符合"净效益"的要求，部长会将审查的结果告知外国投资者，若部长未在规定的时间内告知外国投资者审查的结果，则该结果被认为该外国投资对加拿大具有"净效益"。若部长认为该外国投资对加拿大不具有"净效益"，部长有义务将得出该结果的理由告知外国投资者，并允许外国投资向其进行进一步的申述或作出承诺。

（三）陈述和承诺

根据 ICA，外国投资者有陈述（representation）的权利。若部长在审查中认为外国投资对加拿大不具有"净效益"，部长会将会向外国投资者传达一份通知，该通知注明了审查的结果、进行陈述的权利（在30天或双方都同意的期间内）或作出承诺的要求。收到该通知以后，外国投资者可向部长建议进行陈述或作出承诺，部长将在30天内或双方都认可的时间内选择合适的时机听取申述，并与投资者达成谅解协议，由投资者作出投资方面的承诺，并执行该承诺协议保证投资对加拿大具有"净效益"。若外国投资在审查中被认为对加拿大不具有"净效益"，在作出进一步陈述后依然得出同样得审查结果，也无法达成谅解协议作出承诺，则该投资将不被许可，无法实施。

第四节　国家安全审查制度

加拿大国家安全审查制度正式建立于2009年，ICA修正案（C-10）在原法条的基础上增加第四章又一节（ICA 称"Part Ⅵ.1"以下称"第4.1章"），该章对国家安全审查制度实体上和程序上的规定。本章对国家安全审查的主体及审查对象进行了归纳，对国家安全审查的程序进行了介绍，并对国家安全审查制度与"净效益"审查制度之间的关系进行了分析。

一、审查主体及对象

（一）审查的主体

国家安全审查的主管部门同样为加拿大创新、科学与经济发展部，而涉及文化领域的商业投资由加拿大文化遗产部主管，但为了确保国家安全审查的专业性和针对性，其他具有国家安全、公共安全管理职能的政府部门也会具体参与到审查之中，通过向加拿大创新、科学与经济发展部部长提供审查意见提高审查的全面性、专业性等。根据《投资国家安全审查条例》（*National Security Review of Investments Regulations*），加拿大工业部、遗产部、公共安全与预警情况部、加拿大安全情报局、加拿大皇家骑警、加拿大边境服务局、通信安全机构、国防科、外交和国际贸易部、司法部、自然资源部、交通运输部、加拿大税务局、枢密院办公室、公共工程和政府服务部、加拿大公共卫生局、卫生署、公民身份和移民部以及财政厅和各省、区、市的警察部队可以根据具体案件需要参与国家安全审查，在部长对外国投资进行国家安全审查的。①

根据ICA，加拿大创新、科学与经济发展部部长主要负责国家安全审查的实施，其在国家安全审查中的职能主要包括：（1）通知，包括当认为某项并购投资可能有损加拿大国家安全时，部长则可以通知投资者进行国家安全审查；（2）提出审查的条件，包括要求投资者提供相关材料，暂停投资的进行等；②（3）决定，包括决定是否实施审查和作出审查决定，即审查前部长有权力决定是否对并购投资实施审查并进行通知，会同其他相关部门进行审查后作出

---

① See：National Security Review of Investments Regulation, Article 7.

② See ICA, Article 25.2(1).

该并购投资是否通过国家安全审查的决定并将结果上报给总督;①
(4)协调组织,国家安全审查涉及众多国家部门,部长负责联系组织具体相关审查部门。尽管部长主要负责国家安全审查的实施,但在其最核心的权力——"决定权"方面,部长并不具有最高权,当部长根据投资者提交的信息无法决定是否进行审查或作出最终审查决定时,部长应上报总督并由总督作出最终判断,因此,总督享有最终的决定权。除了享有最终的决定权外,总督还享有行动权,即根据部长的建议,其认为某项投资可能损害加拿大国家安全时,可以决定对该投资进行审查并决定采取适当保护措施,如 ICA 第 ICA 第 25 条第四款规定:总督根据具体审查的内容,作出以下其认为可适当保护加拿大国家安全的任何措施,(a)禁止非加拿大人投资的落实;(b)授权的情况下,非加拿大投资(我)给陛下的任何书面承诺,在加拿大的权利有关的投资,总督会同行政局认为必要的情况下,或(ii)执行包含在订单条款和条件投资;或(c)要求非加拿大人放弃自己的对加拿大业务的控制。

(二)审查的对象

根据 ICA 第 4.1 章第 25 条第 1 款的规定,国家安全审查的对象包括外国投资者在加拿大的新设投资、并购投资和任何通过新设或并购的方式全部或部分取得加拿大业务的投资。该条的规定意味着所有的外国投资都是国家安全审查的对象,无论外国投资者是在加拿大新设业务,还是新设一个实体或并购一个实体,只要该实体在加拿大拥有经营场所、与经营相关的雇员和用于经营的资产,无论该投资是否已经实施或已经实施了较长时间,只要该投资可能不利于加拿大的国家安全,加拿大都可以启动国家安全审查程序对其进行审查。

二、审查程序

根据第 25 条第 2 款第 1 项,当部长有理由认为外国投资者所实施的投资有可能对加拿大的国家安全造成损害时,部长会在一定

---

① See ICA, Article 25.2(4)&25.3(5).

的时间内向外国投资者发出一份通知，告知其投资可能会进行国家安全审查。无论该投资处于什么阶段，当部长认为该投资可能损害加拿大的国家安全，部长就可以发出进行国家安全审查的通知。收到该通知的外国投资者应当立即停止实施该投资，先提交相关信息，待审查通过后才能继续实施。在发出通知的同时，部长会根据第一次审查的需要，要求外国投资者进行材料的申报。若外国投资者在备案阶段或"净效益"审查时已经进行过材料的提交，若部长认为该外国投资有进行国家安全审查的可能，则可以进一步要求外国投资者提交其未提交而需要提交的材料，部长对这些材料有保密的义务。

1. 审查及决定

部长发出通知并接受外国投资者进行的材料申报以后，将对该外国投资行初步审查。在初步审查的过程中，部长将与公共安全与应急准备部部长（the Minister of Public Safety and Emergency Preparedness）进行磋商，若根据现有材料认为该外国投资确实可能对加拿大国家安全造成损害时，便可向总督建议进行国家安全审查；若无法根据现有的材料判断该投资是否可能有损于加拿大国家安全，则应将该审查提交总督，由总督作出是否进行审查的决定；若认为该投资不会对加拿大国家安全造成损害，则部长不会采取进一步的措施。在进行初步审查并作出进行国家安全审查的决定之后，部长应立即向外国投资者发出审查的通知并告知其陈述的权利。在正式的审查中，部长会同公共安全与应急准备部部长及其他相关部分负责人，根据现有投资信息、外国投资者的陈述以及审查所掌握的证据制作审查报告，对该外国投资是否有损于加拿大国家安全做出判断：若认为该外国投资不会对国家安全造成损害，则不会采取进一步措施；若认为外国投资确实对国家安全造成了损害，则由总督下达命令采取进一步措施；若认为不能从现有信息中确定该投资是否有损于加拿大国家安全，则将所有情况向总督汇报，由总督做最后决定。审查的时间可以延长，延长的时间需要部长和外国投资者双方达成统一意见。

2. 命令及监管措施

当部长和总督认为某项外国投资确实会对加拿大国家安全造成损害时，总督将会以命令的形式采取其认为有必要的保护措施，包括：(1)直接明令禁止外国投资者实施该投资；(2)授权外国投资者有条件的实施该投资，条件包括根据具体情况向总督达成有利于加拿大国家安全保护的书面承诺和在法律规定的条件下实施；(3)要求外国投资者放弃对加拿大业务或加拿大实体的控制权。对于有条件实施的外国投资，在审查结束以后，则应当严格按照承诺实施投资，在投资实施完毕以后，外国投资相关的非加拿大人或实体或个人应当实施向投资主管汇报投资资产状况并提交投资相关信息，以有利于投资主管判定其投资是否符合承诺及总督命令的要求。这种对外国投资采取实施监控方式能在外国投资进入后也对国家安全进行保护，将国家安全受到威胁的可能性降到最低。

三、国家安全审查与"净效益"审查的关系

从 ICA 的规定来看，国家安全审查与"净效益"审查是相互独立的两种审查程序，二者在许多方面都有着不同设置：

第一，审查层级不同。在国家安全审查的过程中，无论是认定某项投资确实有损于加拿大的国家安全还是在审查结果的基础上采取必要的保护措施，只有总督才享有该方面的权力，而在"净效益"审查中，部长全权负责审查的执行。因此，相比"净效益"审查而言，国家安全审查有着更高的审查层级。

第二，国家部门的参与度不同。根据 ICA 的规定，在"净效益"审查中除了审查的主管部门——加拿大创新、科学与经济发展部和文化遗产部，其他相关部门并不会参与到具体的审查中，而国家安全审查则不同，其他相关部门也具有协助审查的职责，由此反映出国家安全的审查有着更高的专业性和更为慎重的审查过程。

第三，二者的适用对象不同。"净效益"审查的对象是外国投资中的"重大的"并购投资、文化领域的投资或可能对国家公共安全造成影响的投资，而国家安全审查的对象是所有外国投资。

第四，二者的审查程序独立。根据 ICA，符合"可审"标准的外

国投资者需要进行"净效益"审查的申报，而不属于"可审"标准的外国投资，则仅需进行备案。无论是"可审"还是"不可审"的投资，只要部长认为该投资可能损害加拿大的国家安全时，这些外国投资便需进行国家安全审查的申报。部长注意到某外国投资不利于加拿大的国家安全可能发生于外国投资者备案的过程中，可能发生于某项外国投资进行"净效益"审查的审查之时。因此，国家安全审查程序，是独立于备案和"净效益"审查程序之外的审查程序。

尽管 ICA 并没有对"净效益"审查与国家安全审查的衔接作出任何的规定，但是从二者在审查设置方面的不同可以基本掌握二者在实际操作中的运作。

首先，二者都不是外国投资进入加拿大的必经程序。正如笔者在第四章"净效益"审查的审查程序中所提到的，符合"可审"标准的重大的外资并购进入加拿大需要进行"净效益"审查，而不为"可审"投资之列的外国投资进入加拿大只存在备案的义务。一项准备在加拿大实施的外国投资在实施前，需要跟投资主管进行备案，"可审"的外国投资经投资主管的确认进行"净效益"的审查，由部长进行审查，因此备案的对象和"净效益"审查的对象构成了整个加拿大的外国投资，"净效益"审查不是所有外国投资在加拿大实施的必经程序。根据 ICA 对国家安全审查程序的设置，当部长认为某项外国投资可能对加拿大国家安全造成危害便可对外国投资进行国家安全审查，因此国家安全审查的对象实为所有的外国投资，但其条件是部长的对外国投资危害加拿大国家安全的肯定性判断，因此国家安全审查程序也不是外国投资进入的必经程序。

其次，二者的审查无必然的先后顺序之说。根据 ICA 规定，当部长认为外国投资可能威胁到加拿大的国家安全时即可启动国家安全审查，该情况可能发生在外国投资者进行投资备案时，也可能发生在外国投资正进行"净效益"审查的过程中，甚至随着外国投资不断，部长也可能因新的投资情况的出现而认为外国投资不利于加拿大的国家安全因而启动该审查程序。因此"净效益"审查与国家安全审查并无必然的先后顺序之分。

最后，二者在少数情况下存在交集。正如前段所述，"可审"

的外国投资在"净效益"审查的过程中，部长认为该投资可能不利于国家安全时，可中止"净效益"审查，转而进行国家安全审查，若国家安全审查不得通过，则该项投资不被允许实施，若国家安全审查得以通过或附条件通过，则将继续"净效益"的审查，只有在满足同时符合加拿大国家安全保护和"净效益"的情况下，投资才可实施。

第五节　加拿大外国投资审查法律制度对我国的启示

改革开放使得中国经济进入快速发展的阶段，外国投资在推动我国经济快速发展的过程中功不可没，不仅为我国经济发展带来大量资本，还提高了资产质量、企业管理水平，同时增加产值、增长了就业，还促进了技术革新、提升了生产效率、优化了生产结构。近年来，中国一直推行鼓励外资进入的政策，中国的巨大市场也不断吸引着外资。随着外资的不断涌入，如何有效利用外资，构建完善的外商投资审查制度对国家利益形成有效保护成为现阶段亟待解决的问题。2015 年 1 月，商务部公布了《中华人民共和国外国投资法（草案征求意见稿）》（以下简称"《草案》"），引起了各界广泛关注。尽管迄今为止该《草案》可谓我国最为详细的外国投资法律规范，但仍有可以进一步改善的地方。

目前，根据《草案》的内容，我国主要从以下几个方面对外资的准入进行规制：

首先，外资准入制度。外资准入制度对外资的规制是通过"特别措施管理目录"和"准入许可"实现的。特别措施管理目录由国务院统一制定并发布，对于外国投资者及其投资给予低于中国投资者的待遇和施加限制的都应纳入该目录。[①] 特别措施管理目录包括禁止实施目录和限制实施目录，禁止实施目录上列明了外国投资者不得投资的领域，限制实施目录上列明了外国投资者有条件实施其投

———————

① 《中华人民共和国外国投资法（草案征求意见稿）》第 22 条。

资的领域，限制的条件包括金额标准限制和投资领域限制。外国投资者涉及限制实施目录列明情况的需要取得外国投资主管部门的准入许可，外国投资审查主管部门对外国投资进行审查后决定是否给予许可。对于外国投资，外国投资主管部门可以根据规定提出许可条件，外国投资者同意履行、作出承诺后可获得放行。

其次，国家安全审查制度。国家安全审查部际联席会议负责对可能威胁国家安全的外国投资进行国家安全审查。国家安全审查的启动可以是外国投资向国务院提交国家安全审查的申请，联席会议也可依职权或根据其他当事人的建议启动对外国投资的国家安全审查。国家安全审查包括一般审查阶段和特别审查阶段，一般审查决定是否进行特别审查，特别审查则决定是否危害国家安全，当外国投资在一般审查中被认为不会对国家安全造成损害时无需进入特别审查阶段，反之则进入特别审查阶段。国家安全审查的决定包括不危害国家安全而准予通过、可能危害国家安全而有条件通过、危害国家安全而不予通过。附条件通过的外国投资应按照所附条件实施投资，并接受外国投资主管部门的监督。

我国《草案》所规定的外国投资准入制度和国家安全审查制度与加拿大的外国投资审查制度有着极大的共通之处。由"净效益"审查和国家安全审查所构成的加拿大外国投资审查双重门阀，不仅使外国投资符合加拿大国家经济发展目标，还为国家安全的保护设置了具有更高级别、更广审查范围的审查程序，可以说对国家利益形成了全方位立体的保护。从保护国家利益的角度，该外资审查制度的设置可谓滴水不露，但从吸引外资的角度，该外资审查制度也存在一定的不足。对加拿大外国投资审查法律制度的正反评价折射出的是加拿大外资政策在处理外国投资自由与限制问题上的缺失，如何处理该问题是每个国家在外资引进方面所考虑的最重要的问题。加拿大外国投资审查制度的设置对国家利益所形成的有效保护为我国建立和完善外资审查制度提供了有益的借鉴，而其制度设置所对吸引外资所产生的不利影响也为我国提供了经验和教训。

一、"净效益"审查制度对我国的启示

《草案》所规定的外资准入制度是通过制定"特别措施管理目录"和颁发"准入许可"规制外资，准入许可的颁发需要经过外资主管部门的审查，因此外资准入制度在本质上也是一种审查制度。外资准入制度与加拿大的"净效益"审查制度在本质上有着相同之处，即二者的作用和目的都在于引导外资符合本国的经济发展目标。

首先，通过设定门槛或限制性条件对重大的外国投资进行审查。根据《草案》第26条的规定，限制实施目录的内容包括：（1）超过国务院规定的金额标准的投资；（2）限制外国投资者实施领域。限制实施目录中限制金额的规定于"净效益"审查中审查门槛的规定属于异曲同工，在两个制度下，外国投资超过了规定的金额便需要进行审查。

其次，确定审查因素，对外国投资进行经济效益的审查。《草案》第32条规定："外国投资主管部门应从以下方面对外国投资进行准入审查：（一）对国家安全的影响；（二）是否符合特别管理措施目录规定的条件；（三）对能源资源、技术创新、就业、环境保护、安全生产、区域发展、资本项目管理、竞争、社会公共利益等的影响；（四）对于行业发展的实际影响与控制力；（五）国际条约义务；（六）外国投资者及其实际控制人的情况；（七）国务院规定的其他因素。"虽然该条所规定的审查因素与"净利益"审查因素的规定有所不同，但二者的规定都十分宽泛，其目的在于将审查的主动权交由外资主管部门，由其根据具体情况充分发挥其自由裁量权，以便更为灵活地实施审查。

再次，外国投资者通过向外资主管部门达成投资实施条件取得准入的许可。在加拿大的"净效益"审查中，当外国投资被认为对加拿大不具有"净效益"时，外国投资者可通过与部长达成谅解、作出承诺使其投资符合"净效益"的要求以取得放行，审查通过后外国投资者要在承诺的时间内实施其承诺。同样，《草案》所规定的外资准入制度在准入许可的审查中也采取了这种方式，在准入许可的审查中，一些外国投资会被批准有条件实施，这些条件包括：

（1）资产或业务剥离；（2）持股比例限制；（3）经营期限要求；（4）投资区域限制；（5）当地用工比例或数量要求；（6）国务院规定的其他条件。

综上所述，无论审查的侧重点、审查的目的还是审查的方式，加拿大的"净效益"审查与《草案》所规定外资准入制度都有着十分相似之处。加拿大"净效益"审查制度已经实施二十几年，制度的设置和运行在许多方面都十分成熟，对我国在以下方面具有重要的借鉴意义：

（一）明确投资金额的计算标准

《草案》第 28 条规定："外国投资者在两年内针对同一投资事项多次实施投资，其投资金额累积达到限制实施目录中规定的标准的，应当依照本法申请准入许可。"对投资金额进行计算本质在于测量外国投资的规模和影响力，草案中并未说明该投资金额计算的标准，并且 2015 年所修订的《外商投资产业指导目录》中还未作出投资金额标准的规定，为进一步明确该标准，笔者认为可借鉴加拿大的做法。

自 2015 年 ICA 修改以后，加拿大"净效益"审查对外国投资采取两种评估方法，对于非国有企业投资者和 WTO 投资者发起的取得加拿大业务控制权的直接投资采用的是"企业价值（enterprise value）"的计算方法，对于新设投资、由国有企业投资者和非 WTO 投资者发起的并购投资采用的则是"账面价值（book value）"的计算方法。[1] 企业价值是一种用来评估并购业务潜在利益的衡量方法，它等于股权收购业务所要付出的金额与被收购业务资产负债表上金额减去其现金资产后的总额。[2] 账面价值则是指账面余额减去相关备抵项目后的净额。企业价值是一种动态的评价方式，它能更好地

---

[1]　Innovation, Science and Economic Development Canada, Investment Canada Act: Annual Report 2015-2016, 4.

[2]　Government Canada, Competition Policy Review Panel, Compete to Win, endnote 12, 113, available at https://www.ic.gc.ca/eic/site/cprp-gepmc.nsf/vwapj/Compete_to_Win.pdf/ $ FILE/Compete_to_Win.pdf.

反映现代经济中以服务和知识、技术为基础产业的重要性，而在这些产业许多价值如人、知识产权和其他无形资产的价值往往不能通过账面反映出来，因此企业价值的计算方式更能满足现代经济发展的需要。账面价值和企业价值的分别使用，则实现对不同产业的外资并购进行科学有效的评估。

（二）根据需要对不同的外国投资制定不同的投资金额标准

加拿大对根据投资方式、投资领域、投资者的不同制定了不同的审查门槛，主要包括：（1）适用于一般外国投资者的一般规定；（2）使用于 WTO 外国投资者的特殊安排；（3）适用于国有企业（State-Owned Enterprises，SOEs）外国投资者的特殊安排；（4）关于文化产业投资的特别规定。这些不同规定一方面为了履行其所承担的国际义务，一方面也是为了给予特别领域特殊保护。除此之外，加拿大对 WTO 投资者投资的审查门槛也做出了随着加拿大 GDP 的增加而增长的特殊设置，该做法的目的旨在保护国家利益的同时适当减轻外国投资者的审查义务，鼓励和吸引外资。[1]

这些不同规定和特别设置都有效的提高了"净效益"审查的灵活性。在今后对于限制实施目录的制定和完善中，也有必要根据我国实际情况的需要对不同的投资、投资领域和外国投资者做适当区分。一方面可根据我国产业政策，对不同产业的投资制定不同的投资金额标准；另一方面可根据我国经济发展的情况对投资金额标准做灵活规定，在国家利益保护和鼓励外资之前寻求良好平衡。

（三）提高外资准入的行政效率

时间对于外国投资的实施有着重要的意义，繁琐的外资准入程序和过长的准入审查周期都不利于吸引外资，因此在发展和完善《草案》所规定外资准入制度中有必要科学规范审查的程序和控制审查期限，提高准入许可审查的透明度。

首先，严格控制审查期限、提高审查效率。为严格控制审查期

---

[1]　Government Canada, Competition Policy Review Panel, Compete to Win, 31, available at https://www.ic.gc.ca/eic/site/cprp-gepmc.nsf/vwapj/Compete_to_Win.pdf/ $ FILE/Compete_to_Win.pdf.

限，加拿大规定，在审查期限已经延长的情况下还需延长时，延长的时间必须与投资者达成一致。① 另外为提高效率，加拿大还规定，当在规定的时间内(15)天未发出备案完成的收悉、审查决定的通知，则推定备案完成、审查通过。此番规定能有效控制审查期限、提高审查效率，笔者认为有必要纳入《草案》之中。

其次，提高准入许可审查的透明度。加拿大通过发布《行政指南》对审查的具体步骤、方法等信息进行披露，提高了审查的透明度，使外国投资者深刻了解审查程序并能在审查的过程中积极反应，提高审查的效率。《草案》对审查决定、决定作出的理由、相关案例的披露都作出了明确的规定，审查程序的披露也应当成为信息披露的重要内容。

二、国家安全审查制度对我国的启示

《草案》第四章对国家安全审查制度进行了规定，相比 ICA 关于加拿大国家安全审查制度，二者存在明显的不同。首先，国家安全审查的审查机构设置不同。根据《草案》第 49 条的规定，国务院建立外国投资国家安全审查部际联席会议(以下简称联席会议)，承担外国投资国家安全审查的职责。加拿大国家安全审查中并没有设置国家安全审查的联席会议制度，而在以现有的外资部门即加拿大创新、科学与经济发展部和文化遗产部的基础上，由外资主管部门部长会同公共安全与应急准备部部长主要负责审查，总督做出审查决定，审查过程中涉及寻求其他专门部门部长意见时，由主管部门部长负责协调。其次，审查标准的立法不同，加拿大并未对国家安全审查的标准作出规定，而《草案》中则对国家安全审查的因素进行了列举。

除了制度本身的差异，加拿大的国家安全审查制度与《草案》所规定的国家安全审查制度也存在着重要的共同点，即二者都作为最后一道安全阀对国家安全进行保护，二者在制度的设置上都要与引导外资符合本国经济发展目标的制度相协调，在加拿大的外国投

①　ICA, article 21(2).

资法律制度中该制度是"净效益"审查制度，而在我国《草案》中该制度是外资准入制度。

尽管加拿大国家安全审查制度与我国《草案》所规定的国家安全审查制度并非完全相同，但加拿大的法律实践对完善我国《草案》的规定仍有借鉴意义。特别是加拿大的国家安全审查制度于2009年才正式建立，其本身存在一定的缺陷即审查投资透明度的缺乏。加拿大国家安全审查制度被认为严重缺乏透明度，其重要原因一方面在于 ICA 并为对国家安全审查的标准作出任何规定，另一方面在于审查程序的不透明。为了提高审查透明度，加拿大已经在《行政指南》和《年度报告》中对审查程序、审查依据和审查理由进行披露，而对于国家安全审查的标准目前并未做进一步的规定。在建立和完善我国的国家安全审查制度中，尤其要避免存在同样的缺陷。

国家安全审查制度应当以维护国家安全为目的，在坚持鼓励外国投资发展的政策下运行，避免权力滥用，对外国投资产生不良的影响。借鉴加拿大国家安全审查制度建立与完善的经验，我国可以从以下方面加强对国家安全审查制度的完善。

（一）国家安全审查联席会议常化

虽然《草案》规定了国务院发展改革部门和国务院外国投资主管部门共同召集组成联席会议负责实施国家安全审查，但该联席会具体如何召集，其性质为临时机构还是常设机构，具体组成部门以及相关职权，《草案》并未作进一步规定。如此一来不仅使得国家安全审查缺乏透明度，还易导致行政混乱、效率低下，甚至影响审查决定的正确作出。借鉴加拿大国家安全审查制度的设置，可从以下方面明确联席会议截至设置及职权分配：

首先，联席会议常设化。《草案》所规定的国家安全审查制度不仅包括对具体投资进行审查，还需制作审查指南以及年度审查报告，该类工作应由固定从事国家安全审查的人员定期完成，所以负有执行这些职责的联席会议不宜为临时性机构。

其次，明确联席会议的召集部门。根据《草案》规定，联席会议由"国务院发展改革部门"和"国务院外购投资主管部门"负责召集，而这两个"部门"均为笼统概念，具体应由哪个部门负责并不明确。另外，既然联席会议为常设机制，其召集单位也应当固定化，由指定部门负责召集。对于联席会议的召集部门，适宜在现有制度基础上进行配置。联席会议最初由《建立安全审查制度通知》确定建立："联席会议在国务院的领导下由国家发改委、商务部牵头，根据外资并购所涉及的行业和领域，会同相关部门开展并购安全审查。"①一直以来，我国对于外国投资的审批工作也由该两个部门负责，所以联席会议适宜由国家发改委、商务部继续负责召集。《草案》规定，联席会议会同外国投资所涉及的相关部门具体实施，其"相关部门"也可同加拿大的相关做法一样做具体规定，并明确其有关职责，保证行政规范和行政效率。

（二）提高国家安全审查的透明度

在高度全球化的今天，跨国投资仍有巨大风险，监管透明度和行政效率是外国投资者考虑的重要因素。我国在国家安全审查制度的建设过程中，提高审查的透明度和审查的效率，是建立科学审查机制的必然条件。审查机制缺乏透明度和可预测性对加拿大吸引外资产生了不利影响，提高审查透明度、可预见性成为不断完善 ICA 的重要目标，也是我国建立和完善国家安全审查制度所应当关注的重点。

我国《草案》对透明度的提高并没做过多制度上的建设，仅在第 115 条规定："国家依法及时公布与外国投资有关的法律法规和司法判决。外国投资者、外国投资企业可依法参与法律法规制定程序，并发表评论意见。"然而，国家安全审查并不受司法审查，该条对国家安全审查案件并无意义。因此笔者认为还应当在制度建设方面提高国家安全审查的透明度。透明度的提高应以对审查标准的规定进行更为具体化的解释为主，《草案》所规定的关于审查标准的内容实际上十分宽泛，仅规定了对国家某方面因素的影响，而如何对该影响进行评价却并没有进行披露，这种规则披露的缺失必将外资对于审查的困惑，同时也增加了审查过程中与外资沟通的负

_____

① 《建立安全审查制度通知》，第三条。

担，不利于审查效率的提高。对此笔者认为可以参考加拿大的做法，在法律的规定之外公布相关的行政指南，对审查部门对外国投资进行评估的步骤、方式进行披露，这样不仅能提高审查的透明度，还能提高外资对于我国国家安全审查的理解，提高审查的效率。除了对审查规则进行披露，笔者认为还因当在不泄露国家秘密的情况下适当向外国投资披露审查的理由，以与外国投资者形成更为良好的沟通，做到有效利用外资。

第四章　我国《外国投资法(草案)》中的控制标准

随着我国市场经济的发展以及《公司法》等部门法的不断完善,基于特定历史背景产生的"外资三法"①所暴露的问题越来越多,例如"外资三法"在对外资组织形式、设立审批、企业股权的对外转让等方面的限制没有根据新颁布的相关法律及时地修正,从而加重了对外资的限制与阻碍;带有浓重公法色彩的"外资三法"与我国《公司法》所确立的公司自治理念、股东至上原则等价值相背离,其立法理念已不再符合世界范围内公司立法的趋势;随着我国利用外资及外国对华投资方式的不断变化(主要是我国利用外资趋势正逐步从第二产业向第三产业转移,外国对华投资从新设投资为主到并购投资为主),作为以规制绿地投资为主的"外资三法"逐渐被架空。由此可见,"外资三法"的修改以及我国统一外资法的建立已迫在眉睫。

中华人民共和国商务部(以下简称"商务部")于2015年1月19日在其官网上公布《中华人民共和国外国投资法(草案征求意见

---

① 我国的"外资三法"主要是指:《中华人民共和国中外合资经营企业法》(1979年7月1日第五届全国人民代表大会第二次会议通过,分别于1990年4月4日、2001年3月15日进行修正)、《中华人民共和国外资企业法》(1986年4月12日第六届全国人民代表大会第四次会议通过,并于2000年10月31日进行修正)及《中华人民共和国中外合作经营企业法》(1988年4月13日第七届全国人民代表大会第一次会议通过,并于2000年10月31日进行修正)。

稿)》(以下简称《外国投资法(草案)》或"草案") 及其说明①, 正式向社会各界征求意见。《外国投资法(草案)》颁布不久, 学术界、实务界纷纷对此发表意见。纵观各界人士所提的意见, 主要集中于"负面清单"制度(即特别管理措施目录)、"实际控制"标准、外国投资国家安全审查制度、外国投资信息报告制度以及对协议控制的影响等方面; 更有实务界专业人士将整部《外国投资法(草案)》的主要内容及中心思想直接归纳为"统一"、"负面清单"与"控制"三个关键词;② 此外, 草案对于协议控制的态度不明也为实务界及学术界留下了更大的讨论空间。回归至草案文本本身, 草案总共 11 章、170 条, 其中涉及"控制"标准的条文多达 20 条③, 贯穿了《外国投资法(草案)》的多个章节, 关乎外国投资者和外国投资的认定、外资准入许可、国家安全审查、信息报告等内容, 是《外国投资法(草案)》中的关键枢纽。草案第 18 条关于"控制"的规定则是这一关键枢纽的核心, 该规定的合理与否直接关系到整部法律的质量及其实施效果。

　　虽然《外国投资法(草案)》自颁布到生效还需较长时间④, 但"外资三法"的改革与统一已势在必行, 此外, 2016 年 3 月 2 日,

---

　　① 参见中国商务部官网发布的"商务部就《中华人民共和国外国投资法(草案征求意见稿)》公开征求意见", 访问地址: http://tfs.mofcom.gov.cn/article/as/201501/20150100871010.shtml, 最后访问时间 2016 年 4 月 1 日。

　　② 参见中伦律师事务所合伙人任清:《〈外国投资法〉草案的三个关键词》。

　　③ 涉及"控制"概念的条款有第 11、12、15、18、19、30、32、45、51、57、81、87、89、92、93、94、95、149、158 条。其中相关的表达形式有"控制""控制权"及"实际控制人"。

　　④ 全国人大的立法时间表按照轻重缓急可以分为三类:第一类为"条件比较成熟、任期内拟提请审议的法律草案", 第二类为"需要抓紧工作、条件成熟时提请审议的法律草案", 第三类为"立法条件尚不完全具备、需要继续研究论证的立法项目"。其中第一类立法的时间比较确定, 本届人大任期至 2018 年 3 月, 则任期内按计划应当审议的法律在 2018 年前应该能够生效。但是, 根据本届全国人大(2013 年 3 月组成)的立法规划, 外国投资法属于第二类, 因此, 该草案的生效时间确实存在较大的不确定性。

商务部发言人沈丹阳表示，商务部将加快制定外国投资法的步伐，修改"外资三法"，力争于 2016 年报送全国人大审议。① 在此大背景下，对我国外资法中相关制度及内容的改革进行研究十分必要。具体到我国外资法中的控制标准，因其涉及我国外资法中最基本的"投资者"与"外国投资"的认定，故控制标准的研究乃当务之急。恰逢《外国投资法(草案)》对"控制"进行了明确规定，以该草案为切入点对我国统一外资法中的控制标准进行探讨应属当下最为适宜的方式。

第一节　我国外资法中控制标准的现状与统一

整体而言，我国外资法中的控制标准与现有外资法体系呈现出类似特点，即"碎片化"、"杂乱性"乃至"冲突性"。这一方面源于我国现有外资法体系的缺陷性，另一方面也是由其复杂性决定的。为更好地理解控制标准自身所具有的复杂性，首先需要就控制标准的内涵及其外延进行界定与厘清。

一、控制标准的内涵与外延

(一)控制标准的内涵

纵观我国外资法中关于控制标准的规定，出现频率最高的词汇为"控制"与"控制权"，相对应的英文均为"control"②。本书所使

---

① 参见新华网于 2016 年 3 月 2 日发布的"商务部：加快修改'外资三法'争取 2016 年送审"(访问地址：http：//news. xinhuanet. com/fortune/2016-03/02/c_128768517. htm，最后访问时间 2016 年 4 月 1 日)及商务部官网发布的"商务部将加快修改'外资三法'"(访问地址：http：//www. mofcom. gov. cn/article/difang/201603/20160301268882. shtml，最后访问时间 2016 年 4 月 1 日)。

② 国内学者就其他国家外国投资法中出现的"control"一词，根据不同语境，有翻译成"控制"，也有翻译成"控制权"，但实质上两者的内涵相同。故为方便行文，本书统一使用"控制权"一词。

用的"控制权"是最广泛意义上的控制权，如非特别说明，实际上与"控制"无异。

1. 控制权的概念

"控制权"概念产生于公司制度的变化发展过程中，因此，关于控制权的研究最初主要集中于经济学界。根据经济基础与上层建筑的关系原理，法学界关于"控制权"的探讨应建立在经济学界关于此的讨论基础之上，一方面，可以更为准确地理解"控制权"的内含；另一方面，可以借鉴经济学界在"控制权"方面更为成熟的结论。因此，本书从经济学界和法学界两个角度出发，对"控制权"的概念进行介绍。

（1）经济学界的观点。

伯利和米恩斯提出所有权与控制权相分离的观点，并认为控制权的产生是公司制度变化发展的结果，控制权的概念进行明确定义。同时指出，因公司的经营管理主要由董事会负责，故通常拥有挑选半数以上董事会成员的人掌握公司的控制权。自伯利和米恩斯提出公司所有权与控制权相分离这一重要观点后，经济学界对控制权的研究不断涌现。关于控制权的概念与内容，学者的表述不同，总的来说，经济学界对公司控制权的定义各不相同，但较为主流的观点是将控制权视为在所有与经营相分离的基础上而产生的对公司财务进行集中管理与支配的权力，是一种与收益权相对应的权力。在财务会计上，则主要是通过利益收取来判断企业之间的控制关系。

（2）法学界的观点。

为调整公司控制的法律关系，部分国家的立法对"控制权"的法律含义作了界定，这对我们进一步把握控制权的内涵有指导作用。

美国1940年《投资公司法》将"控制权"定义为一种"权力"，即能够对某公司的决策施加控制性影响的权力；且直接或间接拥有一公司25%的有表决权股份即构成对该公司的控制。

德国《股份公司法》对控制权的规定主要见于有关"支配与从属

公司法律关系"的规定中。根据该法第 17 条第 1 款①规定,"施加支配性影响"就是判定标准。此外,立法者认为,此处的"支配性影响"并不要求实际施加了该影响,而要求存在支配性影响的可能性即被推定为拥有控制权。

纵观上述国家的立法可知,"控制权"确属于较难定义的概念,因而存在不同的表述,但普遍认为"控制权"存在如下特征:(1)基本属性是支配性(dominant control);(2)外在表现为影响力,通常被称为"控制性影响"(control influence)、"支配性影响"(dominant influence)或"支配性控制"(dominant control)。

2. 控制权的法律性质

从控制权的内涵来看,控制权是指对公司的包括公司经营管理等在内的所有可供支配和利用的资源具有支配性的影响力。

首先,控制权不是一种权利(right),因为一般认为权利是以特定利益为核心的、在法力保障下的一定范围的行为自由。特定利益及法力保障是权利要素的构成部分,而控制权就企业而言,更多地体现为操作与执行的权力,控制权中并无特定的利益存在,且无明确的权利客体,所以不具备权利的基本特征。

其次,控制权不以主观控制意图为要件。有学者认为,在主观上控股公司有支配从属公司的意思是控制权的核心之一。但是,考虑到建立控股公司法律规范的目的在于保护少数股东、债权人以及从属公司利益,因为与控股公司相比,他们处于信息上的弱势。当少数股东、债权人作为原告,要想让被告控股公司承担滥用控制权的民事责任,首先要证明被告在主观上有对其公司进行控制的目的,这显然会加重其举证责任。反之,若像许多学者所主张的,实行举证责任倒置,由被告控股公司负举证责任,证明自己没有控制他公司的故意。那么,对主观因素判断上的灵活性和不确定性,又会为控股公司逃脱法律制裁留下余地。所以笔者认为,控制不应以主观上有无控制的故意为要件。

---

① 德国《股份公司法》第 17 条第 1 款规定:若支配企业能够直接或间接地对从属企业施加支配性影响,就构成从属性。

最后，控制权不要求实际实施控制行为。还有学者认为，只有实施了实际控制行为，才能被判断为控股公司。正所谓"即使持有表决权的多数也不必然带来义务，除非持有人实际控制了公司，是控制带来义务"。但是，实践中，实施控制的行为方式多种多样，而且要准确判断形式控制是在何时转化为实际控制也是不可能的。

（二）控制标准的外延

公司实践的复杂化与多样化决定了实现对另一公司的控制的形式也具有多样性。笔者主要根据公司实践及相关法律规定，将控制的界定标准及相关的法律规制模式进行类型化。

1."控制"的界定标准

控制的界定标准分类主要是建立在所有权与控制权之间的关系演变基础上，而所有权与控制权的关系因公司类型不同有所差异。整体而言，"控制"的界定标准分为以下两大类：

（1）所有权控制。

所谓所有权控制是指公司股东基于对公司股份（股权或类似权益）拥有所有权而享有的公司控制权。值得注意的是，该所有权并非指公司财产的所有权，因为出资者一旦将自有财产投入公司，便失去了对该财产的所有权，转而享有公司股权，成为公司股东。而该等财产的所有权根据公司法原理归属于公司，公司财产独立于股东个人财产。因此，股东对公司的控制权并非基于对公司财产的所有权，而是建立在拥有公司股份（股权或类似权益）所有权①的基础之上。

同时，公司法规定股东会（股东大会）是公司最高权力机关，公司股东通过股东会（股东大会）就公司重大事项进行表决，并有权选任董事会成员。由此，公司股东通过股东会（股东大会）控制公司。比较典型的所有权控制发生在股东数量较少、所有权结构较为集中的股份有限公司及有限责任公司中。

（2）非所有权控制。

所谓非所有权控制是指对某一公司的控制并非建立在拥有该公

---

① 本书所使用的"所有权"是指对公司股份（股票）的所有权。

司股份(股权或类似权益)所有权的基础上，而是通过协议或其他途径实现的控制。

随着经济的发展，特别是公众公司的数量增多，公司内部权力结构发生了重大变化：一是公司所有者的构成更加多元化；二是公司所有者的职能发生了分解，董事会或类似决策机构的职能增强，形成所谓的董事会中心主义现象。为适应该等变化以及实现企业高效的运作，企业所有权与经营权发生了分离，主要表现为拥有公司股份(股票)所有权的公司股东不决定甚至不参与公司的经营业务，实际行使公司经营决策权的主体为拥有很少甚至不拥有公司股份(股票)所有权的经营者。由此可见，对现代股份制企业而言，控制在相当程度上已不以所有权为条件，而导致所有权与控制权相分离的主要原因在于所有权结构分散性增强以及公司内部职能分化。此外，实践中通过协议、信托等方式实现对一企业的控制现象愈来愈多，成为典型的不以所有权为基础的控制方式之一。

2. "控制"的法律规制模式

控制的界定标准主要是从企业所有权与控制权之间的关系原理进行剖析，控制的法律规制模式则主要是从国内外如何规制"控制"的角度进行总结归纳。总的来说，"控制"的法律规制有如下几种模式：

(1)单纯以控制主体为基础的规制模式。

单纯以控制主体为基础的规制模式是指，在法律法规等规范性文件中仅就控制主体的认定进行规定。此种规制模式通常出现在"既定规范性文件的规制主体范围小于应规制的主体范围、为防止法律规避而新增规制条款"的情形中。例如，我国 2005 年《公司法》新增"实际控制人"概念，同时规定《公司法》中适用于"控股股东"的行为规制条款同样适用于"实际控制人"，实质上是《公司法》为适应实践的发展，对原规制主体范围进行了扩展，即从"控股股东"扩展到包括非控股股东的"实际控制人"。

(2)单纯以控制权为基础的规制模式。

单纯以控制权为基础的规制模式是指，在法律法规等规范性文件中仅就何种情形构成控制(或在何种情形下取得控制权)进行规定。此种模式较为常见，通常采取列举的方式列明各种构成控制的情形，例如我国《上市公司收购管理办法》第84条关于"取得上市公司控制权"的规定；也有在列举前对"控制"或"控制权"进行概括性定义的，例如深证证券交易所（以下简称"深交所"）与上海证券交易（以下简称"上交所"）所颁布的《股票上市规则》，均对"控制"进行定义；还有直接以"控制权"定义为基础来判定是否构成控制的，如美国财政部2008年公布的《有关外国人兼并、收购和接管规定》（以下简称"2008年条例"）。

(3)控制主体与控制权相结合的规制模式。

控制主体与控制权相结合的规制模式是指，在法律法规等规范性文件中既对控制主体的认定进行规定，又详细规定了在哪些情形下构成控制。该种规制模式分别从两个维度对实践中纷繁复杂的控制形态进行识别，是当下最为合理的规制模式。采用此种规制模式的典范是《加拿大投资法》（*Investment Canada Act*, ICA），该法第五部分"加拿大人身份规则"（Canadian Status Rules）中的第26条包含了"实体控制规则"（Rules respecting control of entities）、"信托"（Trusts）、"公司被视为加拿大人的情形"（Where corporation deemed to be Canadian）及"平等所有权"（Equal ownership）等规定，第28条包含了"取得控制权的方式"（Manner of acquiring control）、"关于实体控制的规则和推定"（Rules and presumptions respecting control of entities）及"关于控制权取得的推定"（Presumptions respecting acquisition of control）等规定。

二、我国外资法中控制标准的现状

我国现有的外资法体系主要是从组织法角度出发，旨在规制中外合资企业、中外合作企业及外商独资企业等外商投资企业从设立到消亡的过程，同时解决中外双方在整个过程中所产生的各种争议。截至目前，我国已经基本形成以《中外合资经营企业法》及其实施条例、《中外合作经营企业法》及其实施条例及《外资企业法》及其实施细则为中心、以相关部门规章及规范性文件为配套的外资法体系。此外，民法、公司法、企业法、劳动法、工会法、民事诉讼法等涉及外商投资的规定也构成了我国外资法的组成部分。

然而,产生于20世纪80年代左右、居于外资法中心地位的"外资三法"并未就控制标准进行规定。根据新《公司法》第217条①的规定,外商投资企业同样适用我国的《公司法》,除非有关外商投资的法律另有规定的。在"外资三法"均未对控制标准进行规定时,外资法体系中的控制认定适用《公司法》的相关规定。

(一)我国《公司法》及其他规范性文件中的控制标准

1.《公司法》中的"实际控制人"

2005年修订的《公司法》第216条②首次明确提出了"实际控制人"概念,该条款明确规定,实际控制人不具有公司股东身份③;实际控制人控制公司的方式主要有投资④、协议⑤以及其他安

---

① 《公司法》第217条规定:外商投资的有限责任公司和股份有限公司适用本法;有关外商投资的法律另有规定的,适用其规定。

② 《公司法》第216条规定:实际控制人,是指虽然不是公司的股东,但通过投资关系、协议或者其他安排,能够实际支配公司行为的人。

③ 《公司法》其他条款中均将"控股股东"与"实际控制人"并列列举,不存在包含与被包含的关系。之所以将股东排除在实际控制人范围之外,有学者指出是因为实际控制人控制公司的手段比较隐蔽,不易被直接察觉,而公司股东无论是单独还是联合起来通过表决权控制公司一般都是比较明显的,所以实际控制人不是公司股东。参见安健:《中华人民共和国公司法释义》,法律出版社2005年版,第303页。

④ 通过投资关系控制公司,主要是指通过间接股权投资的方式实现对目标公司的控制;若直接对公司进行股权投资,则是通常意义上的股东,这里的投资一般是指通过金字塔结构、交叉结构、多重持股等对目标公司进行的控制。

⑤ 通过协议控制公司,是股权控制之外最为常见的控制手段,指基于协议的安排控制一公司;该类协议通常称为控制协议,主要包括股权质押协议(创始人所持VIE主体股权向WFOE质押)、独家购买权协议(创始人独家赋予WFOE以名义价格购买VIE公司股权的购买权)、独家业务咨询和服务协议(WFOE向VIE主体提供咨询服务,将VIE公司实现的收入转移至WFOE)、业务经营协议(VIE公司的股东授权WFOE委派VIE公司的董监高,及其他公司治理事项),以及其他附属协议(如配偶同意函)等。

排①，而非股权控制；控制的程度以达到"能够实际支配公司行为"为认定标准，关于控制程度问题，通过《公司法》所使用的"能够"一词可见，只要具有实际支配公司行为的可能性即可，无须实际实施支配行为，这与前文对于"控制权"性质的剖析相吻合。

"实际控制人"概念出现在《公司法》中是《公司法》对公司运行现实的必然回应：一方面，实践中越来越多的控制人采用金字塔方式，搭建多层次股权结构来控制公司；另一方面，除去传统的经营者控制外，越来越多的控制权转移形态(如协议控制、影响力控制等)相继出现，原有的法律规范在规制公司控制权主体的行为方面难度大大增加。新增"实际控制人"这一规范主体则有利于将对事实上享有公司权利却无法定义务的特殊主体纳入法律规制的范围，从而有利于公司治理结构的完善。②

但是，《公司法》通过增加"实际控制人"以扩展原规制主体范围(即"控股股东")的方式来应对公司实践的变化的立法技术仍存在以下问题：原规制主体"控股股东"与新增的规制主体"实际控制人"的概念间仍存在法律间隙。根据《公司法》规定，控股股东是凭借股权比例优势取得控制权，不具有股东身份的实际控制人则通过股权以外的投资关系、协议或其他安排取得控制权。这种以取得控制权手段为准、看似泾渭分明的分类实际上存在间隙，从而使得法律的监管处于真空状态。因为股东实际上拥有多种非股权的控制形式，那些以非股权方式对公司实施控制的中小股东既不属于控股股东，又不属于实际控制人，不在法律监管范围之内，这就为行为人恶意规避法律留下了漏洞。③

---

① 通过其他安排来控制公司，是指涵盖除投资、协议以外的所有控制方式，这是一个兜底性说法，通常包括通过人事关系、亲属关系或影响力进行控制等。

② 李晓倩：《论实际控制人的认定标准及法律规制》，吉林大学硕士学位论文，2010年5月。

③ 许剑宇：《公司实际控制人法律规制研究》，中国政法大学硕士学位论文，2009年3月。

2. 其他规范性文件中的所有权控制标准

除《公司法》以法律的形式明确规定了"实际控制人"概念以彰显公司实践中的"控制"外,我国相关的规范性文件也通过规定"控制"或"控制权"的概念,阐述了控制标准。

(1)《国务院办公厅关于建立外国投资者并购境内企业安全审查制度的通知》(以下简称《通知》)。

《通知》第 1 条第(三)项①规定"外国投资者取得实际控制权"的四种情形:①外国投资者及其关联公司(主要是控股母公司与控股子公司)合计持股 50% 以上;②数个外国投资者合计持股 50% 以上;③持股虽不足 50%,但依其表决权能够对公司股东会(股东大会)、董事会等类似决策机构的决议产生重大影响;④其他情形。

因《通知》规范对象涉及国家经济安全,故在认定外国投资者是否构成控制时采取了较为严苛的标准,对于外国投资者与关联公司的持股数及数个外国投资者的持股数均进行合并计算。具体而言,第一,在计算外国投资者与其关联公司所持有的某企业股份数,采用会计实务中的"加法原则",最大程度上将关联公司所持股数合并计算;第二,不论数个外国投资者之间是否存在关联关系,只要具备外国投资者身份,即将该等外国投资者所持股数合并计算。这明显加大了被认定为"外国投资者取得实际控制权"的可能性,从而使得该外国投资被纳入国家安全审查范围。

(2)《上市公司收购管理办法》(以下简称《收购管理办法》)。

---

① 《通知》第 1 条第(三)项规定:外国投资者取得实际控制权,是指外国投资者通过并购成为境内企业的控股股东或实际控制人。包括下列情形:1. 外国投资者及其控股母公司、控股子公司在并购后持有的股份总额在 50% 以上。2. 数个外国投资者在并购后持有的股份总额合计在 50% 以上。3. 外国投资者在并购后所持有的股份总额不足 50%,但依其持有的股份所享有的表决权已足以对股东会或股东大会、董事会的决议产生重大影响。4. 其他导致境内企业的经营决策、财务、人事、技术等实际控制权转移给外国投资者的情形。

新修订的《收购管理办法》第84条①采取列举加兜底的方式规定了"拥有上市公司控制权"的五种情形，其中包括：①持股达到50%的控股股东；②可实际支配公司股份表决权达30%；③有权选任公司半数以上董事会成员；④拥有的表决权足以对公司股东大会的决议产生重大影响；⑤其他。

《收购管理办法》关于控制标准规定具有下列特征：第一，采用了以控制权为基础的规制模式；第二，除《公司法》关于认定为"控股股东"的几种情形外，还就上市公司的特殊性增加了"30%股份表决权"标准；第三，规定了兜底条款。但是，《收购管理办法》并未规定上述情形的适用顺序，当存在不同主体分别满足不同情形时如何认定实际控制人存在问题。

(3)《股票上市规则》。

深交所《股票上市规则》第18.1条②关于"控制"的认定与《收购管理办法》相类似，但是增加了关于"控制"的概况性定义，明确规定了"可获利性"特征。上交所《股票上市规则》第18.1条③也对

---

①　《上市公司收购管理办法》第84条规定：有下列情形之一的，为拥有上市公司控制权：（一）投资者为上市公司持股50%以上的控股股东；（二）投资者可以实际支配上市公司股份表决权超过30%；（三）投资者通过实际支配上市公司股份表决权能够决定公司董事会半数以上成员选任；（四）投资者依其可实际支配的上市公司股份表决权足以对公司股东大会的决议产生重大影响；（五）中国证监会认定的其他情形。

②　深交所《股票上市规则》第18.1条第（七）项规定："控制：指有权决定一个企业的财务和经营正常，并能据以从该企业的经营活动中获取利益。有下列情形之一的，为拥有上市公司控制权：1. 为上市公司持股50%以上的控股股东；2. 可以实际支配上市公司股份表决权超过30%；3. 通过实际支配上市公司股份表决权能够决定公司董事会半数以上成员选任；4. 依其可实际支配的上市公司股份表决权足以对公司股东大会的决议产生重大影响；5. 中国证监会或者本所认定的其他情形。"

③　上交所《股票上市规则》第18.1条第（七）项规定："控制：指有权决定一个企业的财务和经营正常，并能据以从该企业的经营活动中获取利益。具有下列情形之一的，构成控制：1. 股东名册中显示持有公司股份数量最多，但是有相反证据的除外；2. 能够直接或者间接行使一个公司的表决权多于该公司股东名册中持股数量最多的股东表决权；3. 通过行使表决权能够决定一个公司董事会半数以上成员当选；4. 中国证监会和本所认定的其他情形。"

"控制"进行了与深交所《股票上市规则》相同的定义,但所列举的构成控制的情形有所不同:①股东名册中显示持股最多者被推定为控制者;②可实际支配的表决权多于前述被推定的控制者所享有的表决权;③能够选任公司董事会半数以上成员;④其他情形。

由此可见,上交所《股票上市规则》中关于"控制"的认定不与股权、表决权的数量直接挂钩,而是推定持股数量相对最多者构成对公司的控制,除非有相反证据证明不构成控制。这种明确规定以股东名册所载持股数量为依据、采用相对控制标准对"控制"进行认定的方式具有操作方便性、简明性特征。

(4)《企业会计准则第 33 号——合并财务报表》(以下简称《会计准则 33 号》)。

《会计准则 33 号》主要是从经济学角度对"控制"进行认定,可谓是更接近"控制权"的本质,更具参考性。《会计准则 33 号》将"控制"解释为一种能够主导被投资方的"权力"①,并对此种权力进行了详细规定:

首先,明确在认定是否拥有该种"权力"时不以实际实施为必要条件,即只需享有现时的能够主导被投资方活动的权利即可,而不论其是否实际实施该等权利,这与前文论述的"控制权"的法律性质相符。同时,《会计准则 33 号》还区分了实质性权利②与保护

---

① 《会计准则第 33 号》第 7 条第 2 款规定:控制,是指投资方拥有对被投资方的权力,通过参与被投资方的相关活动而享有可变回报,并且有能力运用对被投资方的权力影响其回报金额。

② 《会计准则第 33 号》第 11 条规定:……实质性权利,是指持有人在对相关活动进行决策时有实际能力行使的可执行权利。判断一项权利是否为实质性权利,应当综合考虑所有相关因素,包括权利持有人行使该项权利是否存在财务、价格、条款、机制、运营、法律法规等方面的障碍;当权利由多方持有或者行权需要多方同意时,是否存在实际可行的机制使得这些权利持有人在其愿意的情况下能够一致行权;权利持有人能否从行权中获利等。某些情况下,其他方享有的实质性权利有可能会阻止投资方对被投资方的控制。这种实质性权利既包括提出议案以供决策的主动性权利,也包括对已提出议案作出决策的被动性权利。

性权利①，指明前者才会被作为考量投资方是否拥有被投资方权力的因素。

其次，分别规定了"多数所有权控制"②与"少数所有权控制"③的情形。但是，与《公司法》及其他规范性文件不同的是，《会计准则33号》明确指出"多数所有权控制"是一种推定控制标准，即若有相反证据证明投资方无法主导被投资方相关活动的，则即使持有绝对多数股权也不构成"控制"。此外，值得注意的是，《会计准则33号》在认定投资方是否构成"少数所有权控制"时，将"潜在表决权"作为判断投资方是否对被投资方拥有权力的考虑因素之一，极具前瞻性。

最后，还规定了当难以判断投资方是否拥有对被投资方的权力时可以考虑的一系列因素，如被投资方的关键管理人员是否由投资方选任、是否具有对被投资方的重大交易的决策权、能否掌控被投资方董事会等类似权力机构成员的任命程序或者从其他表决权持有

---

① 《会计准则第33号》第12条规定：仅享有保护性权利的投资方不拥有对被投资方的权力。保护性权利，是指仅为了保护权利持有人利益却没有赋予持有人对相关活动决策权的一项权利。保护性权利通常只能在被投资方发生根本性改变或某些例外情况发生时才能给行使，它既没有赋予其持有人对被投资方拥有权力，也不能阻止其他方对投资方拥有权力。

② 《会计准则第33号》第13条规定：除非有确凿证据表明其不能主导被投资方相关活动，下列情况，表明投资方对被投资方拥有权力：（一）投资方持有被投资方半数以上的表决权的。（二）投资方持有被投资方半数或以下的表决权的，但通过与其他表决权持有人之间的协议能够控制半数以上表决权的。

③ 《会计准则第33号》第14条规定：投资方持有被投资方半数或以下的表决权，但综合考虑下列事实和情况后，判断投资方持有的表决权足以使其目前有能力主导被投资方相关活动的，视为投资方对被投资方拥有权力：（一）投资方持有的表决权相对于其他投资方持有的表决权份额的大小，以及其他投资方持有表决权的分散程度。（二）投资方和其他投资方持有的被投资方的潜在表决权，如可转换公司债券、可执行认股权证等。（三）其他合同安排产生的权利。（四）被投资方以往的表决权行使情况等其他相关事实和情况。

人手中获得代理权等。①

　　由此可见,《会计准则33号》中的"控制"标准也是以"控制权"为基础进行规定,类似于《收购管理办法》及上交所、深交所的《股票上市规则》中的规定,但对"权力"的外延作了更为详细的规定,且其规定之间有内在的逻辑顺序:首先确定判断的大前提,即应当仅考虑实质性权利,且无须实际实施该权利;然后,以持有表决权多少作为标准,分别规定了"多数所有权控制"及"少数所有权控制"的两种情形;最后,对实践中难以判断的特殊情形应考量的因素作了详细规定。但是,值得注意的是,《会计准则33号》提出了"回报"概念,要求投资方所享有的对被投资方的"权力"与"回报"之间具有因果关系,即该"权力"以具有"可获利性"为特征。

　　相较于《公司法》,上述规范性文件弥补了"控股股东与实际控制人的概念间存在法律间隙"这一漏洞。因为上述规范性文件均未强调控制者的身份区别,而是以"控制权"为基础,从控制的角度对相关行为主体及其行为进行规制,此种立法技术所遗留的法律漏洞更小。比如,《公司法》所遗漏的那部分通过非股权方式控制公

---

　　①　《会计准则第33号》第16条规定:某些情况下,投资方可能难以判断其享有的权利是否足以使其拥有对被投资方的权力。在这种情况下,投资方应当考虑其具有实际能力以单方面主导被投资方相关活动的证据,从而判断其是否拥有对被投资方的权力。投资方应考虑的因素包括但不限于下列事项:(一)投资方能否任命或批准被投资方的关键管理人员。(二)投资方能否出于其自身利益决定或否决被投资方的重大交易。(三)投资方能否掌控被投资方董事会等类似权力机构成员的任命程序,或者从其他表决权持有人手中获得代理权。(四)投资方与被投资方的关键管理人员或董事会等类似权力机构中的多数成员是否存在关联方关系。投资方与被投资方之间存在某种特殊关系的,在评价投资方是否拥有对被投资方的权力时,应当适当考虑这种特殊关系的影响。特殊关系通常包括:被投资方的关键管理人员是投资方的现任或前任职工、被投资方的经营依赖于投资方、被投资方活动的重大部分有投资方参与其中或者是以投资方的名义进行、投资方自被投资方承担可变回报的风险或享有可变回报的收益远超过其持有的表决权或其他类似权利的比例等。

司的中小股东就很可能落入上述规范性文件的监管范围内。① 然而，除《通知》外的上述规范性文件存在的共同问题是，以从该企业的经营活动中获利为构成控制的条件之一是否合理。② 从上述分析可以看出，《公司法》从控制的能力方面来判断实际控制人，只要某一主体能够实际支配公司，就被认为是公司的实际控制人。而上述文件却将控制的能力和控制的结果一同作为判断是否构成"控制"的标准，即要求实际控制人除了要有权决定一个企业的财务和经营决策之外，还必须能从该企业的经营活动中获取利益。③ 这显然极大地缩小了受监管的范围，不符合立法目的与公司实践。

3. 其他规范性文件中的非所有权控制标准

正如前文所述，非所有权控制是指非基于所有权、而是通过协议或其他方式实现的控制。实践中，最为典型的是协议控制，因此，我国现有规范性文件中的非所有权控制标准集中体现为协议控制标准。整体而言，我国目前涉及协议控制的已生效的规范性文件均属于部门规章。

（1）《信息产业部关于加强外商投资经营增值电信业务管理的通知》（以下简称《电信通知》）。

---

① 那部分通过非股权行使控制公司的中小股东一般可以被涵盖在上述三个规范性文件中所规定的以下几种控制类型中：（1）可以实际支配上市公司股份表决权超过30%；（2）通过实际支配上市公司股份表决权能够决定公司董事会半数以上成员选任；（3）能够间接行使一个公司的表决权多于该公司股东名册中持股数量最多的股东能够行使的表决权；（4）依其可实际支配的上市公司股份表决权足以对公司股东大会的决议产生重大影响。

② 不包括《收购管理办法》，因其未对"控制"进行定义，仅列举了构成拥有上市公司控制权的几种情形。而深交所及上交所的《股票上市规则》第18.1条均规定"控制，是指有权决定一个企业的财务和经营正常，并能据以从该企业的经营活动中获取利益"，以及《会计准则第33号》第7条第2款规定"控制，是指投资方拥有对被投资方的权力，通过参与被投资方的相关活动而享有可变回报，并且有能力运用对被投资方的权力影响其回报金额"，即以获利为构成控制的因素之一。

③ 参见许剑宇：《公司实际控制人法律规制研究》，中国政法大学硕士学位论文，2009年3月。

首次应用协议控制模式进行境外上市的新浪公司即主要从事电信增值业务,为规避增值电信业务外资准入的限制,我国众多互联网企业也纷纷采取协议控制模式赴境外上市融资。同时,实践中存在不少外国投资者为规避《电信通知》中规定的"履行外商投资电信企业设立审批和电信业务经营许可审批等相关手续",采用注册商标授权、域名授权等方式与境内具备资质的增值电信公司合作。为此,信息产业部于2006年7月13日颁布了该《电信通知》。协议控制模式或被认定为属于《电信通知》第1条第2款规定的"以任何形式为外国投资者在我国境内非法经营电信业务提供资源、场地、设施等条件"的情形,因此而被禁止。然而,实践中并未出现类似案例,该《电信通知》也通常被认为并未明确禁止采用协议控制模式。

(2)《关于贯彻落实国务院〈"三定"规定〉和中央编办有关解释,进一步加强网络游戏前置审批和进口网络游戏审批管理的通知》(以下简称《游戏通知》)。

不同于前述《电信通知》并未明确禁止协议控制的态度,由国家新闻出版总署等于2009年9月联合发布的《游戏通知》明确禁止外国投资者使用合同或其他控制安排获得境内网络游戏运营商的控制权。该《游戏通知》之所以如此明确、直接地规制互联网游戏领域的协议控制模式,主要是因为境外母公司为避免外商直接投资的禁止性规定,通过在境内外商独资企业(WFOE)与境内运营实体(即可变利益实体,简称VIE)之间安排技术支持协议以实现对境内运营实体的控制。虽然《游戏通知》明确禁止协议控制,但该禁止性规定的执行仍存在问题,因为负责执行该禁止性规定的部门(如商务部、信息产业部等)并未参与制定发布该《游戏通知》,因此,该《游戏通知》的执行问题略显尴尬。

(3)《商务部关于外国投资者并购境内企业的规定》(以下简称《并购规定》)。

为保证外国投资者在外资并购领域与反垄断领域的一致性监管,商务部于2009年6月22日颁布的,该《并购规定》仅对十号文作了些许文字修改,在主要内容及立法精神上与十号文无异。正如前文关于十号文的理解,部分市场人士认为《并购规定》第11条第

1 款"境内公司、企业或自然人以其在境外合法设立或控制的公司名义并购与其有关联关系的境内的公司,应报商务部审批"中的"并购"仅包括"股权并购"与"资产并购"两种形式,而不包括协议控制。然而,该条第 2 款同时规定"当事人不得以外商投资企业境内投资或其他方式规避前述要求"作为兜底条款,实际包含了"协议控制模式"等以并购形式以外方式进行的关联并购。因此,也应报商务部审批。

(4)《商务部实施外国投资者并购境内企业安全审查制度的规定》(俗称"53 号文")。

商务部于 2011 年 8 月 25 日颁布的"53 号文"第 9 条明确规定外国投资者不得通过协议控制的方式规避并购安全审查,但外资并购安全审查的范围仅限于《国务院办公厅关于建立外国投资者并购境内企业安全审查制度的通知》(以下简称《并购安审通知》)所规定的范围,而《并购安审通知》的适用范围有限,且一般而言涉及国家经济安全的外资并购易遭受国家管制与审查属于众所周知之事宜,该规定的出台并不能准确反映出相关监管部门对协议控制模式的态度。

纵观上述规定,可见我国现有的关于协议控制模式的监管呈现出如下几个特征:第一,立法层级低,现有的协议控制规定均为部门规章或部门规范性文件,尚无法律就此问题进行明确规定;第二,适用的有限性,即现有的协议控制规定均只适用于部分具体领域,如前述的《电信通知》适用于电信领域、《游戏通知》适用于网络游戏运营领域、"53 号文"适用于外资并购国家安全审查领域等,尚无适用于我国所有的外商投资禁止及限制领域的规定;第三,态度的暧昧性,即现有的协议控制规定虽明确提出"协议控制"概念,但对此的态度却是暧昧不清,如前述的《电信通知》;此外,对于《并购规定》中的兜底条款是否包含"协议控制"也存在较大争议。

(二)我国《外国投资法(草案)》中的控制标准

我国《外国投资法(草案)》中有关外国投资者、中国投资者、外国投资以及准入管理制度、国家安全审查制度、信息报告制度中均涉及控制标准，从其用语来看，有直接使用"控制"①一词，有使用"控制权"②一词，相关制度中则多使用"实际控制人"概念③。纵观草案条文，使用"控制"与"控制权"用语的条款实质上类似于前文提及的《管理办法》等规范性文件的规定，即以控制权为出发点进行规制。同时，草案所规定的若干制度又多涉及实际控制人的信息报告与审查，因而，草案第19条对"实际控制人"进行了定义，这类似于《公司法》以规制主体为基础的立法技术。

就草案中的"实际控制人"规定，与《公司法》中的"实际控制人"进行对比分析。上文已述，《公司法》所规定的"实际控制人"有三大特征：一是非公司股东；二是通过非股权控制方式主导公司；三是能够实际支配公司活动。草案第19条规定："本法所称的实际控制人，是指直接或间接控制外国投资者或外国投资企业的自然人或企业。"该规定并未将股东排除在外④，但仅限于"自然人或企业"未免不周全，因其他组织也可构成"实际控制人"。此外，草案也未规定具体的控制方式，而是笼统地规定"直接或间接控制"外国投资者或外国投资企业，这就将"实际控制人"的认定重心转移到"控制"的认定上。由此可见，草案中的"控制"标准更类似于前文规范性文件以控制权为基础的认定标准。而关于"控制"的认定，

---

① 《外国投资法(草案)》第11、12、15、18、19、57、94、95、149、158条规定中均出现"控制"一词。

② 《外国投资法(草案)》第15、81、93条规定中出现"控制权"一词。

③ 《外国投资法(草案)》第19、30、32、51、87、89、92、93条规定中均出现"实际控制人"一词。

④ 笔者认为，《外国投资法(草案)》之所以未规定非股东身份限制，主要在于草案其他章节也未出现专门针对公司股东的规制条款，而《公司法》的立法就是规范公司组织行为以保护公司、股东及债权人权益，所以制定之初就有针对公司股东、董事会等可能控制公司的内部人员的规制条款，只是由于公司实践的发展，出现了公司外部人员主导公司滥用权力而又不受《公司法》规制的现象，因此，2005年修订的《公司法》增加"实际控制人"概念时，将股东排除在概念之外，本意应是避免与之前有关股东的规制条款重复，只是实际效果总与预期的有差距。

草案第 18 条①列举了三种情形：(1)直接或间接持有某企业 50% 以上的股份(股权、财产份额、表决权等类似权益)，即所谓的多数所有权控制；(2)持有前述权益虽不足 50%，但具有选任某企业董事会半数以上成员或能够对股东会(股东大会)、董事会的决议产生重大影响，即所谓少数所有权控制；(3)通过合同等其他有效途径对某企业的经营、财务、人事或技术施加决定性影响，主要是指协议控制。

草案将"控制"作为一个正式的法律概念引入，应当说具有积极的意义：其有利于弥补理想的法律框架与既有事实之间的差距，为完善外资法律结构、指引外国投资者的行为提出了更加广泛的解决思路。首先，草案将"控制"作为明确的法律概念提出，有利于威慑那些试图通过构建复杂的公司结构来规避外资准入的投资者，可以对外国投资者形成有效指引，有利于外国投资者的投资；其次，草案规定了以协议控制规避法律规定时的法律责任，是我国对协议结构进行监管的首部法律，使得一直处于灰色地带的协议控制监管态度明晰化。然而，相较于上述规范性文件，草案仍存在一系列问题，例如，未对"控制"进行定义，不利于对其内涵的理解；采列举方式规定构成控制的情形，却无兜底条款，不利于应对灵活多变的投资实践；所列举的三种情形也存在问题，具体论述详见下文。

三、我国外资法中控制标准的统一

(一)统一控制标准的可能性及必要性

我国的"外资三法"成立之初，对于我国吸引国外资金、技术

---

①　《外国投资法(草案)》第 18 条规定：本法所称的控制，就某一企业而言，是指符合以下条件之一的情形：(一)直接或间接持有该企业百分之五十以上的股份、股权、财产份额、表决权或者其他类似权益的。(二)直接或间接持有该企业的股份、股权、财产份额、表决权或者其他类似权益虽不足百分之五十，但具有以下情形之一的：(1)有权直接或间接任命该企业董事会或类似决策机构半数以上成员；(2)有能力确保其提名人员取得该企业董事会或类似决策机构半数以上席位；(3)所享有的表决权足以对股东会、股东大会或者董事会等决策机构的决议产生重大影响。(三)通过合同、信托等方式能够对该企业的经营、财务、人事或技术等施加决定性影响的。

及管理经验，拓展国内市场产生了较为深远的积极影响，但是，随着我国市场经济的发展、改革开放的深入及全球经济一体化进程的不断推进，现有的外资法在法律适用对象、法的调整内容以及法律适用等方面与我国《公司法》存在重复与冲突的问题，外资法体系的重构已提上议程，这为外资法中控制标准的统一提供了契机。此外，实践中因庞大、繁杂的外资法体系不可避免造成的内部冲突，使得我国外资领域存在众多"假合资"现象；且随着公司的组织形式越来越多样化及复杂化，在公司国籍识别方面，传统的注册地或住所地标准已无法适应日趋复杂的公司发展形式，引入控制标准已成为实践之需。换言之，统一我国外资法中的控制标准具有其可能性及必要性。

1. 外资法重构为外资法中控制标准的统一提供契机

商务部在其官方网站上公布的《外国投资法（草案）》及其说明，表明我国外资法体系的重构已跨出重要一步。草案集中体现了三法合一、管理本位、选择审批及安全审查等理念及内容，将根本性地重构我国外资立法模式，确立全新的外资监管体制。草案共11章、170条，其中涉及"控制"标准的达20条，贯穿了《外国投资法（草案）》的多个章节，关乎外国投资者和外国投资的认定、外资准入许可、国家安全审查、信息报告等内容，是《外国投资法（草案）》的重中之重。由此可见，新的外资法体系构建不可避免地涉及控制标准的探讨。

2. 日益增多的"假合资"现象急需引入控制标准

目前，实践中存在较多的国内投资者试图通过协议或股权信托方式，按照"外资三法"注册成立外商投资企业，或前往"避税天堂"开曼群岛、维尔京群岛以及我国港澳台地区注册外国公司或者港澳台公司，然后再回到我国大陆注册外商投资公司；此类外商投资公司的实际控制人仍然是中国公民和企业。许多外商投资企业中的外方股东虽是外国公司，但外国公司的实际控制人都是中国公民和中国企业。传统的注册地标准或住所地标准虽然标志十分明确、容易确定法人国籍，且有利于法人国籍的稳定、便于对法人监督管理，但会出现如前所述的鼓励到设立限制较小或具有税收优惠的国家成立法人，易导致规避法律或进行欺诈的行为。而控制标准的引入有利于正确判断投资者的身份从而防止适用法律错误，有利于监管国内外投资者的投资行为从而尽可能防止法律规避行为的发生。①

（二）统一控制标准的困难性及指导原则

1. 统一控制标准的困难性

由于公司实践的纷繁复杂，控制标准的统一面临着较大的困难。首先，"控制权"概念本身就非常模糊、难以界定，更难以度量。其次，由于控制公司的手段众多，并各有其优势，实际控制人往往综合采用多种手段实现对公司的控制，或通过金字塔形等类似多层控制方式来实现对公司的实际控制，在这些情形下，对控制权的判断就变得更加复杂。再次，由于公司的控制权常常处于激烈的争夺中，这加大了控制权的流动性，为其判断增加了难度。最后，许多实际控制人为逃避法律监管而故意采取多种多样的控制手段掌控公司，因此，只要控制标准存有漏洞，就会被利用，即法律上的控制标准和实践中对公司实现控制的机制之间总会呈现出道高一尺魔高一丈的态势，使得控制标准不可避免地存在挂一漏万的窘境。②

2. 统一控制标准的指导原则

国家的立法活动应遵循一定的原则，如科学原则及适时性原则等。首先，"科学原则"要求立法时要注意各部门法之间横向关系的协调一致，法的内部结构的协调一致。因而，有必要就我国现有法律法规及规范性文件中有关控制标准的规定进行梳理分析，归纳总结其中的共性，并明确因各自立法目的的不同所具有的个性特征，再结合我国外资法所承载的立法旨意对现行外资法中的控制标准进行评析，这样的逻辑思路体现了"科学立法"的原则。其次，

---

① 参见孙效敏：《我国判断外国投资者国籍刍议》，载《政法论丛》2005年第5期。

② 参见彭云志：《论公司的实际控制人及其法律规制》，对外经济贸易大学硕士学位论文，2005。

"适时性原则"要求在立法过程中应注意从实际出发、注重法的继承和移植;"法律移植"强调借鉴与吸收,即借鉴发达国家的立法技术,结合我国具体情况进行消化吸收,并最终为我所用。由于《外国投资法(草案)》在外资管制技术和立法技术上借鉴了《加拿大投资法》《澳大利亚1975年外国收购接管法》以及其他一些西方发达国家的做法,"控制"标准的舶来性质启示我们放眼域外的经验,为更全面地理解"控制"标准,《加拿大投资法》《澳大利亚外国收购与接管法》以及美国《有关外国人兼并、收购和接管规定》等均是我们可参考的对象,因此本书在对具体问题进行论述时主要参考上述规定中的控制标准。

第二节　所有权控制标准

前文已述,以所有权为基础的控制可直接通过公司股权比例进行判定。然而,公司股权结构的复杂性决定了以所有权为基础的控制呈现出多元化特征。

一、所有权控制标准分类

从公司治理结构角度出发,现代公司内部主要由股东会(股东大会)、董事会、监事会及职业经理组成,其中股东会(股东大会)是公司最高权力机关,选举产生董事会负责日常事务的决策,再由董事会选举产生职业经理作为董事会的执行机构。由此可见,从理论上看,谁掌握了股东会(股东大会)多数表决权,谁就拥有公司控制权,所有权是控制权配置的基础。

(一)多数所有权控制

多数所有权控制是指通过直接或间接拥有公司一半以上的股份(股权或类似权益)以掌握公司控制权,即通常理解的公司法意义上的直接控股与间接控股。

所谓直接控股是指直接持有某企业的股权比例达到既定的控制规定。这是控制最典型的实现形式。传统观点认为,持有一企业50%以上的出资额或股份即构成对该企业的直接控股。但事实上,不同行业因立法目的的不同，对达到控股标准的持股比例要求也有所差异。例如，美国在不同的法律中所采用的控股标准的持股比例就不同，1940 年《投资公司法》(*Investment Company Act*)的股权比例要求则为 25%；1935 年《公用事业持股公司法》(*Public Utility Holding Company Act*)要求持股比例达 10%即构成控制；而 1956 年《银行持股公司法》(*Bank Holding Company Act*)规定持股 5%即可推定为控股，25%则为不可置疑的控股。[1]

所谓间接控股通常是指母公司通过子公司而对子公司的子公司拥有半数以上股权。[2] 间接持股情形下存在的一个普遍性问题是，如何计算母公司持有的孙公司(或曾孙公司)的股权比例，以确定母公司对孙公司(或曾孙公司)是否达到控制标准。对此问题，可以通过比较会计实务中常采用的两种股权比例的计算方法来进行选择适用，即"乘法原则"与"加法原则"，前者基于所有权理论，要求投资方把持有的孙公司的股权比例换算为实际拥有的直接持股，且只能按比例合并被投资方会计报表；后者则强调控制原则，把间接拥有孙公司(或曾孙公司)的股权视为直接拥有的股权，只要投资方拥有被投资方 50%以上的股权，就等于完全控制了被投资方全部资产和经营决策权。例如，A 公司持有 B 公司 70%股权，而 B 公司持有 C 公司 60%的股权，根据"乘法原则"，A 公司拥有 C 公司 42%的股权，单从股权比例上看尚未达到传统的 50%的控股标准；而根据"加法原则"，A 公司通过 B 公司拥有了 C 公司 60%的股权，即达到了控股标准。

笔者认为，虽然母公司通过子公司间接持有孙公司(或曾孙公司)的股权，但根据公司法上的独立性原则，母子公司均具有独立性人格，即母子公司各自的公司财产独立、公司意思独立、公司责

---

[1]　Philip I. Blumberg, the Law of Corporate Groups, Procedural Problems in the Law of Parent & Subsidiary Corporations, Little, Brown and Company (1983), at 426.

[2]　参见刘辉：《间接控股情况下财务报表合并问题探讨》，载《时代金融》2011 年第 6 期下旬刊。

任独立、公司存续独立、诉讼主体资格独立,子公司持有的他公司的股权份额并不必然等同于母公司持有相同份额的他公司的股权,除非该子公司是母公司的全资子公司。相较于会计实务中的"加法原则",根据"乘法原则"计算所得持股份额更贴近于母公司在孙公司(或曾孙公司)中真正享有的股份份额。

(二)少数所有权控制

少数所有权控制是与多数所有权控制相对的概念,指虽未持有公司半数以上的股份(股权或类似权益),但在董事会或类似决策机构中处于支配地位,或其所享有的表决权达到了相对控股标准能够对公司股东会(股东大会)的决策产生决定性影响。少数所有权控制多出现在股权分散程度较高的公众公司之中,例如在大型上市公司及非上市公众公司中,很难有单个股东掌握公司多数表决权,且通常第一大股东所持比例很小而前几大股东持股比例又十分接近,此时难以通过多数所有权来判断公司的控制者,因而要将视线转移至公司董事会等决策机构的成员任命权上。若某公司股东具有任免或提名董事会成员或类似决策机构成员的权力,意味着该股东可通过董事会等类似决策机构来实现自身的意志,则可认定其享有公司控制权。

少数所有权控制反映出所有权与控制权分离的现象,相较于多数所有权控制而言,少数所有权控制者对公司的控制能力有所减弱,受到其他股东、管理层或其他因素的约束增强,尤其是当少数所有权控制者与管理层发生冲突时,其控制权会受到较大威胁。

二、所有权控制标准存在的问题

前文已述,我国"外资三法"并未对控制标准进行规定,因而关于外国投资者及外国投资的认定主要适用我国《公司法》及配套规范性文件中的控制规定,而该等规定所存在的弊端在前文已进行论述,此处不再赘述。因本书的目的在于研究我国统一外资法中的控制标准的构建,且选择了最为适宜的《外国投资法(草案)》为切入点,因此该部分主要围绕草案中的"所有权控制"规定进行剖析,即主要分析草案第 18 条第(一)项所规定的"多数所有权控制"(直接或间接持有该企业百分之五十以上的股份、股权、财产份额、表决权或者其他类似权益)与第(二)项规定的"少数所有权控制"存在的问题。

(一)如何准确理解"股份""股权""表决权"？

1."股份""股权"是否包含"优先股"？

2013 年 11 月 30 日，国务院发布了《国务院关于开展优先股试点的指导意见》(以下简称《指导意见》)。2014 年 3 月 21 日，中国证券监督管理委员会(以下简称"证监会")颁布了《优先股试点管理办法》。《指导意见》与《优先股试点管理办法》均明确规定了优先股的含义及优先股股东的权利义务。所谓优先股，是指依照公司法，在一般规定的普通种类股份之外，另行规定的其他种类股份，其股份持有人优先于普通股股东分配公司利润和剩余财产，但参与公司决策管理等权利受到限制。其中权利限制主要体现在"表决权限制"方面，即除《指导意见》与《优先股试点管理办法》明确规定的几种情形外，优先股股东不具有表决权。[①]

在《指导意见》及《优先股试点管理办法》出台前，我国公司实践中不存在不具有表决权的优先股，故所称的"股权""股份"均具有表决权。随着实践的发展，为满足多样化的融资需求，克服原始股东因担忧其所持股份被增发的普通股所稀释而反对公司进一步融资的障碍，创设出了不会对公司控制权构成威胁的优先股。由此可见，不论份额有多大，优先股的性质本身不会影响公司控制权的变动。因此，草案中的"股权""股份"应不包括"优先股"。此观点在早已推行优先股制度的加拿大也得以印证：《加拿大投资法》中的控制规定均使用了"有表决权利益"(voting interest)、"有表决权股

[①] 优先股股东具有表决权的情形如下：(一)修改公司章程中与优先股相关的内容；(二)一次或累计减少公司注册资本超过百分之十；(三)公司合并、分立、解散或变更公司形式；(四)发行优先股；(五)公司章程规定的其他情形。

份"（voting share）的用语，且该法第 3 条①对上述用语进行了解释。

2."表决权"是否包括"潜在表决权"？

所谓潜在表决权是指，可能赋予一企业对另一企业在财务和经营上的表决权的认证股权、股票买入期权、可转换债券和可转换股票等工具。② 在我国，"潜在表决权"概念首次出现在前文已提及的《企业会计准则第 33 号——合并财务报表》应用指南③中，随后，银监会于 2011 年 3 月 8 日发布的《金融资产管理公司并表监管指引（试行）》中关于确定"金融资产管理公司能否控制被投资机构"时所考虑的条件之一即"集团持有的该机构当期可转换公司债券、当期可执行的认股权证等潜在表决权因素……对于当期可以实现的潜在表决权，应当计入资产公司对被投资机构的表决权"；财政部于 2014 年 2 月 17 日颁布的前文已提及的《合并财务报表》中关于判断"投资方是否对被投资方拥有权力从而构成控制"的规定④中也明

① "有表决权利益"指：（1）就拥有资本股份的公司而言，是指有表决权的股份；（2）就没有资本股份的公司而言，是指一种财产所有权利益，它赋予财产所有人与有表决权所有人享有的权利相似的权利；（3）就合伙、信托和合资企业而言，是指一种财产所有权利益，它赋予财产所有人接受分派的利润和参与财产分配的权利。"有表决权股份"是指附有在公司股东大会上行使的一般表决权的公司资本股份，或附有接受分派的利润和参与公司财产分配的权利的公司资本股份，或者附有前两种权利的公司资本股份。Investment Canada Act, Section 3(19)(20).

② 参见刘永泽、傅荣主编：《高级财务会计》（第三版），东北财经大学出版社 2012 年版，第 31 页。

③ 《〈会计准则第 33 号〉应用指南》第 1 条第(一)项规定：(一)应当纳入合并财务报表合并范围的被投资单位。母公司应当将其控制的所有子公司，无论是小规模的子公司还是经营业务性质特殊的子公司，均应纳入合并财务报表的合并范围。以控制为基础确定合并财务报表的合并范围，应当强调实质重于形式，综合考虑所有相关事实和因素进行判断，如投资者的持股情况、投资者之间的相互关系、公司治理结构、潜在表决权等。

④ 《会计准则第 33 号》第 14 条规定：投资方持有被投资方半数或以下的表决权，但综合考虑下列事实和情况后，判断投资方持有的表决权足以使其目前有能力主导被投资方相关活动的，视为投资方对被投资方拥有权利：(一)投资方持有的表决权相对于其他投资方持有的表决权份额的大小，以及其他投资方持有表决权的分散程度。(二)投资方和其他投资方持有的被投资方的潜在表决权，如可转换公司债券、可执行认股权证等。(三)其他合同安排产生的权利。(四)被投资方以往的表决权行使情况等其他相关事实和情况。

确提出"潜在表决权"作为考虑因素之一。为保持与会计准则中对于两公司之间控制关系认定的一致性，避免出现"投资行为管理"与"财务报表编制"中因采用两套完全不同甚至相互矛盾的控制认定方法，从而造成实践中管理的错乱，草案宜引入"潜在表决权"因素。

此外，我国《外国投资法（草案）》引入"实际控制"标准时所借鉴的 1975 年《澳大利亚外国收购与接管法》(*The Foreign Acquisition and Takeovers Act of* 1975，简称 FATA) 中也规定了"潜在表决权"，该法第 5 节第 1 款对"外国人"进行了定义，其中包括拥有控制权益(controlling interest) 或合计控制权益(aggregate controlling interest) 的外国公司以及拥有实质性权益(substantial interest) 或合计实质性权益(aggregate substantial interest) 的外国公司。① 同时，FATA 第 9 节第 2 款规定，如果个人拥有公司的实质性权益或 2 人（或 2 人以上）拥有公司的合计实质性权益，则该人（或这些人）被认为拥有公司的控制权益（或合计控制权益），除非财政部长在考虑相关所有情况后认为该人（或这些人）并不能决定公司决策。② 而所谓的"实质性权益"是指，单独或与其有关联关系的人合计拥有"不少于公司 15%的表决权(voting power)"或"不少于公司 15%的潜在表决权(potential voting power)"或"不少于 15%的公司股票"或"即将拥有(would hold) 不少于公司 15%的公司股票"。③ "合计实质性权益"是指公司中两个或两个以上的人与其有关联关系的人合计拥有不少于 40%的公司表决权或潜在表决权或已发行股票或即将拥有不少于 40%的公司股票。④

---

① The Foreign Acquisition and Takeovers Act of 1975, Section 5 Interpretation.

② The Foreign Acquisition and Takeovers Act of 1975, Section 9(2).

③ The Foreign Acquisition and Takeovers Act of 1975, Section 9(1).

④ The Foreign Acquisition and Takeovers Act of 1975, Section 9(1A).

从上述规定中，可以看出，FATA 中的"控制"标准有两大亮点：第一，新增了"潜在表决权"①(potential voting power)这一因素。第二，包含"即将拥有"(would hold)的未来权益。这就将未来可能对权益控制产生影响的各种证券化金融工具纳入到审查阶段并购份额的计算当中，防止此种潜在的、具有隐蔽性的权益建立运营阶段转换成现实的控制权，而在审查时规避监管。②

综上所述，我国《外国投资法(草案)》中的"表决权"内含"潜在表决权"将有利于外资监管，尽可能减少法律规避的漏洞。

(二)股份、股权等类似权益持有主体是否包括合计持有主体？

《外国投资法(草案)》第 18 条关于"控制"的规定中有明确被控制者为"某一企业"，但未指出控制者是单个主体还是包括多个主体。由此，该条第(一)(二)项中的权益主体是否包括合计持有主体可能存在争议。

对此问题，可将视线转移至《加拿大投资法》，考察借鉴加拿大的立法规定。正如前文所述，《加拿大投资法》是采用了主体与控制权相结合的规制模式③，避免了单从某一角度进行规制的弊端。

从主体角度看，《加拿大投资法》第 3 条④规定"加拿大人"包

---

① 所谓"潜在表决权"，是指可能会在股东大会上被行使的表决权，该权利满足(1)因行使该权利(无论是现在行使还是将来行使，也不论是不是在符合条件的情况下完全履行)，而将来可能存在投票权；(2)如果投票权成为现实，则该投票权可能会在股东大会上行使。FATA 自 1975 年首次立法以来经历过 1976 年、1981 年、1989 年、2004 年、2008 年、2010 年、2012 年七次修订，该术语是在 2010 年第六次修订时增加的。

② 参见张庆麟、刘艳：《澳大利亚外资并购国家安全审查制度的新发展》，载《法学评论》2012 年第 4 期。

③ 《加拿大投资法》中有关"控制"标准的条款主要是第 26 条关于"加拿大人身份规则"(主体角度)的规定及第 28 条关于"取得控制权规则"(控制权角度)的规定。

④ Investment Canada Act, Section 3(5).

括"根据本法第 26 条第 1 款或第 2 款确定的加拿大控制实体"。
而某一实体是否为加拿大控制，则根据第 26 条第 1 款规定按照
如下顺序进行判定：（a）如一个加拿大人或一个表决组中两个或
多个加拿大人成员享有实体的大部分有表决权的利益，则该实体
为加拿大人控制的实体；（b）如不存在第（a）种情形，则看是否
有一个非加拿大人或一个表决组中两个或多个非加拿大人成员享
有实体大部分有表决权的利益，如存在，则该实体为非加拿大人
控制的实体；（c）在第（a）（b）种情形都不存在时，如实体的大部
分有表决权的利益由加拿大人享有，并且能够证实，该实体并未
由于一个非加拿大人或一个表决组行使有表决权利益的所有权而
受到事实上的控制，则该实体仍为加拿大人控制的实体；（d）在
前述三种情形都不存在时，如实体少于多数的有表决权利益由加
拿大人享有，则该实体被推定为非受加拿大人控制的实体，除非
存在以下两种情况证实相反的结论：一是该实体由于一个加拿大
人或一个表决组通过行使其有表决权利益的所有权而受到事实上
的控制，并且表决组中一个或多个加拿大人成员拥有表决组享有
的该实体由表决权利益的大部分；二是当该实体为公司或有限合
伙时，该实体未由于对其行使有表决权利益的所有权而受到事实
上的控制，并且当该实体为公司时，三分之二的董事会成员为加
拿大人，当该实体为有限合伙时，三分之二的一般合伙人为加拿
大人。① 由上述规定可知，《加拿大投资法》有关"控制"标准的
规定具有的显著特征之一是，在"实际控制人"的认定上有先后顺
序。首先，确定实体大部分有表决权的利益是否由一个加拿大人
（或一个由加拿大人享有大部分表决权利益的表决组）享有；如不
是，则看是否由一个非加拿大人（或一个由非加拿大人享有大部

---

① Investment Canada Act, Section 26(1).

分表决权利益的表决组)享有。其次,以"身份控制标准"①来确定该实体的性质,即如果该实体的表决权利益由 A、B、C 享有,其中 A 为加拿大人持有 30% 表决权利益,B 为加拿大人持有 30% 表决权利益,C 为中国人持有 40% 表决权利益,且 C 并不能通过行使其表决权而事实上控制该实体,则该实体因 60% 的表决权利益均由加拿大人持有而属于加拿大控制实体;反之,则被推定为非加拿大人人控制的实体,且该"推定"可被推翻,即该实体受加拿大人事实上的控制②。

由此可见,在无单个主体符合控制要求的情形下,《加拿大投资法》采用身份控制标准,即将同为加拿大人的权益持有者合计计算所持有的权益数,如合计数额达到控制标准,且不存在非加拿大人事实上控制该实体的情形时,认定该实体属于加拿大人控制;反之,该实体属于非加拿大人控制实体。整体而言,《加拿大投资法》的立法倾向于将某一实体认定为由加拿大人控制,从而减小投资限制,这样的立法旨意与加拿大当时的经济环境息息相关,即在《加拿大投资法》立法之时,加拿大正处于扩大对外开放、鼓励非加拿大人前往加拿大投资的阶段。

具体到我国《外国投资法(草案)》,笔者认为,权益持有主体

---

①　所谓"身份控制标准",是相对于"企业控制标准而言",比如:(1)某企业为有限责任公司;(2)投资者为 A、B、C,其中 A 为外国人持股 33.3%,B 为中国人持股 33.3%,C 为中国人持股 33.3%(3)投资者约定按照持股比例分配利润和行使表决权;(4)董事会席位为 3 席,每位投资者可以委派一名董事。如果按照"企业控制标准",则可能 B 与 C 还需签订一致行动协议,才能被认定实际控制该企业(在无关联关系等其他影响因素的前提下);但是如果按照"身份控制标准",则因为 B 与 C 皆为中国人,他们总计享有超过 50% 的表决权和收益权,则可能可以就此认定该企业受"中国投资者控制"。由此可见,"企业控制标准"是从一种必然性的角度来看待控制;而"身份控制标准"则同时也可以从一种可能性的角度来看待控制,且是将企业所有的中国投资者或外国投资者作为一个整体看待。参见环球律师事务所王武律师:《外国投资法(草案征求意见稿)》系列专题研究之六:控制标准的探讨和分析》。

②　Investment Canada Act, Section 1(4).

不宜扩展到多个权益持有主体，因在我国的公司实践中存在较多的"共同控制"，而其形成基础通常在于共同控制主体之间达成的一致行动协议，类似的实践惯例使得上述"身份控制标准"成为非必要，且由于我国外资开放水平处于不断发展变化过程中，明确采用"身份控制标准"可能会限制未来外资政策的变化。

（三）认定标准的适用顺序问题

因我国《外国投资法（草案）》第 18 条表述为"符合以下条件之一的情形"，且各条件之间未使用"在不符合前项规定的条件下，适用该项规定"等类似用语，故从语言逻辑角度理解，投资方只需满足该条规定的三种条件之一即认定为控制某企业。但是，当实践中存在不同主体分别满足三种认定条件时，应如何确定该企业的性质？例如，A 企业为中外合资企业，其中外方 B 企业持有 51% 的 A 企业股权，中方 C 企业持有 49% 的 A 企业股权，但是 A 企业半数以上董事会成员均由中方 C 企业任命，则 A 企业属于外方控制还是中方控制？

针对上述问题，有实务界人士认为，应从中国投资者的视角出发，不管外国投资者是否满足控制的条件，均视中国投资者控制该企业。[1] 也有实务界人士认为，从规范外资管理的立法目的看，似应认定受外国投资者控制。[2] 而具有借鉴意义的《加拿大投资法》对此问题的态度是，优先适用"多数所有权（表决权）控制"（《加拿大投资法》第 26 条第 1 款第（a）（b）（c）项规定，具体条文见上文)，在不存在多数所有权控制的情形下，才看是否因拥有表决权利益的所有权而存在"事实控制"及"董事会成员"（对公司而言）、"一般合伙人"（对有限合伙而言）是否属于加拿大人；但是值得注意的是，《加拿大投资法》的立法倾向是尽可能将某一实体认定为

---

① 参见英国欧华律师事务所许世夺于商务部官网上就《外国投资法（草案）》提出的意见，访问地址 http：//gzly. mofcom. gov. cn/website/opinion/www_question_list. jsp？mofcom_no＝464&type＝，最后访问时间为 2016 年 4 月 3 日。

② 参见中伦律师事务所合伙人任清：《外国投资法（草案）中的三个关键词》。

加拿大人控制的实体,对于该法中的控制标准不应仅仅看到该条表面上的适用顺序,应结合其他条款确认该法的立法的宗旨;类似地,我国《外国投资法(草案)》在对具体条款进行设计时也应考虑到该法的立法目的为何,如何设计最有利于实现立法意图。

笔者认为,草案未规定三种认定条件的适用顺序是有意为之,从草案的立法目的"扩大对外开放、促进和规范外国投资……"看,开放与管理是我国在改革开放过程中两大主题,且就《外国投资法(草案)》本身的价值而言,更在于对外国投资的规范与管理,其所追求的开放要求则主要体现在"负面清单"制度(特别管理措施目录)。因此,笔者理解,立法者的立法意图应是只要外方主体满足任一条件即认定为外方控制,不论是否存在其他中方主体满足其他认定条件。该立法倾向于商务部同时公布的《草案说明》中可见一斑:《草案说明》第三部分第(三)点"协议控制的处理"中提到"征求意见稿将协议控制明确规定为外国投资的一种形式",即透露出立法旨意在于只要存在外方主体满足任一认定条件,即认定被控制企业为外方控制。

(四)其他问题

1. 上市公司30%股份表决权

前文已提及《管理办法》及深交所《股票上市规则》中均规定"投资者可以实际支配上市公司股份表决权超过30%"时,可认定该投资者拥有此上市公司的控制权,即针对上市公司而言,多数所有权控制标准中的"多数"适用"30%股份表决权"标准。然而,《外国投资法(草案)》并未考虑到上市公司的特殊股权结构情况。

2. 原则性规定或兜底条款

《外国投资法(草案)》首次将外国投资的国家安全审查制度提升至法律层面,并规定了"外国投资事项是否受外国政府控制"是外国投资国家安全审查的考量因素之一。因草案第18条的"控制"标准是贯穿整部法律的,故需要对国家安全审查制度中的"控制"进行特别考量以便于该制度的实施。美国作为外资并购国家安全审查制度最为先进和成熟的国家,美国财政部于2008年公布的《有关外国人兼并、收购和接管规定》(以下称2008年条例)值得借鉴。

2008 年条例指出"控制是指通过拥有一个企业的多数股或占支配地位的少数股、在董事会中占有席位、代理投票、特殊股份、合同安排、正式或非正式的协同行动安排或其他方式，而拥有的决定有关企业重要事项的权力(power)，无论该权力为直接或间接行使，或是否被行使……"同时，列举了相关重要事项便于理解。① 正如该条例在其序言中指出的，有关"控制"的定义，回避了"明确界线"标准。这样的原则性规定无疑是为了给审查机关留下较大的自由裁量权以应对国家安全这一特殊问题。

三、所有权控制标准的完善建议

《外国投资法(草案)》引进"控制"的概念是先进的，然而，目前的规定仍存在一系列问题。针对草案中存在的上述问题，现提出以下几点完善建议：

(一)规范"股份""股权"用语并增加"潜在表决权"等潜在权益

借鉴《澳大利亚外国收购与接管法》中增加"潜在表决权""即将拥有"等潜在的未来利益，将新的金融投资工具纳入到控制权益中，即在计算一个企业对投资的控制程度时，审查阶段就把未来可能实现的权益计算在当前的份额内，使得 50%的控制权所包含的内容更加全面、精准、防止潜在的权益在企业运用后的某时刻转化为现实的权益时难于控制。② 此外，考虑到公司可以发行无表决权的特别股(如优先股)，应将草案第 18 条第 1 款中的"股权""股份"用语进行规范化，可以借鉴《加拿大投资法》的规定，使用"有表决权利益"及"有表决权股份"用语，并对上述用语进行专门解释。

---

① (2008) Regulation Pertaining to Mergers, Acquisitions, and Takeovers by Foreign Persons; Final Rule. § 800. 204(a). 这些重要事项包括但不限于公司对财产的处理(如资产转让、租赁、抵押等)、公司对日常运营的筹划(如对生产、研发部门的重新布置或者直接关停等)、对公司合同的处置(如决定终止或不履行合同)、公司自身存续的重大事件(如公司解散等)以及与以上各项活动相联系的公司章程的修改。
② 参见张庆麟、刘艳:《澳大利亚外资并购国家安全审查制度的新发展》，载《法学评论》2012 年第 4 期。

（二）明确权益持有者为单个持有主体

草案未明确规定权益持有主体，而所借鉴的《加拿大投资法》采用的是"身份控制标准"，实施过程中可能会存在权益持有主体包括合计持有主体的误解，对此，立法中应事先明确权益持有者为单个持有主体，不包括合计持有主体。但是，值得一提的是，前文提及的关于外资并购境内企业国家安全审查的《通知》中规定"数个外国投资者合计持股 50% 以上"认定为"外国投资者取得实际控制权"，从而要进行国家安全审查。然而，即便是国家安全审查制度极为成熟的美国，在 2008 年条例中关于该问题的态度是，若多个外国投资者对同一企业享有权益时，在判断是否构成"控制"时，应考虑该多个外国投资者之间是否存在关联、有无正式或非正式的协议进行联合行动等特殊关系，并非简单地以身份控制标准来认定构成"控制"与否。因此，笔者认为，权益持有主体应为单个主体。故在草案通过生效时须特别注意调整上述《通知》中的相关规定。

（三）明确外方主体满足任一认定条件即构成外方控制

草案既未规定控制标准的适用对象，也未明确各认定条件的适用顺序，易导致中外双方分别满足不同条件时无法认定被控制方的性质问题。为避免此尴尬以及从外国投资法主要在于规范外资的立法目的出发，草案宜明确只要外方主体满足任一认定条件即构成外方控制。

（四）囊括不同企业形态的控制标准

正如加拿大的企业形态主要分为公司、合伙、独资、外国公司分公司、联合投资等几种类型①，《加拿大投资法》在设定"控制"标准时便考虑到不同形态企业的构成控制的情况，全面加以规定，如第 28 条关于公司与其他实体的"控制权取得"进行了不同规定，第 26 条就考虑到"有限合伙"在何种情况下构成加拿大人实体控制。我国《外国投资法(草案)》也应遵循相似的立法思路，如针对上市公司的特殊性，应增加持有上市公司股份表决权超过 30% 也

---

① 参见驻加拿大使馆经商处：《加拿大投资法及我国企业在加投资》，载《公共商务信息导报》2005 年 10 月 7 日第 013 版。

构成"控制"的情形。

（五）增加原则性规定及兜底条款以应对国家安全审查问题

由于《外国投资法（草案）》正式地将"国家安全审查"提升到法律层面，其所规定的"控制"标准不无例外地也适用于"国家安全审查"一章中相关的"控制"认定。然而，国家安全是一国发展的最基本的条件，相关的国家安全审查也相对更为严格，一般投资东道国均掌握较大的审查裁量权。而立法上的原则性规定不仅为投资者正确地指引方向，也为东道国留下更大裁量权。如美国《2008 年条例》即原则性地规定"控制是指一种决定企业重要事项的权力（Power）"。因此，我国《外国投资法（草案）》也应增加相类似的原则性规定或兜底条款以应对灵活多变的投资实践。另外，借鉴美国通过制定条例对"控制"进行解释的方法，我国在制定有关国家安全的指引时，可对"控制"进行详细解释。

第三节　协议控制标准

"协议控制"概念衍生于我国企业境外间接上市①。其中基于协议控制关系赴境外间接上市的模式被称为"协议控制模式"，它是相对于"股权控制模式"（也称"红筹模式"②）而言，具体是指境外特殊目的公司不直接拥有境内公司股份，而是通过一揽子协议，

---

① 境外间接上市是指境内企业或自然人以其在境内拥有或控制的权益为基础，在境外设立或控制一家特殊目的的公司（SPV），以该特殊目的的公司名义在境外发行股票并申请上市交易。实践中，实际控制人须在境外设立离岸公司，然后通过该离岸公司反向收购境内公司，从而将境内企业权益注入境外公司，再以境外离岸公司名义在境外发行股票并申请上市交易。

② 红筹模式是境外间接上市的主要形式，在红筹模式中，通常由境内运营实体的实际控制人在开曼群岛、英属维尔京群岛、百慕大群岛等避税地设立境外控股母公司，再通过境外控股母公司并购境内运营实体的权益或资产，接着以境外控股母公司的名义在境外证券市场公开发行证券。参见段祺华、龚晓航著：《涉外法律事务操作及深度剖析》，法律出版社 2013 年版，第 141～145 页。

对境内运营实体形成人、财、物全面实质控制，然后将境内运营实体的大部分经济利益以服务费等方式充实到境外特殊目的公司中，以实现境外特殊目的公司上市的操作模式。实践中，协议控制模式存在多种表现形式，典型的协议控制结构如下图所示：

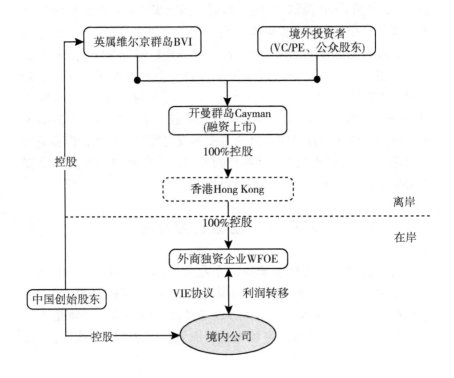

一、协议控制标准概述

协议控制模式得以实施的关键在于：境外上市主体通过协议控制的境内运营实体所取得的收入能够并入该境外上市实体的财务报表，从而使得该境外实体满足上市条件，这也是协议控制模式不同于股权控制控制模式之处。为更好地了解我国《外国投资法(草案)》中的控制标准从而提出相对应的完善建议，有必要先厘清如下问题：(1)仅以协议关系为基础的控制实体如何能够合并被控制实体的财务报表？(2)为何抛弃传统的股权控制模式而青睐于协议控制模式实现境外间接上市？

（一）VIE 合并财务报表规则

关于如何实现以协议为基础的控制实体合并被控制实体的财务报表问题，控制方主要是利用了美国公认会计准则（US GAAP）上的可变利益实体（Variable Interest Entities，简称 VIE）的合并财务报表规则，因此，人们通常将协议控制模式称为 VIE 模式。关于 VIE 的理解，主要从 VIE 的产生背景、主要内容及其本质进行阐释。

1. VIE 概念的产生背景

VIE 一词是由美国财务会计标准委员会（FASB）于 2003 年制定的《FASB 解释第 46 号——可变利益实体的合并》（FIN46）中首次提出，主要是为解决非建立在多数表决权基础上的实体控制的财务报表合并问题，即通过系列合同安排而非多数股权来实现对某实体的控制是否可以合并对方财务报表。VIE 概念的提出主要受安然、世通等众多美国大公司财务丑闻的影响，为避免类似严重损害投资者的事件发生，FASB 对传统的以股权或表决权为基础的合并报表标准①加以补充，规定某一实体对另一实体拥有"控制性财务利益"（Controlling Financial Interest）时也要求合并财务报表，这一新增的标准又被称为"可变利益标准"，其中控制另一实体的实体通常认定为"主要受益人"，被控制的实体称为"VIE 实体"。

2. VIE 合并规则的内容

从 VIE 合并规则的内容来看，VIE 实体及主要受益人的确认是关键。根据 FASB 于 2009 年 6 月颁布的《财务会计准则公告第 167 号——可变利益实体的合并》（FAS167），VIE 实体的确认通常依照以下步骤进行：第一，在无额外的次级财务支持的情况下，该实体的权益风险投资额是否足以支持实体经营活动。第二，权益投资者作为整体，是否可通过投票权或其他类似权利对该实体的经济效益产生重大影响的活动进行管理。具体地，当实体发生损失时，权益投资者是否有义务承担预期损失；当实体发生盈利时，权益投资者

---

①　传统上，美国会计准则标准委员会在一公司持股另一公司 50% 以上或者控制 50% 以上表决权时，要求控制公司合并被控制公司的财务报表。

是否有权利享受收益。第三,权益投资者的投票权与其承担损失的义务或享受的收益是否成比例。以及,该实体的所有经营活动是否都是为了拥有不成比例少数投票权的投资者利益而展开。如上述答案均为肯定,则该实体属于 VIE 实体。在判定某实体是否属于 VIE 实体后,紧接着应判定该 VIE 实体的财务应并入谁的报表中,对此,FAS167 界定了"主要受益人"(Primary Beneficiary)的三大特征:(1)有权力主导对可变利益实体的经济效益产生重大影响的经济活动;(2)有义务承担对可变利益实体产生重大潜在影响的损失;(3)有权利接受对可变利益实体产生重大潜在影响的收益。

　　3. VIE 合并规则的本质

　　从 VIE 的产生背景来看,VIE 合并规则无疑是为了规范实践中公司的不规范行为,以便更好地保护投资者的产物,是美国为治理上市公司借助特殊目的实体(SPV)来转移债务或损失而创设的一种新的合并报表标准,因而,VIE 合并规则彰显的是"实质重于形式"①的监管理念。相较于 VIE 的监管理念,协议控制则主要体现了民法上的意思自治原则,两者所传达的理念是不同的,然而,商业实践中 VIE 合并报表规则成为众多企业规避外资准入、外资并购等监管的新手段,这实质上是有违 VIE 合并报表规则制定之初衷。

　　(二)协议控制模式的兴起

　　关于为何实践中越来越多的企业放弃传统的股权控制模式转而青睐于协议控制模式实现境外间接上市问题,其实质上关乎我国对红筹模式的监管。我国关于红筹模式的监管政策大致经历了如下演变:第一阶段,"史前时期"(1992—1999 年),该阶段是清一色的国有企业以红筹模式登陆境外资本市场,因而,该阶段的监管重点

---

　　①　有学者提出,VIE 合并财务报表准则实质上对当事人意思自治结果的否定,不论该种意思自治是源于公司法的股权标准还是源于当事人的合同安排,VIE 都在很大程度上体现了监管工具的强制性。参见刘燕:《企业境外间接上市的监管困境及其突破路径——以协议控制模式为分析对象》,载《法商研究》2012 年第 5 期。

在于对国企红筹的监管，相对而言，民营企业的红筹上市属"史前时期"；第二阶段，"十号文①前传时期"（1999—2006年），该阶段民营企业境外红筹上市的数量逐渐增加，因而，该阶段的监管对象逐渐转向民企红筹，其间政策的变化起起落落，甚至是180度大转弯；第三阶段，"冰河时代"（2006—2010年），十号文的生效，在法律上宣告了红筹上市的终结，红筹上市闸门拉下，在十号文的约束下，民企的红筹上市陷入巨大困境，因而，实践中各种与之博弈的情况也陆续出现，例如民营企业在境外间接上市过程中开始采用协议控制模式。② 由此可见，十号文的诞生是重大转折点——红筹模式的终结及协议控制模式的兴起。

1. 红筹模式的终结

按照通常的红筹架构进行境外上市，一般要采取如下几个步骤：第一，境内公司股东（或实际控制人）在境外设立一家或多家离岸公司；第二，将境内公司的权益置入拟上市的境外离岸公司，通常采取的是换股操作，即以境外公司的股份换取境内公司的股权；第三，以境外离岸公司申请境外上市进行融资。然而，十号文的出台以及相关监管机关的实际操作在事实上终结了境内公司采取红筹模式实现境外上市融资的愿望。

首先，在设立境外离岸公司这一步上，外汇管理局（以下简称"外管局"）设置关卡。2005年10月21日外管局发布了《关于境内居民通过境外特殊目的公司融资及返程投资外汇管理有关问题的通知》（俗称"75号文"）及《国家外汇管理局综合局关于印发〈国家外汇管理局关于境内居民通过境外特殊目的公司融资及返程投资外汇

---

① "十号文"是指商务部、国务院国有资产监督管理委员会、国家税务总局、国家工商行政管理总局、中国证券监督管理委员会及国家外汇管理局于2006年8月8日颁布的《关于外国投资者并购境内企业的规定》；后被2009年6月22日发布的商务部令2009年第6号——公布《关于外国投资者并购境内企业的规定》所修订，但并未对涉及境外上市的内容进行修订。本文若无特别说明，十号文均指2006年的十号文原文。

② 参见李寿双、苏龙飞、朱锐著：《红筹博弈——十号文时代的民企境外上市》，中国政法大学出版社2010年版，第39页。

管理有关问题的通知〉操作规程的通知》（俗称"106 号文"），这两个文件对中国自然人设立境外离岸公司进行了严格规定，未经外汇登记注册的离岸公司得不到中国法律的认可，从而无法用于后续的私募股权融资和上市等；而在此之前，中国自然人很容易在境外注册离岸公司，然后以换股操作收购国内的关联公司，以完成红筹架构的设计。然而，实践中该外汇登记只有在特定情形下才可以申请，外管局才会受理，且只有符合一定条件才能完成登记。对于新设 SPV 而言，只有在已有一个境外企业（或基金）打算投资某境内企业，且双方已签署投资条款清单（Term Sheet），而需要设立一家离岸公司时，外管局才会考虑受理该申请。① 此外，如果境内公司的股东是法人，该法人股东申请设立境外离岸公司，在申请上述外汇登记前，还需依据《境外投资管理办法》到商务部申请境外投资核准。

其次，境内公司权益或资产置入境外公司受限。实践中最理想的权益置入方式是换股并购，此外也有通过关联并购进行。然而，无论是换股并购还是关联并购都受到了十号文及相关监管机构的阻碍。就换股并购而言，十号文第四章②从并购条件、申报文件与程序及特殊目的公司的股权并购三方面进行了规定，该十号文第 32 条即要求外国投资者采取换股并购方式须报商务部审批。由此可见，换股并购方式为境内公司权益注入境外公司提供了法律支持，然而，事实上是商务部对此不予批准，因而实践中无法进行换股操作。类似地，十号文第 11 条③对"关联并购"也做出了审批要求，即应报商务部审批，且不得以其他方式规避该审批要求。然而，截

---

① 参见李寿双、苏龙飞、朱锐著：《红筹博弈——十号文时代的民企境外上市》，中国政法大学出版社 2010 年版，第 50 页。
② 十号文第四章标题为：《外国投资者以股权作为支付手段并购境内公司》。
③ 十号文第 11 条规定：境内公司、企业或自然人以其在境外合法设立或控制的公司名义并购与其有关联关系的境内的公司，应报商务部审批。当事人不得以外商投资企业境内投资或其他方式规避前述要求。

至目前，商务部对于此类关联并购一概不予批准。① 由此可见，作为红筹上市所需的关键步骤——境内资产注入境外拟上市公司，在实践中因审批受阻而无法实施。

最后，特殊目的公司境外上市交易难过中国证券监督管理委员会(以下简称"证监会")一关。十号文第40条明确规定境外上市应经证监会的审批。但实践中证监会根本没有受理过红筹的审批申请，也就无从谈起批准境内公司红筹上市。

2. 协议控制模式的兴起

一边是上市融资需求旺盛，一边是高立着的外管局登记关卡、商务部及证监会的审批难关，本为境外上市提供合法合规依据的十号文在实践中却沦为束缚国内民企境外上市的羁绊。然而，现实的融资需求促使人们不断创新境外上市架构的设计，以便绕过十号文中关于外管局、商务部及证监会的登记或审批规定。此时，由新浪公司首创的"协议控制模式"再次受到人们的关注。前文已述，协议控制模式的采用主要是回避了股权控制关系，从而规避了我国部分行业不许外资控股或参股的限制。鉴于十号文的出台在事实上阻碍了国内民企外上市的道路，人们开始研究十号文的适用范围，并尽量作出有利于自身赴境外上市的解释。由此，众多市场人士认为，十号文所规定的需经商务部审批是"外国投资者并购境内企业的关联并购行为"，正如十号文第 2 条②所规定的"并购"仅包括

---

① 但在商务部 2008 年 12 月公布的《外商投资准入管理指引手册》中，首次明确关联并购目前受理范围仅限于境外公司为上市公司，或经批准在境外设立且已实际运行并以利润返程投资的。此外，对于已经设立的外商投资企业，是不受关联并购限制的。但各地商务部门对此执行态度不一，即使同一审批也要求目标外商投资企业是在十号文生效之前成立的，否则不予批准。但据传目前已有一例目标外商投资企业成立在十号文生效之后的关联并购在江苏省得到批准。

② 十号文第 2 条规定：本规定所称外国投资者并购境内企业，系指外国投资者购买境内非外商投资企业(以下称"境内公司")股东的股权或认购境内公司增资，使该境内公司变更设立为外商投资企业(以下称"股权并购")；或者，外国投资者设立外商投资企业，并通过该企业协议购买境内企业资产且运营该资产，或，外国投资者协议购买境内企业资产，并以该资产投资设立外商投资企业运营该资产(以下称"资产并购")。

"股权并购"及"资产并购",而协议控制并不属于其中任何一种,故协议控制模式下的重组无需适用十号文,因而不需要商务部的审批。此外,针对十号文所规定的特殊目的公司境外上市交易需经证监会批准的规定,也被认为不适用于协议控制模式下的境外上市,因根据十号文第 39 条第 2 款①的规定,特殊目的公司是通过股权或股份作为支付手段实现对境内公司的控制,协议控制模式下并不涉及以换股或增发股份作为控制手段,因而不适用十号文,亦无须证监会批准。

综上所述,协议控制模式不仅成为国内企业规避外资产业准入限制的首要选择,也逐渐成为人们规避关联并购监管及境外间接上市监管的不二之选。

二、协议控制标准评析

正如前文所述,我国《外国投资法(草案)》颁布前,协议控制标准的规定呈现出"立法层级低"、"适用有限"、"态度暧昧"等特征。尤其是监管当局的暧昧态度②使得协议控制架构面临着较多重大的法律及监管挑战。《外国投资法(草案)》首次以立法的形式明确了协议控制的法律地位,这极大地克服了协议控制标准的现有缺陷,符合我国不断开放的外资政策理念。

(一)草案公布前的协议控制模式存在的挑战

草案公布前,关于协议控制的规定主要见于商务部、信息产业部等特定部门针对特定领域颁发的部门性规范文件中,且其中不乏

---

① 十号文第 39 条第 2 款规定:特殊目的公司为实现在境外上市,其股东以其所持公司股权,或者特殊目的公司以其增发的股份,作为支付手段,购买境内公司股东的股权或者境内公司增发的股份的,适用本节规定。

② David Schindelheim, Variable Interest Entity Structures in the People's Republic of China: Is uncertainty for foreign investors part of China's economic development plan? "Although use of the VIE structure has not been explicitly prohibited by the Chinese regulatory authorities, it has not been expressly endorsed either, and therefore, this structure faces many significant legal and regulatory challenges ahead."

态度不明者，即不明确禁止。根据"法无禁止即自由"的法理理念，该等态度不清的规定在商业实践中通常被解读为未禁止搭建协议控制架构，以有利于商业主体的实践。即便如此，协议控制架构在我国仍然存在众多挑战，这些挑战包括但不限于"协议控制的监管态度具有不确定性"、"控制协议的执行效力具有不确定性"及"协议当事方违约风险"等。

1. 协议控制的监管态度具有不确定性

所谓协议控制监管的不确定性是指，监管当局对于协议控制架构的合法性态度存在不确定性。在正式、明确的规定出台前，协议控制架构的合法性问题，不论是在理论界还是实务界均存在争议。

理论界从不同角度对协议控制架构进行解释会得出不同甚至截然相反的结论。例如，有人从法理学法的价值角度进行解读，认为协议控制模式是效率价值及自由价值的最好体现，且并未破坏息息相关的秩序价值，因为绕道规避审批本身并不能论证行为的非法性，秩序价值的维护并非仅仅是实证的秩序本身，在冒着巨大政策风险的情况下依然有众多公司选择协议控制模式即证明了其合理性。但有人从我国现有的民事法律体系出发，认为协议控制模式违反了我国《民法通则》第 4 条关于"自愿、公平、等价有偿、诚实信用原则"和第 58 条关于"无效民事行为"的规定，属于无效民事行为。有人从法律规制的现实、发展趋势及《外商投资产业指导目录》(以下简称《指导目录》)的原意出发论证了协议控制模式的合法性①——上市地法、SPV 设立地法项下的协议控制模式的合法性未受挑战且中国法域下迄今尚无法律条文明确禁止采用协议控制模式②；十号文则从以法律形式承认了红筹模式的合法性，而协议控制模式是红筹模式的一个变形；《指导目录》的原意是设立股权壁垒以屏蔽在关键行业持股，协议控制模式并未突破股权这个屏障，

---

① 参见谷世英：《论协议控制模式法律监管的完善》，载《证券市场导报》2013 年 10 月第 10 期。

② 出现"协议控制"用语规定的 75 号文及 106 号文实质上只涉及管理，并未禁止。

因协议关系与持股关系有着本质上的区别,前者是一种债权,具有相对性,后者则是对世权,具有绝对性。

实践中,因政府态度一直暧昧不清,因而被认为对于协议控制模式持默许态度。然而,宝生钢铁案①以及民生银行股权纠纷案②再次提醒人们重新审视协议控制模式的合法性问题。国外有学者指出,中国政府一般仅在其认为外方协议控制操作模式可能产生威胁的领域有选择地进行监管。③ 因此,监管者对于协议控制模式的态度将决定控制协议的效力性,而在草案正式生效实施前,控制协议

---

① 宝生钢铁案被认为首个公开披露的中国政府部门否定协议控制架构的案例。具体地,2010 年 4 月,宝生钢铁以换股方式收购了一家香港公司,该香港公司在中国内地拥有一家附属子公司(WFOE),也同样以系列协议控制了宝生钢铁公司和河北的一个冷轧机钢铁公司的全部权益;2010 年 9 月,宝生钢铁申请在美国上市,其反向收购及协议控制结构都得到了充分的披露;然而,2011 年 3 月,河北省地方政府明确告知该项目运营公司其协议"违背了中国现行的有关外商投资企业的管理政策和国家公共政策",因此,该河北公司决定终止和前述 WFOE 的合作。同时,宝生钢铁请求撤回提交美国证券交易委员会的 S-1 有价证券上市登记表,其境外上市运作宣告失败。

② 2012 年 10 月,我国最高人民法院对该案作出终审判决,认定华懋公司与中小企业公司之间的"委托书"及"借款协议"的真实意思是在两者之间形成委托关系,由华懋公司委托中小企业公司投资入股民生银行并行使在民生银行的股东权益。但是中国人民银行于 1994 年 9 月颁布的《关于向金融机构投资入股暂行规定》第 12 条规定"外资、中外合资金融机构和企业均不得向中资金融机构投资",以及中国银行业监督管理委员会于 2003 年 12 月颁布的《境外金融机构投资入股中资金融机构管理办法》第 4 条规定"境外金融机构投资入股中资金融机构,应当经中国银行业监督管理委员会批准"。华懋公司作为外资企业,在未经中国银行业监督管理委员会批准的情况下,委托中小企业公司向民生银行投资入股的行为,违反了我国金融机构管理制度的强制性规定,且从华懋公司和中小企业公司之间签订的协议可以看出,二者对于相关的强制性规定是明知的,故采取委托投资的方式以规避相关固定。因此,最高院判定,基于《民法通则》及《合同法》的规定,二者之间的协议安排属于"以合法形式掩盖非法目的",应认定无效。

③ See David Schindelheim, Variable Interest Entity Structures in the People's Republic of China: Is uncertainty for foreign investors part of China's economic development plan?

模式的合法性仍存在风险。

2. 控制协议的执行效力具有不确定性

除去协议控制架构的合法性在监管层面存在不确定性外，该架构模式下的一系列协议也面临着是否具备法律执行力的问题。前文已述，协议控制模式中境外上市主体的营利是由境内运营实体通过控制协议传输而来，因而，控制协议是该模式有效存在的基础。若该等协议被中国法院或中国政府认定为不可执行，则境外上市公司基于该等控制协议享有的境内运营实体的控制权荡然无存，也无法根据 VIE 合并财务报表规则合并境内运营实体的报表，从而导致境内运营实体与境外上市公司之间的"资金链"被切断。

有国外学者指出，控制协议执行效力的不确定性在中国尤为突出，原因在于中国法院的政治性较强，① 因此很大可能会以"公共正常"为由认定该等协议无效。此外，《合同法》第 52 条关于"无效合同"的规定也增加了控制协议执行效力的不确定性，尤以该条第(三)项"以合法形式掩盖非法目的"为由认定协议无效。另外，因我国并无"遵循先例"的法律原则，法院在判定特定经济领域内的特定公司所采用的控制协议无效，并不影响其在对其他公司所使用的控制协议效力的裁判；大陆法系传统使得我国的行政机关及司法机关在解释及执行法律规定与合同条款时具有较大的裁量权，这就增大了人们对于控制协议的行政处理结果及司法裁决的进行预估的困难度。总而言之，中国法院较强的政治性及大陆法系传统使得控制协议的效力问题在我国面临着较大的不确定性。

3. 协议当事方违约风险

协议当事方违约是所有协议都面临的信用风险，这也是协议控制相较于股权控制最大的弊端。协议控制模式下的违约风险主要存在于境内运营企业的违约，因而，境外投资者受到的风险威胁最大。典型案例是支付宝事件，支付宝原为阿里巴巴集团控股有限公

①　Benjamin L. Liebman, Legitimacy Through Law in China?, THIRTEEN, 3（June 1, 2009）, available at http：//www-tc. pbs. org/wnet/wideangle/files/2009/04/legitimacy-throughlaw-in-china. pdf.

司(以下简称"阿里巴巴集团")①全资子公司,即为一家外资控股公司;根据相关规定,从事网络支付的外商投资支付机构的业务范围由中国人民银行(以下简称"央行")另行规定,报国务院批准。为了尽快获得监管部门颁发的"支付业务许可证",阿里巴巴集团将支付宝股权分两次全部转让给马云控股的内资公司浙江阿里巴巴电子商务有限公司(以下简称"浙江阿里巴巴");同时,阿里巴巴集团与浙江阿里巴巴签订一系列协议以实现阿里巴巴集团对浙江阿里巴巴的控制,从而间接控制支付宝。2011年第一季度央行对申请第三方支付业务许可证的企业进行资格审查,要求申请者中有外资控股或参股的须进行申报,若无,则递交书面说明。浙江阿里巴巴的控股股东马云在递交声明的前一天单方面解除了浙江阿里巴巴与阿里巴巴集团之间的控制协议,两者间的控制关系因此中断,意味着阿里巴巴集团的两大外资股东雅虎和软银失去了对支付宝的控制权。

(二)草案中的协议控制标准评析

我国《外国投资法(草案)》明确提出"协议控制"概念,其中涉及"协议控制"的规定②主要是关于"外国投资者""外国投资"的认定及通过协议控规避监管的法律责任,此外,在《草案说明》中公开向社会征求关于"如何处理存量协议控制企业"的意见。如果《外国投资法(草案)》通过并生效,则协议控制模式的地位在法律层面得以确立,终结了前述的"合法性受质疑"的尴尬局面,也克服了"部门规章林立缺乏系统性"及"政策性强"等弊端。然而,草案所确立的协议控制标准与现行的相关规范文件之间如何衔接仍存在一定的问题。

----

① 阿里巴巴集团(Alibaba Group)是1999年在开曼群岛注册成立的有限公司,公司主要股东包括美国互联网门户网站雅虎(39%)、日本IT产业投资公司软银(29.3%)、创始人马云及管理层(31.7%)。阿里巴巴集团持有支付宝100%股权。

② 具体条款包括:第11条"外国投资者"、第15条"外国投资"、第18条"控制"、第45条"实际控制情形下视为内资"、第149条"规避行为的法律责任"及第158条"协议控制的处理"。

1. 草案中协议控制标准产生的影响

草案公布前，协议控制模式的法律地位处于尴尬境地，合法性受到质疑，该模式下的一系列控制协议也面临着被认定为"以合法形式掩盖非法目的"等无效风险。草案第 18 条明确规定协议控制方式，同时，草案第 15 条确立的"大投资"标准中包含外国投资者通过协议控制境内企业的外国投资。监管层关于协议控制的态度随着该立法明晰化、确定化，即允许通过协议控制方式设计企业架构。随着协议控制模式的合法性得到确定，该模式下的一系列控制协议的合法性问题也变得简单明了，即不再轻易被认定为因违反《合同法》第 52 条而无效。商业实践显示，协议控制模式通常用于中国企业赴境外上市或外国投资者进入限制类或禁止类行业的来华投资。

（1）中国投资者控制的 VIE 企业。

草案第 45 条"实际控制情形下视为内资"中的"控制"包括"协议控制"，且该条在实践中多以协议控制的形式出现。根据该条规定，受中国投资者的外国投资者，在境内从事限制实施目录范围内的投资时，可申请将其作为中国投资者进行投资。该条通常被认为对于中国投资者控制的 VIE 企业实行有限度的"实际控制标准"，其中"限度"主要是包括：①投资领域限于限制性领域，不包括禁止性领域；②须个案申请并经主管部门审查同意。

（2）外国投资者控制的 VIE 企业。

相较于中国投资者控制的 VIE 企业实行有限度的"实际控制"标准而言，外国投资者控制的 VIE 企业则实行全面的"实际控制"标准。草案公布前，外国投资企业的判定主要是以资金来源为标准，外资来华投资的法律形式主要是绿地投资和并购投资两大类型。草案公布后，外国投资者通过合同方式实施的对境内企业的控制被明确界定为"外国投资"，由此，须遵循草案中的准入管理、信息报告等外资管理制度，这一定程度上增强了对外国投资的监管。但具体的影响程度须结合届时的"特别管理措施目录"进行分析。

2. 草案中的协议控制标准与现行相关规范之间的衔接问题

前文已述，协议控制模式的兴起与十号文息息相关，即十号文

的出台堵塞了股权控制模式(红筹模式)的运用。根据十号文第 11
条第 1 款规定①，境内企业或自然人于境外设立的壳公司并购境内
公司，应报商务部审批。该条采用"注册地标准"对境外间接上市
进行规制。但是，草案第 45 条明确依据境外法律设立的企业若受
中国投资者控制，则可有限度地申请作为中国投资者对待；若通过
主管部门申请，则该企业的投资将视同中国投资者的投资，无须报
商务部审批。此外，十号文第 58 条②关于自然人股东国籍变更与
企业性质之间关系的规定，认为自然人股东国籍变更不影响企业性
质。但是，草案第 159 条③关于"取得外国国籍"的规定中，均明确
指出自然人股东国籍由中国籍变更为国外籍的，其在境内的投资视
为外国投资。但该规定仅规定自然人股东国籍由中国国籍变更为外
国国籍时的情形，并未规定外国籍自然人股东变更为中国人时，其
在草案生效前所进行的投资如何定性。这一定程度反映了草案在对
中国投资者控制的 VIE 企业采取有限度的实际控制标准，而对外
国投资者控制的 VIE 企业则采取全面的实际控制标准，彰显出草
案的"外资监管"理念。对于 VIE 企业的处理，草案对存量 VIE 与
增量 VIE 采取不同的监管态度，符合我国现有的 VIE 现状。对此，
存量 VIE 设立时所依据的相关规定也不应一刀切全盘否定，且草
案的协议控制标准还有待实践的检验，故如何处理现行规定与草案
之间的关系问题还需进一步明确。

三、协议控制标准的完善建议

我国关于协议控制模式的监管规定及相关实践突出反映了，我

---

①　十号文第 11 条第 1 款规定：境内公司、企业或自然人以其在境外合
法设立或控制的公司名义并购与其有关联关系的境内的公司，应报商务部审
批。

②　十号文第 58 条规定：境内公司的自然人股东变更国籍的，不改变该
公司的企业性质。

③　草案第 159 条规定：具有中国国籍的自然人取得外国国籍的，其在
中国境内的投资不论发生于本法生效之前或之后，均属于外国投资，应当适
用本法的相关规定，国务院另有规定的除外。

国现今关于协议控制的监管规定存在"立法与实践脱节"、"部门规章林立缺乏系统性"、"政策性强"等问题。随着我国进一步深化体制改革，扩大对外开放，规范外资管理以促进、保护外商投资成为经济发展中的重要工作之一。因此，在顺应我国经济发展潮流的情况下，统一我国外资法中关于协议控制模式的监管工作，明确协议控制模式的法律地位成为我国外资法改革的任务之一。草案首次从立法层面对协议控制进行规定无疑是立法的进步，然而，为平衡我国创新产业的发展与国家经济安全的维护，坚持稳定性与灵活性相统一，值此外资法统一之际，协议控制模式的规范立法应从监管思路、监管层次以及监管方式上进行完善。

（一）监管思路：由"反规避"到"重披露"

我国政府对待外商投资的态度一直是谨慎的态度，尤其是在涉及国家经济安全的领域，因此，在外商投资领域的监管表现为"数量庞大"、"内容复杂"等特点。就协议控制模式在我国的监管现状来看，先是外管局为防止协议控制脱离外汇监控出台相关规定，后是商务部出台外资并购国家安全审查的相关规定，明确不得通过协议控制模式规避国家安全审查，相关监管机构均表现出"反规避"到底的态势。然而，由于法律固有的滞后性以及市场实践的纷繁复杂性，实践中总会出现"道高一尺魔高一丈"、"上有政策下有对策"的结果。这种结果固然会产生众多为追逐私利打法律擦边球的现象，然而，如果某些举措在实践中被大量运用且监管机构"睁一只眼闭一只眼"，则应该重新审视这些举措存在的合法性及合理性问题。

就协议控制模式而言，无论是从其内生路径看，还是放眼境外相关规定，其存在均应具有合法性。首先，我国民企极强的融资需求与境内对民企的资金供给不相匹配是协议控制模式产生的内在原因，而十多年来协议控制模式的运用极大地促进我国民企尤其是互联网行业民企的发展。其次，无论是资本市场极度发达的美国还是我国香港，都承认协议控制的合法性，如美国证监会要求招股说明书中表明"协议控制"结构的存在，香港联交所2005年发布的上市决策也肯定了协议控制模式的合法性。

（二）监管层次：构建全方位监管体系

首先，建立以证监会为主导，外管局、商务部、税务部等部门协同合作的法律监管体系。明确以证监会为主要监管机构，符合证券法关于境外间接上市的规定①，亦有利于增进监管的统一性、效率性及可预见性。② 具体地，由以证监会为主的上游监管部门出台政策法规进行宏观指引，或对于特殊目的公司引入产业机制审核，对于一些对返程投资限制类行业或涉及资源、国家经济安全等行业的在事前申请设立特殊目的公司时即不予核准；而包括税务机关、外管局等下游监管部门则主要加强对采用协议控制模式的外商投资企业的财务状况、资金流动等微观管理。③

（三）监管方式：实施分类管理

由于我国现存的以协议控制方式进行的投资数量较大、价值较高，立法者应采取较为审慎的立法态度，区别对待存量 VIE 与增量 VIE，实施分类管理，尤其对于存量 VIE 在草案生效后落入禁止或限制外国投资领域的，要综合理论界与实务界观点进行科学合理的安排。

对于草案生效后仍属于禁止或限制领域的存量 VIE 如何处理，《草案说明》已明确提出三种模式，即申报模式④、申报认定模式⑤

---

① 《证券法》第 238 条规定：境内企业直接或间接到境外发行证券或将其证券在境外上市交易，必须经国务院证券监督管理机构依照国务院的规定批准。

② 参见唐旗：《论对"协议控制"模式的监管》，载《证券市场导报》2012年第 4 期。

③ 参见刘菊：《对返程投资中采用 VIE 结构运作模式的研究与思考》，载《西部金融》2012 年第 9 期。

④ "申报模式"是指：实施协议控制的外国投资企业，向国务院外国投资主管部门申报其受中国投资者实际控制的，可继续保留协议控制结构，相关主体可继续开展经营活动。

⑤ "申报认定模式"是指：实施协议控制的外国投资企业，应当向国务院外国投资主管部门申请认定其受中国投资者实际控制；在国务院外国投资主管部门认定其受中国投资者实际控制后，可继续保留协议控制结构，相关主体可继续开展经营活动。

与准入许可模式①。上述三种模式对于 VIE 结构的影响程度不一，自申报模式到申报认定模式到准入许可模式，主管部门的干预程度增强，即 VIE 企业经营灵活度变小。具体采用何种模式，须结合当时的 VIE 企业数量情况、结构安排等进行综合判断。

四、结论

草案颁布前，我国现有外资法体系中的控制标准主要散见于《公司法》及相关的规范性文件中。草案颁布后，控制标准得以统一确立。根据所有权与控制权关系原理，草案中的控制标准可分为"所有权控制标准"与"非所有权控制标准"两大类型，其中前者又可分为"多数所有权控制标准"与"少数所有权控制标准"，后者在我国主要体现为"协议控制标准"。由于控制标准自身的模糊性以及实践的纷繁复杂性，控制标准的统一确立具有较大的困难性。为更科学地完善草案中的控制标准，须遵循国家立法活动的原则，即科学原则与适时性原则，具体要求为既要协调草案与我国国内其他部门法之间关于控制标准的规定，又要放眼域外借鉴发达国家的成熟立法。

在前述立法原则的指导下，会发现草案中的所有权控制标准存在如下问题：(1)"股份""股权"及"表决权"的用语不规范，易导致内涵界定不清；(2)股份、股权等类似权益持有主体是否包括合计持有主体存在争议；(3)多数所有权与少数所有权，乃至协议控制标准三者之间的适用顺序如何未予以说明；(4)未考虑上市公司的特殊情形，即持有上市公司 30% 表决权即可认定拥有该上市公司的控制权；(5)无原则性规定或兜底条款，不利于应对国家安全审查问题。针对上述问题，在考察我国《公司法》及相关规范性文件关于控制标准的规定，并借鉴《加拿大投资法》、《澳大利亚外国收购与接管法》中的控制规定，提出如下完善建议：(1)规范"股

---

① "准入许可模式"是指：实施协议控制的外国投资企业，应当向国务院外国投资主管部门申请准入许可，国务院外国投资主管部门会同有关部门综合考虑外国投资企业的实际控制人等因素作出决定。

份""股权"用语并增加"潜在表决权"等潜在权益；(2)明确权益持有者为单个持有主体，而不包括合计持有主体；(3)明确外方主体满足任一认定条件即构成外方控制；(4)囊括不同企业形态的控制标准，例如持有上市公司30%以上的表决权即构成控制；(5)增加原则性规定及兜底条款以应对国家安全审查问题。

相较于所有权控制标准而言，协议控制标准的判定更为简单，即通过协议方式实现对另一企业的控制即构成协议控制，故协议控制标准的判定上基本不存在问题。草案所确立的协议控制标准最大的意义在于，明确了多年来一直处于灰色地带的协议控制架构合法化，随之，该架构下的一系列控制协议的效力也得到确认。然而，从草案以"监管外资"的理念出发，在贯彻协议控制标准方面采取了内外有别的"实际控制"原则，即对于中国投资者控制的 VIE 企业实行有限度的"实际控制标准"，对于外国投资者控制的 VIE 企业实行全面的"实际控制标准"。此外，考虑到现有的 VIE 企业数量大、影响广的现实情况，需特别注意草案的协议控制与存量 VIE 设立时的规定之间的衔接问题，并从监管思路、监管层次及监管方式等方面对草案中的协议控制标准加以完善，具体地：(1)监管思路方面，应实现由"反规避"到"重披露"的转变；(2)监管层次方面，宜构建以证监会为主导，外管局、商务部、税务部等部门协同合作的全方位监管体系；(3)监管方式方面，应结合具体情况实施分类管理。

第五章　跨国土地投资争端的法律问题

第一节　跨国土地投资争端相关概念界定

一、跨国土地投资概述

（一）跨国土地投资的涵义

1. 跨国土地投资概念的提出

自 21 世纪中期以来，传统农业投资国以及一些新兴投资国在低收入和中等收入国家为开展农业种植掀起了大规模土地交易浪潮。国外比较流行的观点认为，隐藏在这一土地交易浪潮背后的是对东道国土地及其他自然资源的掠夺，亦是对东道国土地权利所有人人权的践踏，因此土地交易常常被贴上"新殖民主义"的标签而被定义为"Land Grabbing"，意即"土地争夺"。联合国粮食与农业组织（FAO）将这种现象称为"大规模土地收购"，指的是外国投资者通过购买、租赁或特许协议等方式对土地的所有权、使用权进行长期或短期的转让，目的在于建立种植园等大型生产项目，是农业投资的一种形式。[①] 被国外理论界广泛接受的定义由 Annelies Zoomers 提出，他认为"土地争夺"一般指的是由跨国公司或外国政府发起的大规模、跨境的土地交易或事务。[②] 同时，国内有文章将

---

① 王蕾、卢新海：《海外耕地投资的概念溯源与界定》，载《当代经济》2016 年第 2 期，第 19 页。

② 胡莹洁、赵文武、徐海亮：《国际土地争夺发展现状与因素分析》，载《世界地理研究》2013 年第 4 期，第 25 页。

该土地交易行为称为"海外耕地投资"，具体是指一国的公民或组织以契约的形式获取他国耕地所有权或一定期限内耕地资源的使用权，进行农业生产的跨国中长期投资行为。① 本书认为，将土地交易定义为"土地争夺"具有一定片面性，并且带有强烈的主观政治色彩，不宜采用。考虑到大部分土地交易的目的是开展农业生产，是一种跨国农业投资形式，因此，本书将此类大规模跨国土地交易称为"跨国土地投资"，是国际农业直接投资领域新出现的投资内容，具体来说是指国际农业投资主体根据土地所在国法律规定的购买或租赁等方式获得土地并利用土地开展投资项目的投资行为。

2. 跨国土地投资的法律含义

通过总结国际投资争端仲裁实践可知，一项活动是否构成投资主要基于三项要素②：第一，投资项目是否具有持续的时间段；第二，投资项目是否具有稳定的收益和回报、风险；第三，投资项目对东道国是否具有重要意义的实质贡献。③ 投资协定通常对其涵盖的"投资"进行定义，以确定投资协定的适用范围。晚近国际投资协定以基于资产的定义方式，几乎将私人拥有的所有资产，纳入了国际投资协定的"投资"的范畴。④ 从法律含义来看，晚近国际投资协定中"投资"定义中所谓的"资产"就是超出现代民法和宪法中

① 王飞：《我国海外耕地投资法律问题研究》，烟台大学硕士学位论文，2014 年 3 月。

② 张正怡：《国际能源投资争端法律问题研究》，华东政法大学博士学位论文，2013 年 5 月，第 25 页。

③ 张正怡：《从 ICSID 仲裁实践看海外能源投资的法律风险与防范》，载《武大国际法评论》2014 年第 16 卷第 2 期，第 358 页。

④ 张庆麟：《评晚近国际投资协定中"投资"定义的扩大趋势》，载《法学家》2011 年第 6 期，第 85~86 页。通常这些资产类型主要包括如下 5 类：(1)动产与不动产，以及相关联的财产权，如抵押、质押、留置权等；(2)在公司中拥有的各种类型的权益，如股票、债券、股权，以及其他形式参与公司、商业企业或合营企业等的权益；(3)金钱请求权，具有金融价值的合同请求权以及直接与特定投资相关的贷款；(4)知识产权；(5)依法律或合同而享有的商业特许权。

所有权概念的更为广泛的财产或财产权，不仅包括物权，也包括债权、知识产权、继承权等传统私法上所拟制的权利，同时包括具有财产权性质的公物使用权，如国有土地使用权、集体土地使用权、水利权，① 由此可知大部分投资协定中的投资定义包含"土地"。

通过以上分析可知，国际投资协定中投资涉及的"资产"通常包括不动产与自然资源的租赁，其中不动产涵盖与土地有关的财产权益，自然资源特许协定则涵盖了土地出让与租赁。一些协定通过援用"为寻求、培植、开采或利用自然资源的特许权"②条款对此进行更加明确的规定。投资协定通常会考虑持有公司股份以形成覆盖投资，因此外国投资者根据东道国法律开展的跨国土地投资作为"投资"领域中的一部分，属于国际投资协定中"投资"的范畴，将会在国际投资仲裁实践中得到确认。

(二)跨国土地投资的规模

尽管近些年国际社会对跨国土地投资的关注度很高，但对于投资于农业土地的具体规模却没有具体的统计。根据众人频繁引用的数字推断，估计近年在低收入与中等收入国家中约有 5000 万至 8000 万公顷的土地已成为国际投资者的目标，他们希望购买或租用这些土地。根据土地矩阵网络(The Land Matrix)③公布的最新数据，从 2000—2013 年可供查询的 1789 个土地权属交易案例涉及 72 个国家 4230 万公顷的土地面积。④ 根据世界银行收集到的各国官

---

① 张庆麟：《评晚近国际投资协定中"投资"定义的扩大趋势》，载《法学家》2011 年第 6 期，第 83 页。

② Ethiopia-UK BIT 2009, Article 1(a)(v), emphasis added. Other UK treaties use similar formulations (e. g. Article1(a)(v) of Laos-UK BIT 1995 and Tanzania-UK BIT 1999, and Article 2(a)(v) of Colombia-UK BIT 2010), as do some treaties concluded by Malaysia (e. g. Chile-Malaysia BIT 1992, Article 1(a)(v)).

③ 土地矩阵网络(The Land Matrix)是由牛津饥荒救济委员会、瑞士开发合作署、荷兰外交部、德国经济合作发展部和欧盟委员会共同资助的一个全球土地监控网络。

④ 王士海、李先德、陈秧分：《跨国农业土地权属交易及相关国际规则制定动向》，载《中国人口·资源与环境》2015 年第 25 卷第 1 期，第 99 页。

方统计数据证明，国际土地投资涉及的土地交易规模通常很大。例如，2004—2009 年官方记录的土地转让规模表明，苏丹 400 万公顷，莫桑比克达 270 万公顷，利比里亚达 160 万公顷，埃塞俄比亚达 120 万公顷，柬埔寨达 100 万公顷。据相关学者估计，最近的土地交易中，有三分之二发生在非洲撒哈拉以南地区。2008 年，跨国农业土地投资受全球粮价高涨和金融危机的双重影响开始进入爆炸式增长，① 虽然 2010 年以来的数据显示跨国土地交易的数量有所减少，跨国土地投资所涉及的土地规模的确切数字尚不确定，但世界银行预测"土地投资潮"不太可能放慢速度。②

表 3　　　　　　　　跨国土地投资规模估算汇总③

土地面积（公顷）	分布情况	考察时间段	资料来源	计算方法
250 万	埃塞俄比亚、加纳、马达加斯加、马里和苏丹	2004—2009 年	Cotula 等，2009	根据国内研究结果系统统计
5100~6300 万	非洲 27 个国家	截止到 2010 年 4 月	Friis 和 Reenberg，2011	根据媒体报道系统统计
约 150 万	马里、老挝、柬埔寨	截止到 2009 年	Görgen 等，2009	根据国内研究结果系统统计

---

① 卢新海、韩璟：《海外耕地投资研究综述》，载《中国土地科学》2014 年第 8 期，第 90 页。

② Deininger, K., Byerlee, D., Lindsay, J., Norton, A., Selod, H., Stickler, M. (2011). Rising Global Interests in Giger, Issue Paper 143, IIED Drylands Programme. London.

③ CFS, FAO. Land Tenure and International Investment in Agriculture, A report by The High Level Panel of Experts on Food Security and Nutrition, July, 2011, p. 16.

土地面积（公顷）	分布情况	考察时间段	资料来源	计算方法
>350万	哈萨克斯坦、乌克兰、俄罗斯	2006—2011年	Visser 和 Spoor，2011	媒体及网络资料
4660万	81个国家	2004—2009年	Deiniger 等，2011	根据媒体报道系统统计
430万	巴西	截止到2008年	Wilkinson 等，2010	—
54.5万	马里	截止到2010年底	Baxtor，2011	实地考察、政府文件
360万	埃塞俄比亚	2008—2011年	Horne，2011	实地考察、政府文件
1500~2000万	"穷国"	2006—2009年	国际粮食政策研究所，2009	—
>8000万	全球	2000年至今	国际土地联盟	根据经核实的媒体报道系统统计
约1500~2000万	全球	2000年至今	V. Braun and Meinzen-Dick（2009）	根据媒体报道估计
不确定	全球	2007—2008年	GRAIN 2008	媒体及网络资料

（三）跨国土地投资的特征

作为国际农业投资重要组成部分的跨国土地投资通常具有以下几个特征。

1. 投资主体较多

跨国土地投资作为农业领域新型的国际投资活动，除传统的农业投资国（以发达国家为主）的以外，一些发展中国家与新兴经济体对跨国土地投资产生了较大的兴趣。跨国土地投资背后涉及的利益包括参与生物燃料和开采业等多种活动的跨国公司、寻求粮食供应保障机制的外国政府、向邻国扩张的商业化农民以及希望扩宽自身资产组合的金融机构如对冲基金公司、私人或公开交易的房地产投资信贷基金、养老保险、退休基金。2008 年，摩根史坦利公司在乌克兰购买 4 万平方公顷耕地，英国投资公司 Landkom 也在乌克兰买下了 10 万公顷土地，两家瑞士投资企业黑土农垦公司和阿尔帕科农业公司 2008 年在俄罗斯分别购买了 33.1 万公顷和 12.8 万公顷的农业用地。① 美国退休基金——美国师退休基金会（TIAA-CREF）在世界各地的农地投资总额高达 20 亿美元。② 一些将粮食生产作为本国长期发展战略目标的新兴经济体如印度、中国、韩国、沙特阿拉伯、利比亚、日本，在非洲农业部门正扮演着日益重要的角色。一项针对埃塞俄比亚、马里、加纳和马达加斯加 4 个非洲国家的研究表明，2004—2009 年间，总地面积中有 90% 是为私有部门（国内及国外）所购，而剩下的 10% 由外国政府机构直接购买。③ 调查显示，2007 年美国企业在墨西哥的三个省份投资超过 1.7 万平方公顷农田，雇佣了 1.1 万人。④ 2008 年，印度的 15 家企业在印度国家贸易公司的牵头下，开始在巴拉圭、乌拉圭和巴西等国展开租用农田的磋商。

2. 投资方式单一

由于土地具有高度的政治敏感性，涉及一国的土地治理与自然资源管理，因此很多国家并不允许外国人拥有土地，这就导致跨国土地投资获得土地使用权最常见的方式就是租赁。根据研究发现，通过租赁持有土地的期限短则 10 年，长的可达 99 年，有的甚至是

---

① 王宏宇：《粮食合作与西南边疆民族地区对外发展》，载《民族论坛》2013 年第 3 期，第 66 页。

② 韩俊主编：《中国粮食安全与农业走出去战略研究》，中国发展出版社 2014 年版，第 460 页。

③ Cotula, L., Vermeulen, S. "Land grabs" in Africa: can the deals work for development? IIED Policy Briefing September 2009.

④ 韩琪：《对中国农业对外投资规模状况的分析与思考》，载《国际经济合作》2010 年第 10 期。

永久性的。对非洲 8 个国家进行的一项投资对比分析发现，跨国土地投资期限为 20~50 年不等，通常允许续期，最高可达 99 年。土地的租金往往异常低廉，埃塞俄比亚每公顷不到 2 美元，利比里亚每公顷 5 美元，喀麦隆每公顷为 13.8 美元。有些土地合同甚至还规定了 5 年的免租金期。这种长期低价租赁与买断所有权类似，因为投资者几乎拥有完整的所有权利，包括使用权、管理权、专属权。而且在越来越多的案例中，跨国土地投资者还拥有东道国允许下的租约转让权。跨国土地投资的投资形式一般是直接投资，通过在东道国设立独资企业，由该企业购买或租用东道国土地，进行农业种植和其他生产，对该企业形式独立控制权；或者与东道国企业共同设立合资企业，以资金、设备或农业技术出资，共同经营，共同行使该企业的控制权。[1] 随着跨国土地投资的发展，其投资形式也逐步超过了直接投资的范畴，体现为间接投资，但仍以直接投资为主要投资方式。

3. 投资地域集中

据 FAO 研究显示，全球后备耕地资源分布极不平衡，当前全球 90% 的后备耕地资源分布在拉美地区和撒哈拉以南的非洲。[2] 但作为世界上低收入与中等收入国家集中地，非洲地区亟需从发达国家引进外资发展本国粮食生产，因此非洲国家具有十分开放的土地投资市场，允许外国投资者通过与政府签订土地投资协议，长期租用或收购土地进行农业生产。在撒哈拉以南非洲地区，至少有 9 个国家成为了以发展农业为目的的跨国土地直接投资的目标对象：喀麦隆、埃塞俄比亚、刚果民主共和国、马达加斯加、马里、索马里、苏丹、坦桑尼亚和赞比亚。有关统计显示，自 2006 年以来，发展中国家大约有 1500 万至 2000 万公顷的成为外国投资者交易或谈判的对象。到 2030 年，发展中国家中大概还需要 600 万公顷的

---

[1] 王飞：《我国海外耕地投资法律问题研究》，烟台大学硕士学位论文，2014 年 3 月，第 3 页。

[2] FAO. FAO Statistical Yearbook 2012 [R]. Rome：Food and Agriculture Organization of the United Nations，2013.

额外土地用于投资生产，其中有三分之二集中在撒哈拉以南非洲地区和拉丁美洲地区。①

二、跨国土地投资争端概述

(一)跨国土地投资争端的界定

跨国土地投资由于是一种农业投资，农业作为一种弱质产业，具有投资时间跨度长、投资回报收益慢的特点，因此跨国土地投资容易导致纠纷的发生。本书所指的跨国土地投资争端主要指的是国家和以公司为主体的投资者之间有关东道国内跨国土地投资所产生的争端。作为在全球范围内最具影响力的投资仲裁机构，截至2015年1月20日，ICSID共有200个案件在审，302个案件已部分或全部结束审理，② 在这些案件中有相当数量争端被提起的原因与东道国实施的土地改革有关，从案件涉及的当事方来看，因土地改革而引起的投资案件中被申诉的东道国以多以土地权属复杂土地治理措施机制混乱的低收入与中等收入国家为主。目前，尚未出现有跨国土地投资直接引起的投资争端，但可以预见随着跨国土地投资的继续急剧增加，由此将会产生大量投资争端。本书认为跨国土地投资争端的主体将主要是作为发达农业投资先行国国民的大型农业跨国公司和作为低收入与中等收入国家的东道国。后者为多位于后备耕地资源储备较为丰富的非洲和拉丁美洲地区的国家，这些国家迫于资金和技术的压力，农业开发与发展极为落后。已发生的与土地有关的投资案件中的被申诉的东道国也都是那些国内土地治理机制较为薄弱的低收入与中等收入国家，如津巴布韦。跨国土地投资争端案件将会涉及相关实体待遇标准问题，其中包括对"投资"和"投资争端"的界定，同时外国投资者对东道国土地的利用常常与

---

① Wily, L. A.. Whose land are you giving away, Mr. President? Paper presented to the Annual World Bank Land Policy & Administration Conference, Washington DC., 26th-27th April, 2010.

② 参见万猛：《国际投资争端解决中心案例导读》，法律出版社2015年版。

土地征收相关，这就通常会引起对国民待遇、最惠国待遇、公平公正待遇等待遇标准的探讨。

(二)跨国土地投资争端的特殊性

跨国土地投资作为 FDI 在农业投资领域一种新的投资方式，其导致的投资争端与其他农业投资争端以及其他领域的国际投资争端类型不同。跨国土地投资争端往往具有如下几方面的特殊性：

1. 土地投资争端的重要性

当投资者与东道国之间发生与土地相关的投资争端时，土地权利持有人也可根据投资协定中的争端解决条款提起投资者与国家间投资争端仲裁。早在 20 世纪初期，土地就已经成为国际争端的对象，例如在拉丁美洲开展的土地改革与土地占用对外国公民持有的土地产生了深刻影响。① 20 世纪 30 年代，墨西哥进行土地改革，将美国在其耕地和油田领域的利益国有化以及对美国公民拥有的土地进行了征收，直接引发了美国与墨西哥政府之间的外交交锋，时任美国国务卿的 Cordell Hull 在写给墨西哥国务卿的著名信件中指出，国际法规规则允许征收外国财产，但要求"及时、充分和有效的赔偿"。②（墨西哥——美国双边投资协定，1938 年）。这一赔偿标准后来发展成为著名的"赫尔准则"并且在当代投资条约中得到广泛应用，这充分显示了土地争端在国际投资法历史演进中的重要地位。在更近时期，根据投资协定提起的第一件投资者与国家间投资争端仲裁案就与在武装冲突中遭受破坏的海虾养殖农场有关。③尽管现在许多与相关部门有关的投资争端与土地权属的联系不大，但是，土地不仅与农业有关(占 ICSID 仲裁案的 4%)，同样也是采掘业、房地产开发以及旅游发展的基础。同时，土地治理措施的范围十分宽泛，从为重新分配或归还土地而实施的土地征收，到土地出让的重新谈判，再到土地分区规制以及土地制度改革。这些土地

---

① See e. g. United States of America on Behalf of Marguerite de Joly de Sabla v. The Republic of Panama.

② See G Hackworth, Digest of International Law, vol 3, 1942, vol 5, 1943.

③ See e. g. Asian Agricultural Products Ltd v. Republic of Sri Lanka.

治理措施涉及的国家行为包括地方或中央政府机构的作为与不作为，同样包括议会通过的立法或国内法院的行为。与土地治理措施有关的合法共行为的边界随着国际投资法涵盖面的扩大有了新的定义，使得这些治理措施更易受到投资者与国家间投资争端仲裁的挑战。

2. 涉及土地权属的复杂性

跨国土地投资涉及土地租赁，那么就不可避免地涉及土地权属的交易。根据《非洲联盟土地政策准则》可知，土地权属指的是所创立、确定、分配和享受的不同类别土地权益的本质和方式。① 换言之，土地权属是以土地为载体的各种权利的综合体，包含着土地所有权、土地使用权、土地收益权、土地流转权等相关权利。②

在不同国家拥有不同法律地位的土地权属主体所享有的土地权利也大有不同。在以私有制为基础的发达国家，土地作为私有财产为私人所拥有，个人可以完全持有土地，有权根据本国法律对土地进行流转或出让，改变土地权属内容。而在跨国土地投资东道国所在的非洲和南美洲地区，农业土地的权属存在很大的复杂性，土地权属的主体通常包括国家、农村集体组织、土著社区及其他对有权对土地进行利用的自然人或法人（无论国内还是国外），但国家仍然是土地资源特别是城市土地资源最主要的拥有者和管理者。特别是农村土地权属制度更是错综复杂，在很多小农系统中，个人获得土地完整产权的情况是极少见的，相反，土地通常具备多重权利，使得农民、渔民和森林使用者、游牧民、土著居民和其他社区的土地权属常常缺乏正式法律权利证书的确认。尽管低收入与中等收入国家常常存在土地权属模糊，土地权属管理能力低下的问题，但是为吸引外资以促进本国经济特别是农业的发展，许多低收入与中等

---

① CFS, FAO. Land tenure and international Investment in Agriculture, A report by The High Level Panel of Experts on Food Security and Nutrition, July, 2011, p. 26.

② 张默逸：《非洲农村土地产权改革与粮食生产绩效研究——以非洲32国为例》，南京大学硕士毕业论文，2013年5月，第15页。

收入国家都放宽了市场准入门槛，非公民、企业甚至是跨国企业都可以对土地进行投资和使用。因此，在低收入和中等收入国家的土地权属制度非常不完善的情况下，很多土地连最基本的正式的书面权利证书都不具有，包括外国投资者在内的土地使用者根本无法凭借证书去获得政府的承认和支持，也就更谈不上在征地时依据法定的征地理由、征地程序以及补偿原则、范围、标准或程序维护自身的合法权益。一旦政府以公共利益为由动用征用权，将外国投资者已经获得的土地或土地权利剥夺，导致投资项目的搁置甚至流产且得不到足够的赔偿，就会造成投资者与国家间土地权属争端。

表4　　非洲部分国家外国投资者土地的获得方式与期限①

自由型	博茨瓦纳	鼓励外国人以永久业权方式拥有土地
	纳米比亚	外国人可以取得并拥有除农业用地以外的土地的所有权，土地主要以永久业权的方式存在
	摩洛哥	具有活跃的土地市场，外国人可以取得土地所有权
	埃及	允许外国人拥有土地，99%的埃及土地可以通过永久业权的方式拥有
较自由型	肯尼亚	外国人可以拥有商业和住宅用地，不能拥有农业用地，土地可以通过99年的租赁来使用
	卢旺达	外国人必须在银行存款50万美元(为期6个月)，才能在卢旺达获取并拥有土地。外国人不得取得政府所有并控制的土地上的任何利益。土地租赁期限为50年至99年之间
	毛里求斯	外国人可以在特批项目中购置不动产，并能获得居留权(最小投资金额50万美元)

---

① 参见非洲投资网：http：//www. invest. net. cn/News. 根据土地基本权利在政府与公民之间的配置，以及外国主体所能享有的权利范围来划分，各国对于土地绝对所有权、永久业权、租业权的规定不尽相同。

限制型	安哥拉	所有土地国家所有,只能通过许可进行长期租赁
	莫桑比克	政府拥有所有土地,土地通过为期99年租赁方式使用。外国人可以通过此租赁方式使用土地。
	刚果(金)	所有土地国家所有,没有土地所有权与土地转让的实际系统,所有权问题极为复杂
	埃塞俄比亚	本国公民可以自由保有土地,但外国人不能。大多数土地能够通过租赁来使用,土地登记不完善
	坦桑尼亚	政府拥有所有土地,外国人可以获得33年到99年之间的租赁期限

3. 涉及法律内容的复杂性

从法律角度而言,跨国土地投资争端所涉及的法律既包括国内层面的法律,也包括国际法层面的制度。在国内法层面,东道国国内土地法或投资法对土地投资项目的行政管制,包括跨国土地投资的准入、限制以及跨国土地投资过程中出现的环境保护等事项的管理,以上也是跨国土地投资争端会涉及的实体法内容。在国际法方面,东道国与外国投资者作为跨国土地投资的主体,二者之间存在一种国际投资法律关系。根据东道国的相关承诺,外国投资者通常享有一定的投资待遇,如国民待遇、最惠国待遇、公平公正待遇、获得持续和充分的投资保护等等,但同时,外国投资者在东道国内必须履行适当投资的相关义务,如增加就业、保护环境、推动东道国经济发展等。当东道国为填补国内发展的经济空缺,在引进外资时应当承担一定的责任,如应当为外国投资者提供较为一个安全、稳定的跨国土地投资环境,并对境内涉及自然资源的相关投资进行管制。跨国土地投资争端中的法律问题在一定程度上体现了国际投资争端当事方所在国之间在土地需求和供给方面的潜在冲突,为跨国土地投资争端蒙上了一定的政治化色彩,容易对所涉及国家的粮食安全和国家农业战略选择产生影响。随着跨国大规模土地交易的急剧增加,跨国土地投资背后的粮食资源战略与国家利益使得跨国土地投资争端的内容更为复杂。

(三)跨国土地投资争端的多重法律关系

跨国土地投资争端作为一种国际投资争端,在法律层面上的复杂性表现为多重法律关系同时贯穿于土地投资的全过程中。

1. 东道国与外国投资者之间的行政管理关系

土地作为一国最基础最重要的生产资料,是一切自然资源的载体,具有政治、经济、文化以及精神价值。确认和尊重一国国家主权最直接的国际法依据是国家自然资源永久主权原则,该原则体现跨国土地投资领域的国家资源主义概念,因此,国家对其境内的土地及依附于土地的自然资源具有天然的治理权力,这种权力具体体现为东道国根据本国法律对境内外国投资者利用土地的经济活动进行管制,由此,在东道国与外国投资者之间形成了一种行政管理关系,主要体现为东道国法律对境内土地投资准入范围的限制,对土地投资运作中涉及的土地、水资源等自然资源及环境的管理等内容。

2. 东道国政府机构与投资者之间特许协议的合同关系

在国际农业投资的设立过程中,跨国土地投资中的国家与外国投资者之间常常签订为土地投资协议或土地交易合同,由此形成了特许协议合同关系。在许多出现大规模征地的国家里,土地、水及其他自然资源均为政府所有,似乎政府在鼓励外来投资、提供土地、与投资方谈判和执行合同协议方面都起着核心作用。但通过对可获得的土地投资合同研究可知,土地投资东道国通常为经济实力较弱、土地权属法制不健全且专业谈判能力不高的低收入与中等收入国家,再加上对外国投资资金的急切需要,东道国往往在合同或协议中给予外国投资者过度优惠的土地投资待遇,往往忽视了本国国民的土地权利。这说明东道国在这一合同关系中处于比较不利的地位,极易造成本国公民的不满,引起地区暴力冲突甚至投资争端。对此,粮农组织土地权属处提供的法律建议指出,应当为土地投资建议书的严格审核提供支持,必须建立严格的制度,把遵守投资计划及现有土地政策作为租地的前提。投资合同中应该保证有一项条款,规定一旦投资者违反已定条款,或未能提供充分补偿,政府有权(代表当地社区)终止协议或合同。① 如果投资活动违反了土地合同中的具体规定,交易将被视为无效,政府有权收回土地。但事实上,土地投资东道国常常缺乏能力,难以监督投资者是否遵循了商业计划中的规定。同样,各国政府往往也缺乏这方面的权力与政治意愿。

3. 跨国土地投资母国与东道国之间的双边或多边条约关系

同以上两种法律关系不同,在跨国土地投资的多重法律关系中,只有缔约方之间通过条约建立起来的双边或多边关系中的主体具有相对的平等性,这就使得跨国土地投资争端在一定程度上具有公法的属性。在国际层面,双边投资保护条约中与跨国土地投资争端相关的内容主要体现在对投资及投资者的界定、对投资待遇的保护、对征收和外汇的相关承诺以及争端解决方式的详细规定。跨国土地投资争端产生后,往往由主张自身遭受损失的投资者根据其所在国和东道国签订的 BITs 中有关投资待遇的承诺对东道国在相应仲裁机构提起诉讼,要求予以赔偿损失。② 在解决跨国土地投资争端的过程中,是由于缔约方之间通过条约建立起双边或多边的条约关系,使得东道国对跨国土地投资富有提供相应投资待遇和投资保护的义务,凸显了土地投资保护中的国家责任。

第二节　跨国土地投资争端解决的法律基础

一、全球性跨国土地投资相关原则

为了规范跨国土地投资和各国在土地治理中的行为,国际社会通过一系列会议磋商,最终形成了规范各国土地权属治理的《国家

---

① CFS, FAO. Land tenure and international Investment in Agriculture, A report by The High Level Panel of Experts on Food Security and Nutrition, July, 2011, p. 12.

② 张正怡:《能源类国际投资争端法律问题研究》,法律出版社 2014 年版,第 27 页。

粮食安全范围内土地、渔业及森林的负责任治理自愿准则》(以下简称"VGGT")和指导国际农业投资行为《农业和粮食系统负责任农业投资原则》(以下简称"负责任农业投资原则")两份文件。

(一)负责任土地权属治理自愿准则

VGGT 由世界粮食安全委员会(CFS)于 2012 年 5 月 11 日召开的第 38 届特别会议上一致通过,是第一个向国家和非国家参与者提出了应当如何推进负责任土地权属治理的综合性全球工具。此准则的最终确立经历了长达两年的广泛磋商以及一年的政府间谈判,多方利益相关者参与其中并发挥了重要作用,为跨国土地投资涉及的东道国土地治理提供了较为明确的法律指导框架。

1. 跨国土地投资推动 VGGT 的出台

近年来,全球粮食危机诱使跨国土地投资的急剧增加,许多外国投资者纷纷涌入土地治理体制薄弱的国家大规模购置农业用地,引发了复杂的经济、社会、法律和伦理问题,并与全球粮食安全、减贫和促进农村发展息息相关。土地权属治理体制薄弱不利于东道国的农业投资、经济全面增长以及对环境的保护和农业可持续发展。如果东道国政府土地治理行为败坏,或者土地权属行政管理混乱,则不足以保护民众,致使他们失去赖以生存的农地、家园和生计手段。当土地权属治理不力导致无法控制的暴力冲突,会造成外国投资者投资项目赖以开展的土地的丧失与经济利益的减损,导致外国投资者与东道国之间的跨国土地投资争端,阻碍全球农业投资的发展。为应对这些问题,国际社会传统的农业海外投资既得利益者如美国、日本及欧洲国家积极推动了 VGGT 的出台,以期待改善东道国国内的土地权属治理,避免因权属不清引发的农业土地投资经济与法律纠纷。

2. VGGT 对跨国土地投资者土地权属的保护与限制

VGGT 强调各国应当承认和尊重所有合法权属权利人及其权利,保护合法权属权利不受威胁、侵害或任意剥夺,同时,强调"若处于公共目的征用权属权利,则国家应提供及时、公正的补偿"。这就说明外国投资者在东道国进行土地投资所获得的土地财产及权利应当获得保护,在征收情况下应当获得补偿。除此之外,

VGGT 指明，包括商业企业在内的非国家行为体有责任尊重人权以及他人的合法权属权利。各国依据其国际义务，应就商业企业对人权及合法权属权利造成的负面影响提供有效司法补救途径。如果涉及跨国企业，则企业母国需要协助相关公司及其所在国，确保公司不侵犯人权及合法权属权利。这就对外国投资企业既提供了法律保护，也进行了法律限制，有利于保持外国投资者土地权属利益与东道国利益之间的平衡。同时 VGGT 规定，对 VGGT 进行解释和适用时，应当尊重国家及国际法规定的现有义务，并且适当顾及相应区域和国际性文书下出做的自愿承诺，这就说明各国在进行土地政策调整或土地改革时，应当顾及缔结的双边或区域投资协定中的义务，否则，就有可能陷入投资者与国家间投资争端。

3. VGGT 对跨国土地东道国的土地改革要求

VGGT 呼吁各国在重要的土地政策领域进行改革，这将会推动各国土地改革活动的增加。VGGT 呼吁各国应当承认和保护所有的"合法权属权利"，为土地归还、土地重新分配、土地制度改革、农业投资以及土地行政管理等问题提出了指导。VGGT 中包含许多关于土地重新分配、归还与土地制度改革的条款。这些条款明确指出，国家应当在重新分配型改革过程中考虑到"社会、经济及环境等各种因素，如所有权高度集中，又因缺乏获取土地、渔业和森林资源的途径而发生严重的农村贫困现象"。国家如果决定实施重新分配型改革，则应当明确确定改革计划的目标与计划受益人，采取相关措施以确保改革得以持续，改革受益人能够能依靠土地获得良好的生计。此外，自愿准则提供了一些措施，以指导将土地归还给因为历史原因而流离失所的人。国家应当考虑对"合法权属权利"的丧失进行补偿，土地归还应当具有实质性，如果无法归还园地块或土地，国家应当以金钱和/或其他替代地块或土地的形式提供及时、公正的补偿①。最后，自愿准则对土地制度改革提供了广泛的

---

① CFS, FAO. Voluntary guidelines on the responsible governance of tenure of land fisheries and forests in the context of national food security, 38th (Special) Session of the CFS, May, 2012, pp. 22-23.

指导。例如，自愿准则呼吁对所有的"合法权属权利"给予法律保护，包括目前在很多国家尚未得到法律认可的习惯权属①。VGGT要求，对于没有被纳入法律保护的土著权属予以保护，如果土著居民的权属权利被不公正地剥夺，则受影响的族群有权得到补偿，方式包括归还权属权利。当归还权属权利不可能实现时，对土著居民传统上所拥有，或通过其他方式占有或适用的土地、领地和资源，如果未得到其自由、事先知情的同意即被没收、剥夺、占有、使用或破坏，则应给予公正、公平和等值的补偿。

由此可见，VGGT 似乎更倾向于对东道国国民土地权属的保护，外国投资者在跨国土地投资中的土地使用权将会受到挑战。

（二）负责任农业投资原则

与 VGGT 着重强调完善跨国土地投资东道国土地权属体制不同，负责任农业投资原则对农业投资主体开展国际农业投资的良好实践提出了具体要求。

1. 负责任农业投资原则的提出

不规范的国际农业投资是国际组织提倡负责任农业投资原则的直接原因。2008 年，韩国大宇集团与马达加斯加政府签署了合作备忘录，马国政府原则同意将 130 万公顷土地长期租给大宇集团用于种植棕榈树（30 万公顷）和玉米（100 万公顷）及其产品加工和出口，租期为 99 年。据美国政府估计，大宇在马达加斯加租用的农田约占其可耕地面积的一半。上述项目引起了马国反对党和民众的普遍不满，并最终导致马国政府在 2009 年 1 月倒台，最终由反对党组建的临时政府全面废除了与大宇集团的合同。自此之后，这种在海外进行农业投资的趋势得到了国际社会的重视，包括知名非政府组织施乐会（Oxfam）在内的批评方指出，大规模土地交易是一种"新殖民主义形式"。在此背景下，世

---

① CFS, FAO. Voluntary guidelines on the responsible governance of tenure of land fisheries and forests in the context of national food security, 38th (Special) Session of the CFS, May, 2012, pp. 3-7.

界银行敦促就通过跨国土地交易进行农业投资设立原则。不规范的农业投资行为引发了发展投资国内部的强烈反弹，东道国政府面临着越来越大的政治压力，部分东道国开始采取措施限制跨国土地投资。例如，莫桑比克暂停生物燃料项目用地供给，阿根廷通过了限制外国人购买土地的法案，乌拉圭也将有类似行动。2011 年 2 月，在达喀尔召开的世界社会论坛期间，"农民之路"和西非农民和生产者网络，在食为先信息及行动网络国际协会（Food-first Information and Action Network International）等其他组织的协助下，推动通过了《达喀尔反土地掠夺请愿书》。① 2011 年 2 月至 6 月，500 多家民间社会组织签署了该请愿书，并呼吁各国政府立即停止目前或今后的大规模土地掠夺行为，归还所掠夺的土地，并请求"各国、各区域组织和国际机构保障人民拥有对土地的权利，支持家庭农业和农业生态建设"。②

2. 负责任农业投资对跨国土地投资的要求

正如前文所提及的，伴随跨国土地投资的增长，许多外国投资者纷纷涌入土地治理体制薄弱的国家大规模购置农业用地，在东道国引发了复杂的经济、社会、法律和伦理问题。负责任农业投资原则为外国投资者在东道国进行跨国土地投资的活动提出了良好实践的要求。负责任农业投资原则的总体价值应符合 VGGT 所述实施原则：个人尊严，不歧视，公平公正，性别平等，通盘考虑与可持续方法，磋商和参与、法治、透明、问责以及持续改进。负责任投资应尊重且不侵犯他人的人权，应对不利的人权影响；防止剥夺合法的权属权利和环境损失。负责任农业投资原则支持东道国在国家粮食安全范围内逐步实现充足粮食权的义务与尊重人权的责任。根据劳工组织核心公约的规定，负责任的农业投资应当是尊重工作中的根本原则和权利，支持有效实施其他使

① 《达喀尔反土地掠夺请愿书》，www.fian.org/news/press-releases/dakar-appeal-against-the-land-grab/pdf。

② 王士海、李先德、陈秧分：《跨国农业土地权属交易及相关国际规则制定动向》，载《中国人口·资源与环境》2015 年第 1 期，第 99 页。

用的国际劳工标准，特别是关注农产品相关的标准，根除"最恶劣形式的童工"。农业和粮食系统负责任投资应遵守国家法律和公共政策，尊重法治和法律的实践，反对腐败。考虑到跨国土地投资中常常存在权利不对等的情形，负责任农业投资原则要求在作出农业决策之前应当与可能受到投资决策直接影响的人群进行沟通，响应他们的诉求。特别是应当与土著居民进行有效有意义的磋商，根据 VGGT 和《联合国土著人民宣言》获得他们自由的预先知情同意。商业企业有责任遵守东道国法律法规以及所使用的国际法律，尊重合法的权属权利，恪尽职守避免侵犯人权。尽管负责任农业投资原则不具有强制的法律约束力，但对外国投资者跨国土地投资提出了具体要求，外国投资者要想在东道国获得支持，避免争端，就应当遵循这些良好实践原则。

二、国际投资协定中跨国土地投资法律制度

由上文可知，在国际投资法领域，投资保护条约中与跨国土地投资相关的内容主要体现在对投资及投资者的界定、对投资待遇的保护、对征收和外汇的相关承诺以及争端解决方式的详细规定。

(一)IIAs 对跨国土地投资保护的覆盖

低收入与中等收入国家的大规模土地交易与土地政策受到了国内立法与国际法律框架的监管并引起了广泛的争论。IIAs 作为国际法律体系的重要组成部分，其不仅数量显著增长，范围也有了大幅度扩展，包括双边投资协定(BITs)、自由贸易协定(FTAs)与区域贸易协定(RTAs)中的投资章，以及为特殊目的协定如《能源宪章条约》。但从缔结的数量与实际利用情况来看，以 BITs 为主要形式的 IIAs 体系覆盖范围超过了历史上任何时期，逐渐取代了国内法与习惯国家法成为规范投资者与国家间关系的主要法律工具，正朝着"更加错综复杂的投资保护条款与自由化承诺"方向发展。厘清土地权属是否属于 IIAs 保护的范围，有利于投资者土地权属受到侵犯时寻求 IIAs 提供的争端解决办法，避免无法获得救济途径情况的发生。

　　为了评估投资协定覆盖土地交易的程度，本书将 Land Metrix
与 UNCTAD 两个数据库的数据进行了比对，并得出了相关结论。
从全球范围来看，Land Metrix 中 64% 的农业投资土地交易至少受
到一个已生效的投资协定的保护。如果将 2000 年 1 月 1 日之后签
订但尚未生效的投资协定算在内，则该比例将增长至 70%。特定
国家的具体数据指明了可观的投资协定覆盖范围（如图 4、图 5 所
示）。就投资者母国而言，总部位于英国的投资者参与的 106 项海
外土地交易中的 80%，印度 46 个交易中的 61% 以及越南 48 个交易
至少受到一项在 2000 年 1 月 1 日后生效或签订的投资协定的保护。
从东道国角度而言，印度尼西亚达成土地交易中的 98%，老挝的
96%，柬埔寨的 90% 以及莫桑比克的 85% 为一项投资协定所覆盖。
与此形成较大差异的是，加纳只有 36% 的土地交易为投资协定所
覆盖。据报道，巴西是 47 项农业投资的接受国，但是没有一项覆
盖在投资协定中。区域一体化进程及配套的区域投资协定对投资者
或东道国产生了影响。

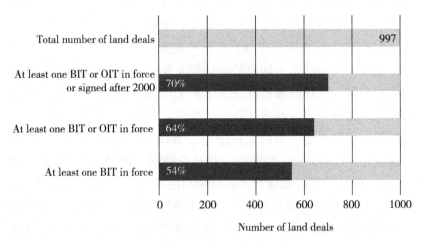

图 4　投资协定所覆盖的跨国土地交易数量

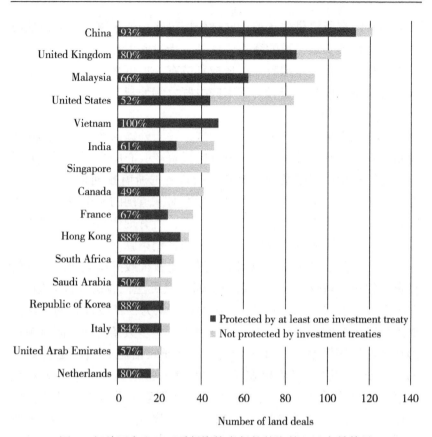

图 5 相关国家和地区受投资协定保护的海外土地交易数量

（二）IIAs 中与跨国土地投资有关的实质待遇条款

国际投资协定通过设置具体条款使外国投资者的"投资"在东道国免受一系列政治风险的损失，即免受东道国政府的征收、国有化或者禁止外汇兑换与转移对其财产带来的侵害。一些国际投资协定对涉及土地权利条款的适用进行了严格的限制。例如，一些投资协定将土地排除在投资协定中防止征收条款的应用之外。① 基于这些条款，外国投资者在跨国土地投资中持有的土地权利就有权获得

① E. g. ASEAN Comprehensive Investment Agreement of 2009, Article 14, footnote 10.

189

可适用的协定所提供的待遇，同样依据可适用的最惠国待遇条款而获得其他相关协定提供的待遇。此外，当投资者与东道国之间发生与土地相关的投资争端时，土地权利持有人也可根据投资协定中的争端解决条款提起投资者与国家间投资争端仲裁。

1. 征收条款

征收是干预财产最为严重的形式，关于外国财产征收的国际法规则一直以来都是外国人尤其是外国投资者关心的主要问题。如果没有足够补偿而对投资加以剥夺，投资者的所有预期将毁于一旦。在习惯法层面，保护外国人的最低标准对东道国的领土主权进行了限制并保护外国人财产。在条约法层面，所有现代与外国投资相关的协议都包含了关于征收前提与结果的特定条款。

传统国际法规则认定原则上东道国有权征收外国人财产，现代投资条约也尊重这一点，但条约法通常只关注征收的条件和结果，并不涉及征收权问题。① 当今普遍的观点认为，征收措施的合法性要满足三个或四个条件，这些要件包含在大多数条约中并同时被视为部分习惯国际法，主要内容为：（1）征收措施必须满足公共目的。由于"公共目的"界定宽泛，仲裁庭通常在具体案件中解释该术语的重要性及其界限。（2）在公认的术语意义范围内，征收措施不能具有任意性和歧视性。（3）征收程序必须遵守正当程序原则。② 正当程序是对习惯国际法的最低标准和公正公平待遇要求的体现。（4）征收措施必须有及时、充分和有效的赔偿。目前，及时赔偿是指没有不适当的拖延，充分赔偿的理解是指与被征收的投资的市值一致，有效补偿指的是支付必须用可兑换的货币进行。

一般情况下，国家不愿意通过严厉公然的措施公开征收外国人

① 一些国家(比如厄瓜多尔、秘鲁)通过宪法规定它们与外国投资者之间订立的合同协议不得因单边行为而修改，但是它们当时并没有把征收排除在外。厄瓜多尔宪法(1998年)第249条对所有涉及公共服务的合同作出规定："不得因法律或其他措施而单方面修改合同条款。"秘鲁宪法(1993年)第62条规定："通过合同法律，国家可提供保障和保证，不得单方面立法修改合同。"

② See eg ADC v Hungary, Award, 2 October 2006, pp. 429-433.

财产而使本国投资环境陷入险境，因为通过官方行为剥夺外国人财产权利会带来负面舆论效应，并可能对国家吸引对外投资方面造成损害。因此，间接征收的重要性不断加强。间接征收并未触及投资者权利，却剥夺了其有意义地利用外资的可能性，而国家否认存在征收并且不考虑支付补偿。早在 19 世纪二三十年代，仲裁法庭和常设国家法庭的案例法中便已明确认可间接征收的概念。如今，一种普遍的观点认为，即便所有者拥有正式权利，某些干涉外国投资者财产权益的措施都会被认定为征收行为并索要补偿。所争议的问题就是划分不能补偿的管制及其他政府行为与可补偿的间接征收措施，东道国希望扩大无补偿政府行为的范畴，而投资者则主张对间接征收作出广义解释。

　　大多数现有的双边投资条约通常包含关于间接征收或其他类似行为的规定。比如，现行的《法国双边投资条约范本》中写道：“缔约一方不得对另一方国民或公司的投资实施直接或间接的征收或国有化或是其他剥夺所有权的措施。”①而根据《德国双边投资条约范本》之规定，“不得对任一缔约国投资者的投资实施直接或间接征收、国有化或是其他和征收和国有化有同等效果的行为”②。2004年和 2012 年美国双边投资条约范本对这一问题进行了更为详细地说明，在第 6(1)条中规定：“任何一方都不得通过实施效果等同于征收或国有化的措施，直接或间接地对已支付的投资进行征收或国有化。”同时又在附件 B 中专门就“征收”作了详细说明：“(1)判断在某种特定情况下一方的行为或一系列行为是否构成间接征收应以事实为依据，具体问题具体分析。调查中需要考察的关键因素是：(i)政府行为的经济影响。尽管一方的行为或一系列行为对某项投资的经济价值造成了负面影响，但这仅会被看作孤立事件，并不能由此认定间接征收已经实际发生。(ii)政府行为对明确合理的投资预期的影响程度。(iii)政府行为的性质。(2)在极少数情形下，一方采取非歧视规制措施来保护合法的公共福祉，例如：公众健康、

---

①　French Model Treaty, Art. 6 (2).

②　German Model Treaty, Art. 4 (4).

安全以及环境，这类措施不构成间接征收。"

事实上，许多仲裁庭已经指出，对于一个征收索赔的合理分析必须要跳出法律程式的技术性考量并要"审视真正相关的利益以及政府措施的目的和效果"。① 这就意味着，法庭已越来越接受必须从结果而不是形式层面分析判断征收行为。重要的不是国家是否明文规定或者是否明确宣告其正收益图等，重要的是政府行为的效果，即政府是否对外国财产权利或是投资的控制权存在渎职、违法行为或是行政不作为，抑或是三者皆而有之。

2. 充分的保护与安全条款

充分保护与安全的传统定义比较模糊，且不易于在实际操作中适用。但正如 BITs 中包含的其他标准一样，仲裁判例不断完善了该术语的理解。一个广泛的共识是，充分保护和安全标准并不提供对暴力威胁或法律侵权的绝对保护。依据国家责任法，东道国不承担防止上述侵犯的严格义务。相反，广为接受的观点是东道国需"严格审慎"，并根据具体情形对外国投资采取合理的保护措施，缺乏实行适当措施的资源并不能成为东道国的借口。② 一旦国家机关本身的行为违反了该标准或者实质性促成了此种行为，该东道国将直接被认定为负有责任，而不用进行归因或者"恪尽职守"的审查。如果东道国是在行使其立法和管理的权力并根据情况采取合理措施，其行为不违反充分的保护和安全标准。承认东道国的治安权本身并不会得出不同的结论，这种权力属于在国际法范围内进行监管的主权权力，其本身并不能使那些对投资者权利有深远影响的措施正当化。③ 东道国提供实质保护和安全的责任所针对的可能是来自国家机关的侵犯，也可能是来自私人群体的暴力威胁与骚扰，因此充分的保护和安全标准要求对投资者提供法律保护。但是在 Azurix 诉阿根廷一案中，仲裁庭认为"及时未发生暴力或破坏行为，

---

① S D Myers v Canada, First Partial Award, 13 November 2000, para 285.

② LESI v Algeria, Award, 12 November 2008, para 174；双边条约适用于该案，要求给予充分、及时和有效的保护与安全。

③ AES v Hungary, Award, 23 September 2010, para 13. 3. 2.

东道国仍然有可能违反充分保护和安全"①："对投资者来说，一个安全的投资环境提供的稳定性同样非常重要。"同时，仲裁庭认为充分保护和安全不仅要求东道国对损害进行阻止，还要求其"恢复到先前状态"以及"惩罚侵害主体"。②

3. 国家责任

无论是根据习惯国际法的规定还是仲裁庭实践，一国应当为本国国家机关的行为承担责任。国际法委员会《国家责任条款原则》（以下简称《条款》）第 4 条对国家机关的行为进行了界定："（1）任何国家机关，不论行使立法、行政、司法职能，还是任何其他职能，不论在国际机构中具有何种地位，也不论该政府机关或该领土单位机关具有何种职能，其行为应该视为国际法所指的国家行为。（2）国家机关包括依该国国内法具有此种地位的任何个人或实体。"仲裁庭则更为清楚地表明，一国对该过众多国家机关的行为承担责任，所谓"国家机关的行为"，行为人包括政府高级官员、军队和警察、国家财政部门、立法机关和法院。不同的是，仲裁庭拒绝将私人行为归责于国家。③《条款》第 7 条规定："国家机关或经授权的行使政府权力要素的个人或实体，若以此种资格行事，即使逾越权限或违背指示，其行为仍应被视为国际法所指的国家行为。"这就说明，即使国家机关的行为违反法律或上级命令，该国仍要承担责任。换言之，一国不能以其机关行为超越权限为免责事由。仲裁庭在实践中遵循该原则，如在 SPP 诉埃及一案中，被申请人宣称，申请人所依赖的埃及官员的某些行为是无效的，因为这些行为违背了公有土地不可让与的本质属性，而且相关程序不符合埃及法律的要求。仲裁庭未采纳该理由，但强调投资者有理由信赖政府官方代

---

① Azurix v Argentina, Award, 14 July 2006.

② See Parkerings v Lithuania, Award, 11 September 2007, para 354.

③ Tradex v Albania, Award, 29 April 1999, paras 136, 147, 165, 169, 175, 198. 仲裁庭认为，对外国投资者农场的占有行为是村民实施的，不能归责于阿尔巴尼亚。Bayindir v Parkistan, Award, 27 August 2009, para 119, 仲裁庭认为，因为相关实体有独立人格，行为属于合同一方主体而非国家机关的行为。

表人，指出："无论有关行为是否符合埃及法律，其实施者都是埃及官方，包括政府的最高行政官员。尽管被申请人如今宣称这些行为触犯埃及地方法律，但投资者当初因其而产生的期待受国际法原则的保护。"①除上述归责原则，若一国有义务保护投资者免遭不利待遇但却未能尽责，那么该国也可能因有关实体的行为而需要承担责任。在这种情况下，国家责任产生的原因不是归责理论，而是保护投资者的义务。该义务可能源于习惯国际法的最低标准，也可能源于 BIT 或其他条约所规定的义务。但无论是依习惯国际法还是依投资条约，东道国都有义务保护投资者不受非法干扰。在 BITs 中，这种待遇标准或是被归为充分保护和安全，或是被视为公正公平待遇标准的组成部分。东道国不但应保护投资者免受国家实体的侵害，而且也应在其职责范围内杜绝损害投资者权益的私人行为。此外，考虑到一国对国际实体享有监管和控制权，且知悉国家实体的计划行为或实际行为，因而针对来自国家实体的侵害，一国对投资者承担着更为严格的保护义务。

4. 合理期待条款

投资者的合理期待基于东道国的法律体制和东道国的任何明示或暗示的保证与陈述。投资者有权依赖的法律体制包括立法和条约、法令担保、许可执照和与契约性保证相似的执行声明。明确陈述在产生合理预期上起着重要作用。东道国作出的或明示或暗示的担保和陈述是合理预期的最坚实的基础。东道国后悔其作出的保证，而投资者已根据该保证产生合理期待，则构成违反公平公正待遇标准。② 许多仲裁庭已强调，投资者的合理期待是基于在投资者获得其投资时东道国的法律规则。③ 但仲裁庭同时越来越多地强调对稳定的要求并非是绝对的，这种要求也不影响东道国通过国家主

---

① SPP v Egypt, Award, 20 May 1992, para 83.

② 关于早期外国投资法律对"合理期待"的探讨，参见 R Dolzer, 'New Foundations of the Law of Expropriation of Alien Property' (1981) 75 AJIL 553。

③ T W Wälde, 'Energy Charter Treaty-based Investment Arbitration', World Investment. p. 387.

权立法以及调整法律体系以适应变换的环境。① 关键在于，这些措施是否超出了通常监管权力的界限，并且对投资的监管框架进行重大改变是否超出了可接受的改变范围。换言之，"缺少对外国投资者具体的稳定性承诺的一般立法的改变，反映了东道国的不被 BIT 的公平公正待遇标准所禁止的政府性权力的合法实施"。② 在投资者要求稳定的权利和东道国要求监管的权力之间做决定时，一些仲裁庭将投资者的合理期待和东道国在涉及公共利益时的责任进行了衡量。③ 在产生合理期待的时候尤为重要的是东道国为吸引投资作出的特别保证和表示。但即使这样，一些仲裁庭也认为仅仅是政治性声明并不足以产生合理期待。

第三节　跨国土地投资争端实践

一、与跨国土地投资有关的投资争端先例分析

对过去裁决的依赖性是任何有序决策过程的典型特点，对过去的裁决者所积累的经验的应用在保障法律均衡性和稳定性方面扮演着重要的角色。一个连贯的判例法强化了判决结果的可预测性，也增强了裁决结果的权威性。就目前仲裁实践来看，并不存在由跨国土地投资直接引发的投资者与东道国之间的投资争端。在仲裁先例中，存在一些由于东道国土地改革而引发的投资争端，通过对这些与东道国土地有关的投资争端进行分析，可以为将来可能产生的跨国土地投资争端的解决提供"先例"作用。

总的来说，在国内土地改革中，外国投资者的土地权利通常在如下几种情形中受到国家行为的约束：(1)公共主管当局可能会为了将土地重新分配给弱势群体(重新分配土地)或对土地权利具有历史诉求的人们(归还土地)而对外国投资者持有的土地进行征收；

---

① Suez v Argentina, Decision on Liability, 30 July 2010, para 209.

② El Paso v Argentina, Award, 31 October 2011, para 402.

③ EDF v Romania, Award, 8 October 2009, para 217.

（2）那些已经与外国投资者建立了伙伴关系的国有企业在土地改革中面临被私有化的风险（私有化）；（3）土地改革将会影响外国投资者土地权利的内容（制度改革）；（4）主管当局未能保护外国投资者持有的土地免于一些倡导土地改革的人们的暴力争夺（土地侵占）。因此，本书将分别对此五种情况下发生的投资争端进行分析并进行相关总结。

1. 与土地重新分配有关的争端

土地重新分配①项目已经导致了多起投资者间国家投资争端仲裁。在这些争端中，投资者诉称国家行为违反了可适用投资协定中的征收条款，这些条款决定了征收具备合法性的条件。尽管各投资协定关于征收的措辞各不相同，但其规定的条件通常包括公共目的、非歧视性以及符合一定标准的赔偿支付。投资者同样也会根据公平与公正待遇标准申请仲裁。

已经公布的与土地重新分配有关的投资者与国家投资争端仲裁案包括：Bernardus Henricus Funnekotter 诉津巴布韦——该案主要与津巴布韦富有争议的快速土地重新分配项目有关；Bernard Von Pezhold 等人诉津巴布韦以及 Border Timbers Limited，Border Timbers International（Private）Limited 与 Hangani Development Co.（Private）Limited 诉津巴布韦——这两起仲裁案都与津巴布韦土地重新分配有关且正在仲裁中；Vestey 集团有限公司诉玻利维亚共和国——该案正在进行中，也与委内瑞拉土地征收有关。② 土地所有者同样根

---

① 土地的重新分配主要涉及南部非洲的大部分国家，目的在于向处在劣势的穷人提供获得住宅和生产所用土地的途径，提高生活水平。土地重新分配常常涉及种族争端，如 2000 年，津巴布韦开始推行"快车道"项目改革，将无偿收归农场的条款写进宪法草案，黑人暴力抢占了白人农场，4500 个白人农场全部被没收，并被分配给没有土地的黑人。政府未对土地作任何赔偿，仅仅对农场土地上的一些建筑设施，诸如房屋等，按照政府的评估予以赔偿。

② Hepburn, J., and Peterson, L. E.: ICSID Tribunals Composed in Cases against Pakistan, Costa Rica, and Venezuela; Pakistan Swiftly Moves to Challenge Claimant's Nominated Arbitrator, Investment Arbitration Reporter, 26 July, 2012. www.iareporter.com/articles/20120726.

据投资协定针对土地重新分配向国内法院提起了诉讼，① 尽管其管辖权范围取决于国内法在何种程度上允许法院直接适用国际协定。

根据投资协定中设定的征收条款，仲裁庭承认国家有权为了土地重新分配的目的征收财产，但前提是遵守法律要求。在Bernardus Henricus Funnekotter 等人诉津巴布韦仲裁案中，仲裁庭认为，土地征收违反了可适用的投资协定，因为津巴布韦政府未根据有关协定条款要求给予公平的赔偿，因此仲裁庭命令津巴布韦对申请人给予赔偿。仲裁庭同样阐释了应当如何对赔偿进行界定。大部分的投资协定要求根据市场价值进行赔偿。Funnekotter 案的仲裁庭明确指出"财产的真实价值并不应当等于耕地的价值加上农业运营所必需的各类房屋与设备的评估价值。真实价值应当根据整片土地被征收时的市场价值来决定"。

2. 与土地归还有关的争端

土地归还项目的实施同样也受到投资协定的影响。虽然并不存在为公众所知基于投资协定提起的与农村土地归还直接相关的投资者与国家间投资争端仲裁，但二者之间的关系在一起国际人权法判例中有所凸显。在该起 Sawhoyamaxa 诉巴拉圭案判例中，国家以当前由外国投资者所有的土地受双边投资保护为由拒绝将土地归还给土著居民。

Sawhoyamaxa 诉巴拉圭案具体案情如下：

非土著群体长达数十年的殖民统治以及市场经济渗透不仅剥夺了社区土地，而且还导致了私有制的形成与土地买卖，将公地围上了私有的栅栏。1991 年，土著社区启动了归还土地的国内法律程序，向国家提出了归还其祖传土地的诉求，并最终将该案提交到了美洲人权法院。巴拉圭政府反对土地归还的诉求的部分理由是该诉求"与已经登记的财产权利相冲突"，最后根据德国—乌拉圭双边

---

①　Günter Kessl, Heimaterde CC and Martin Joseph Riedmaier v. Ministry of Lands and Resettlement and Others. 本案法律争议焦点是违反了宪法规定的人权以及国内土地法规定的程序性保障措施。该案的申请人均为德国公民，通过援引 1997 年德国—纳米比亚双边投资协定寻求法律保护。

协议对德国投资者进行了保护。该案表明，土地归还可能侵犯投资者的财产，违反相关的投资协定。2006 年，美洲人权法院在审理中注意到投资协定仅仅只是对征收的合法性进行了某些限制，如应当符合公共目的而并未予以禁止。该法院同样认为，旨在承认土著居民集体财产权的土地归还可以构成公共目的，并命令投资者在三年内归还土地。2014 年，在这场长达 23 年的法律争端得以解决后，巴拉圭通过了一项法律为土地征收以及向 Sawhoyamaxa 社区归还土地提供了法律依据。2014 年 9 月，一些拥有相关财产的公司向宪法提出了挑战但最终被巴拉圭最高法院驳回。该项法律的实施是否会导致外国投资者根据德国—乌拉圭双边投资协定提起投资者与国家间投资争端仲裁以及结果会如何还需拭目以待。

3. 与土地私有化有关的争端

当国营企业将其土地将所有权转移至当地农民时，这种国有农场私有化的措施同样会导致投资者与国家间投资争端的产生。Trades Hellas S. A. 诉阿尔巴尼亚共和国仲裁案便是典型案例。在该案中，阿尔巴尼亚国营企业以其所拥有的土地作为向合资企业的出资，与希腊投资者建立了一家合资企业在阿尔巴尼亚从事农业生产。作为社会主义改革的一部分，阿尔巴尼亚提出了一项将农业生产合作社所有的土地私有化的计划，随后该计划扩展至国营企业。因此，在合资企业建立之后，阿尔巴尼亚当局将其大部分土地私有化。结果，阿尔巴尼亚当局将土地转让给了当地村民直接导致了合资企业的解散。

投资者诉称各项措施构成了征收并根据阿尔巴尼亚法律与1991 年阿尔巴尼亚—希腊双边投资协定申请仲裁以寻求赔偿。但是，仲裁庭发现由于事实发生时阿尔巴尼亚—希腊双边投资协定尚未正式生效，希腊投资者只能根据阿尔巴尼亚法律主张对征收诉求的管辖权。① 仲裁庭同样发现，根据案件的具体事实，具有争议的措施并不构成征收，因此仲裁庭拒绝裁定给予赔偿并命令各方承担

---

① Tradex Hellas S. A. v. Albania, Decision on Jurisdiction.

相应的诉讼费用。①

4. 与土地侵占有关的争端

一些农村居民为了向国内土地重新分配、土地归还或私有化等土地改革施加压力，常常采取一些暴力行动对土地进行争夺或占领。当政府当局未能采取相关措施对外国投资者持有的土地给予保护时，外国投资者会以东道国保护不力为由，依据投资协定中的相关待遇标准提起投资者与国家间投资争端仲裁，如 Tradex Hellas 诉阿尔巴尼亚案。

仲裁裁决将许多投资协定中的"充分的保护与安全"待遇标准解释为，国家应当勤勉而谨慎地履行保护投资者持有的土地的义务，使其免于个人或群体的侵略或占领。② 在一份未公开的仲裁裁决中，仲裁庭报告认为，由于未能保护外国投资者免受附近社区的侵略，南非违反了充分的保护安全待遇标准。

5. 与土地制度改革有关的争端

土地制度改革会造成土地权属性质与内容的变化，从而给投资带来不利影响。例如，一些改革改变了外国投资者所持有的土地权利的性质，将土地所有权转变成长期的租赁或改变土地租期的长短。同样，土地制度改革有可能提高土地征收的赔偿要求，而为了实施已经达成的投资项目，此类土地征收又无法避免。如果投资者承担了赔偿成本，这些新的要求将会增加整个投资项目的运营成本。此外，在改革中引进或加强社区的磋商参与程度，或提出一些具有争议性的要求，还会耽误投资项目的进程。土地制度改革可能会受到公平公正待遇标准与征收条款的严格审查。而且要特别注意，征收通常包括那些虽然没有导致所有权转移但对投资者财产构成了实质性剥夺的监管措施(即"间接征收")。

目前，尚不存在由于土地制度改革而引起的为公众所知的投资者与国家间投资争端仲裁。但是在矿业部门，投资者提起了与土地

---

① Tradex Hellas S. A. v. Albania, Award.

② Asian Agricultural Products Ltd v. Republic of Sri Lanka, pp. 49-50 and 67.

制度改革有关的仲裁。在 Piero Foresti 等人诉南非共和国一案中，南非通过矿业立法改变了外国投资者所持有的采矿权的性质，同时为了实施《南非黑人经济振兴法案》(*South Africa's Black Economic Empowerment*)采取了一系列措施将少数股份转移给历史弱势群体，种种举措都遭到了外国投资者的非难。最终，投资者撤回了仲裁，因此仲裁庭并未就土地制度改革问题作出裁决。

二、土地改革引发的投资争端中的赔偿标准

以上讨论呈现了各种会导致投资者与国家间仲裁的土地改革案例，这些案例强调投资协定承认国家拥有推行土地改革的国家主权。例如，投资协定允许国家对受保护投资者的土地进行征收，只要征收符合相关的条件，如必须以特定标准支付赔偿。

(一)国际法与国内法中的赔偿标准

其他法律文书如国内立法和国际人权法同样能为外国投资者的土地提供法律保护。通过前文所讨论的 VGGT 中有关土地重新分配型改革和归还的条款及其规定的国际义务，VGGT 将赔偿标准与国内法进行了结合①。

国际人权法中的赔偿标准具有一定的灵活性，例如欧洲人权法院与财产权有关的判例特别强调一种实现个人利益与集体利益平衡的"公正平衡"概念。在判定国家有关当局是否达成了一个公平的整体平衡时，欧洲人权法院会对所有有关的情形进行考量。在这个过程中，赔偿是但不仅仅是唯一的考虑因素。因此，尽管赔偿必须与市值具有合理相关性，但如果整体利益是公平的，赔偿也可以少于市值。② 此外，当对赔偿特别是有可能低于市值的赔偿进行判定时，也应当对所追求的公共目的的性质进行考量。③

---

① CFS, FAO. Voluntary guidelines on the responsible governance of tenure of land fisheries and forests in the context of national food security, 38th (Special) Session of the CFS, May, 2012, pp. 23-25.

② James and Others v. United Kingdom, para. 54; Lithgow and Others v. United Kingdom, para 121.

③ James v. United Kingdom, paras. 46, 54.

同样地，一些国家宪法规定了市值以外的标准对赔偿进行判定。例如，南非宪法要求进行"公正与公平的补偿"，体现了"考虑到所有情形，应当在公共利益与受其影响的利益之间寻求一种公平的平衡"。这里的"所有情形"包括财产的市值与征收的目的。① 对这些因素的考虑很可能会导致赔偿金额低于市值。由此可见，国家宪法对补偿的时间与形式进行了具有灵活性的规定。

然而，大规模土地改革涉及众多的财产征收，其赔偿要求将会特别错综复杂。在理论界和实务界一直存在大规模国有化是否允许国家减少补偿金额的争论。② 国际人权法承认对私有财产大规模国有化有可能导致更少的金钱赔偿。③

（二）国际投资协定中的赔偿标准

投资协定倾向于要求按照市值进行赔偿，使得相关问题得到更全面的考虑，由此确立了一套远超出国内法与国际法要求的严格赔偿标准。投资仲裁曾经将公平市价定义为"一个自愿的买方为了获得盈利企业的股票而向一个自愿的卖方支付的价款"。④ 对具有商业利益的交易来说，根据市值获得的赔偿通常包括预计未来利润以及沉没投资。这种仅仅强调市值的说法与一些国家宪法甚至一些国际人权法中采取的措施形成了鲜明对比。

通过对比可知，投资协定通常并没有提及要达到一个"公平的平衡"，也没有提及要对广泛的市值以外的因素进行考量。征收必须依次满足相关的合法条件（如根据市值进行赔偿，公共目的以及非歧视），⑤ 这就并没有为考虑整体公平留下空间。某仲裁庭曾明确排除了公共目的的性质可以使低廉的补偿变得

---

① Constitution of the Republic of South Africa of 1996, Article 25(3).

② Ina Corporation v. The Government of the Islamic Republic of Iran, p. 378; SEDCO Inc v. National Iranian Oil Co. & Islamic Republicof Iran, p. 1264.

③ Lithgow and Others v. United Kingdom, para. 121.

④ Ina Corporation v. The Government of the Islamic Republic of Iran, p. 380. See also Asian Agricultural Products Ltd v. Republic of Sri Lanka, para. 96.

⑤ Bernardus Henricus Funnekotter and Others v. Republic of Zimbabwe, para. 98.

合法的说法。① 因此，比起根据国家宪法或国际人权法获得赔偿，投资协定可要求获得的赔偿可能会更高。许多投资协定同样要求赔偿必须通过"有效的可实现的"以及"可自由转让"的方式"立即支付"，并应当支付利息。②

从某些方面来讲，投资协定通过提供保护措施以对抗国家专断行为强化了 VGGT 中土地权利条款的效力。VGGT 以尊重法治为核心"实施原则"，并强调因土地重新分配型改革而失去土地的人"应该及时得到相应的补偿"。VGGT 同样追求透明及负责任的方式和程序以及"根据各国法律的正当程序和公正补偿"。此外，VGGT 有关土地重新分配型改革和归还的条款强调"各国应确保所有行动均与国家和国际法规定的现有义务保持一致"，这就包括任何相关的投资协定。

但是，投资协定要求应当根据既定标准支付赔偿，允许投资者提起投资者与国家间投资仲裁，并且提供了相对有效的执行仲裁裁决的方法，这增加了国家采取行动的成本。因此，一种担忧认为，投资协定带来了产生历史不公正的危险，特别是在公共财政面临更严格限制的低收入和中等收入国家。如果政府为了维系既得利益与维持现有权力关系之间的平衡而不愿实施土地改革，那么投资协定就为政府促使其不实施土地改革的政策选择合法化提供了法律依据。

然而另一方面，在最近的投资者与国家间投资争端仲裁中，仲裁庭明确排除了国家在大规模土地改革项目中减少赔偿的可能性，并强调根据相关投资协定投资者有权根据市值获得"独立于征收数量与目标之外"的赔偿。③ 投资协定的措辞各不相同，一些学者认

---

① Compañía del Desarrollo de Santa Elena, S. A. v. Republic of Costa Rica, pp. 71-72.

② Germany-Philippines BIT 1998, Article 4(2); Kenya-UK BIT 1999, Article 5(1); Rwanda-US BIT 2008, Article 6(2)-(3); Colombia-India BIT 2009, Article 6(3); Japan-Mozambique BIT 2013, Article 12(3).

③ Bernardus Henricus Funnekotter and Others v. Republic of Zimbabwe, para. 124.

为，仲裁庭在此案中的简单推理并能不能平息大规模土地改革所涉及的"折扣补偿"优点的争论。但是，并没有证据表明，那些适用投资协定市值条款的仲裁庭将来会通过其他方法进行判定。

一些国家对投资协定中的赔偿标准特别是与土地改革有关的赔偿标准表示了明确的担忧。巴西在 20 世纪 90 年代签订了 14 个双边投资协定但并未批准其中的任何一个，议会反对是关键因素之一。除其他担忧之外，巴西议会认为投资协定中的赔偿要求与巴西宪法中的土地改革条款不符。① 2015 年，巴西与不允许适用投资者与国家投资争端仲裁的安哥拉、莫桑比克签订了新的"投资促进与合作协定"。②

（三）小结

投资协定承认国家有权进行土地改革，确立了适用于土地改革背景下外国投资的待遇标准，加强了 VGGT 中尊重法治以及要求对土地征收给予赔偿的条款的实施。但是，投资协定同样也产生了其他影响，因为投资协定保护外国投资者的土地，这与那些通过土地重新分配、土地归还或土地制度改革获益的人们提出的合法土地诉求相抗衡。投资协定确立了超出国内法标准甚至国际人权法标准的赔偿要求。适用这些更加严格的要求而对那些可能已经发生的历史性不公正或国际人权法所允许的灵活性不加以考虑，可能会导致国家在重新分配或归还土地，或进行包括实施 VGGT 在内的土地制度改革时付出更加昂贵的成本。这些财政影响又会导致政府当局特别是那些公共财政受到更多约束的低收入和中等收入国家更加难以实施相关行为。以上考虑在多大程度上会阻碍政府当局采取相关措施，以及政府当局将会利用这些考虑因素将政策选择合法化，都需要我们进行更深入的法律研究。

---

① WTO, Trade Policy Review — Brazil, WT/TPR/S/283, 17 May, 2013, para. 2. 29, www. wto. org/tratop_e/s283_e. pdf.

② Trevino, C.: A Closer Look at Brazil's New Bilateral Investment Treaties, Investment Arbitration Reporter, 10 April, 2015, www. iareporter. com. com/articles/20150410_1.

三、跨国土地投资直接引发的投资争端预测

目前，并不存在为公众所知由跨国土地投资直接导致的基于投资协定的投资者与国家间投资争端仲裁。但是，土地交易热潮使得政府更容易卷入潜在的与土地相关的投资争端中。这存在多方面的原因：根据土地矩阵网络提供的数据可知，自 2000 年以来，短短十几年之间，土地投资国在世界范围内签订了大量的土地交易协议达成了 1000 多份合同；投资者与国家之间签订的土地交易合同质量较低，为解释和重新谈判留下了很大的空间；证据表明为数不多但具有潜在重大影响力的大规模土地交易受到投资协定的保护；终止协议或对协议进行重新谈判，以及提高社会、环境与经济考量标准的呼吁，可能对商业运行产生消极影响；事实上，许多产生土地交易的国家土地治理体系非常薄弱，公共当局没有能力采取与投资协定相符的治理方法。

(一)社区土地权利诉求引发的争端

大规模跨国土地交易在各个层面都引起了广泛的争论，相关指控对象不仅包括土地交易过程中的腐败与其他非法行为，甚至也包括符合国内法规定的土地交易，而针对合法交易的争议通常与一国的土地治理体系的不足有关。在国家背景下，国内法通常赋予政府拥有或控制土地的权力，对此农村居民可能会提出习惯土地权属的要求。在上述各种情形中，政府拥有将土地分配给投资者的法定权力，而对习惯土地权属的保护要么并不存在要么非常薄弱。立法中的法律保护可能也会将农村居民的权利诉求排除在外。例如，保证土地生产力的利用要求倾向于排除对土地的法律保护，而村民通常利用这些土地进行轮耕、放牧，或者是为后代保留，有赖于这些土地的村民们因此而享有大部分习惯性土地权属。① 国内法可能只确定有限的透明度和责任机制，并仅仅要求在作出土地分配决定前进

① Alden Wily, L. The Tragedy of Public Lands：The Fate of the Commons under Global Commercial Pressure, International Land Coalition, 2011. www. landcoalition. org/en/resources/tragedy-public-lands-fate-commons-underglobal-commercial-pressure.

行小范围的当地磋商。①

　　在某些情况下，专制政府甚至会通过限制结社集会自由的方式强制推行土地交易并对异议群体进行打压。② 这样，由于国家治理不力，即使土地交易符合国家法律规定，但在当地社区看来，交易同样不具备合法性并且应当受到国际人权法的严格审查。在这些情况下，草根阶层要求将争议土地归还给当地社区，这会与国家所作出的保护外国投资者已获土地权利或按市值对其进行赔偿的承诺相违背，从而加剧了二者之间的紧张关系。过去几年的仲裁判例表明，草根阶层采取的各种行动都会导致投资者与国家间投资争端仲裁的产生。这样的行动包括：

　　村民直接行动（如占有农田）导致了基于"充分的保护与安全"条款提起的诉求，投资者认为东道国在保护投资时未能尽到审慎义务；国家为回应社区反对投资所采取的行动也导致了基于公平与公正待遇或征收条款提起的赔偿诉求；③ 草根群体或非政府组织因质疑已确立的投资项目而向法庭提起诉讼也导致了触发了涉及征收的诉求。④

　　（二）政府公共行动引发的争端

　　即使不存在社区土地权利诉求，政府当局为实现公共利益目的所采取的一系列措施也会导致投资者要求支付赔偿的诉求。

　　首先，农业以外其他部门的仲裁判例表明许多措施都受到了投资者与国家间投资争端仲裁的挑战。这些措施包括拒绝颁发或更换

---

① Vermeulen, S., and Cotula, L.: Over the Heads of Local People: Consultation, Consent and Recompense in Large-Scale Land Deals for Biofuels Projects in Africa, 37 Journal of Peasant Studies pp. 899-916.

② Subedi, S. P. (2012) "Report of the Special Rapporteur on the Situation of Human Rights in Cambodia: A Human Rights Analysis of Economic and Other Land Concessions in Cambodia", 24 September, UN Doc A/HRC/21/63/Add. 1.

③ E. g. Abengoa S. A. y COFIDES S. A. v. Estados Unidos Mexicanos, paras. 192-297, 610, 624, 647-648.

④ E. g. Gold Ltd. v. Republic of Costa Rica.

环保许可证,① 重新谈判特许经营权合约采取的行动,② 拒绝投资者发起的重新谈判,③ 以及终止合同并未经授权将投资者的合同权利转移至第三方。④ 所有这些措施都可能与农业投资有关。

其次,东道国实施 VGGT 和负责任农业投资原则的公共行动会对投资者产生不利影响。例如,将法律承认的范围扩展至"虽合法,但目前尚未受到法律保护的权属权利",这会增加涉及重大土地征收的投资成本。引进"对许可的土地交易设置上限"、更加严格的当地磋商与参与标准以及包含社会影响力的更加完备的影响评估体制等条款,将会影响或延误投资项目的实施。自由、事先知情的同意条款的运用也会拖延项目实施。⑤ 根据以上各种情况,投资者会向政府寻求赔偿,认为这些公共行动违反了公平与公正待遇与征收条款。

再次,一些土地合同所确立的条款产生的问题也可能而激活投资协定所确立的保护条款。一些合同使得投资者享有具体、广泛且可实施的权利而只需履行非常有限或并不明确的义务。这些授予投资者的权利对第三方会产生重大影响,并且从长远来看,这些权利也很难获得环境保护要求的支持。一旦政府重新实施这些合同,投资者就有可能根据可适用的投资协定对重新谈判发起挑战并寻求

① Técnicas Medioambientales Tecmed S. A. v. United Mexican States; William Ralph Clayton, William Richard Clayton, Douglas Clayton, Daniel Clayton and Bilcon of Delaware Inc. v. Government of Canada; PacRim Cayman LLC v. The Republic of El Salvador.

② E. g. Compañía de Aguas del Aconquija S. A. and Vivendi Universal S. A. v. Republic of Argentina.

③ E. g. PSEG Global Inc. and. Konya Ilgin Elektrik Uretim ve Ticaret Limited Sirketi v. Republic of Turkey.

④ E. g. Occidental Petroleum Corporation and Occidental Exploration and Production Company v. Republic of Ecuador; Vannessa Ventures Ltd. v. Bolivarian Republic of Venezuela.

⑤ CFS, FAO. Voluntary guidelines on the responsible governance of tenure of land fisheries and forests in the context of national food security, 38th (Special) Session of the CFS, May, 2012, paras 9. 9, 12. 6, 12. 9, 12. 10, 12. 7.

赔偿。

最后，目前农业投资缓慢的实施进程以及居高不下的失败率可能导致政府终止合同。研究表明，已经存在国家对合同进行重现谈判或直接终止合同的情形。一些国家已经成立了相关部门对土地征收中涉嫌违法的行为进行调查，由此而发现了许多不法行为，许多官方建议政府终止租赁合同，例如，巴布亚新几内亚特别农业与商业租约调查委员会于 2013 年发布的最终报告。① 当终止合同影响了受条约保护的外国投资，就会导致投资者的赔偿诉求。

以上分析表明，在不同情形中，国家可能会不得不为草根群体或公共当局所采取的行动向投资者给予赔偿，或者至少他们不得不在耗费财力与精力的仲裁程序中对抗投资者提出的诉求。在这些过程中，投资者与政府之间的谈判依赖于投资协定，政府可能不得不为处理跨国土地投资而采取的行动承担起相应的后果。

(三)低廉交易价格与腐败交易方式引发的争端

土地交易产生了大量的争议，一个重要的问题在于仲裁庭是否有权对投资者获得土地时的具体情形进行审查，这就包括对认为投资者是通过过度优惠条款或违法手段获得土地的指控。如果在仲裁中对这些情形进行考虑，可以使国家以缺乏管辖权为由将争端抛给仲裁庭，同时影响仲裁庭对案情的判定，或由于投资者的原因减少赔偿金额。

有关跨国土地交易的文献展现了大量根据低于市场价值进行的土地分配。世界银行的一项研究发现，土地租金显著低于根据土地产生回报能力的计价方法算出的土地预期值。在莫桑比克，土地的平均租金为每公顷 0.6 美元，而每公顷的预期估计价值为 9800 美元。② 一些土地交易合同免除了公司几年之内甚至整个项目期间的

①　See www. coi. gov. pg/sabl. html.

②　Deininger, K. , and Byerlee, D. , with Lindsay, J. , Norton, A. , Selod, H. , and Stickler, M. (2011) Rising Global Interest in Farmland: Can it Yield Sustainable and Equitable Benefits?, World Bank, http: //siteresources. worldbank. org/DEC/Resources/Rising-Global-Interest-in-Farmland. pdf.

租金。① 这些低廉的土地估价与政府行政管理能力不足以及吸引农业投资的政策选择有关。这些基于低于市值价格进行的土地分配在专制政权转型的背景下产生了极其紧迫的问题，即专制政府可能会利用优惠的土地分配政策作为对政权的政治支持手段，而新当选的民主政府可能会对土地交易进行重新谈判。

一些与跨国土地投资关系不大的土地估价问题在最近的仲裁中有所显现。例如，在 Vigotop Limited 诉匈牙利仲裁案中，一份为开发度假旅游区的"土地互换协议"中由于包含有利于投资者土地估价的条款而引起了广泛的争论。② 另外一个已经形成报告的仲裁案中，争论焦点涉及对埃及外国投资者获得的土地的购买价格进行的争论。投资者在穆巴拉克政权时期获得土地，而埃及法院在穆巴拉克政权倒台后解除了这项交易。③

然而，投资协定并不倾向于允许仲裁庭根据获得投资的方式是否公平来改变赔偿。④ 正如前文所讨论的，投资协定倾向于根据市值确定赔偿要求。对这些条款的适用机制可能会要求政府根据市值向投资者给予赔偿，即使投资者实际上是以低于市场价格的途径获得了土地。

仲裁先例表明，通过腐败手段所获得的土地权利原则上是不受投资协定保护的。⑤ 一些投资协定要求投资在设立阶段也应当遵循适用的法律，以此作为投资获得法律保护的前提条件。一些仲裁庭

---

① Cotula, L. (2011), Land Deals in Africa — What is in the Contracts?, IIED, http: //pubs. iied. org/12568IIED. html.

② Vigotop Limited v. Hungary, p.93-105, 112-122, 154-163, 194-198, 418-421, 525-543.

③ Hepburn, J. , and Peterson, L. E. (2012b) "Panels Selected in ICSID Matters Involving Moldova, Egypt, and the Central African Republic", Investment Arbitration Reporter, 13 January, www. iareporter. com/articles/20120113.

④ Bonnitcha, J. (2014b) "Investment Treaties and Transition from Authoritarian Rule", 15(5-6) Journal of World Investment and Trade 965-1011. p. 1007.

⑤ E. g. World Duty Free Company Ltd v. Republic of Kenya, para. 157.

甚至在缺乏相关法律条款规定的情形下，也认为投资者违反了可适用的法律。因此如果投资者非法获得了土地（如违反了社区磋商要求），他们将不会受到保护。违反投资协定的合法性要求同样允许国家提出反请求，也就是说，国家对投资者提起的仲裁请求并不仅仅只能消极防御，当投资者的非法行为损害其利益时，国家同样可以向投资者寻求赔偿。

然而，似乎很难对腐败进行证明。即使是宽泛的腐败定义也不能覆盖所有有利于投资者的土地分配。许多投资协定仅对设立阶段的投资提出了合法性要求，因此投资运营阶段出现的非法行为将投资排除在协定保护之外。受到指控的非法行为可能包括难以处理的"灰色地带"，如法律法规的系统性漏洞破坏了国内法的有效运行时，或者一些投资形式上合法但公众认为其不符合法律精神，或者投资者根据国内法要求（如影响评估，社区磋商）采取了相关措施但其质量遭到质疑。

此外，一些公司即使是根据国内法获得土地，这并不能使其免于争论。正如前文讨论的，国内法本身就无法有效保护利益相关者的土地权利，也不能为增加透明度或加强当地磋商提供有效的机会。在这些情况下，即使是那些包含遵守国内法要求的协定也会将保护延伸至投资者通过不公正手段获得的土地。投资协定可以为那些通过合法但因剥夺了社区土地权利而颇受质疑的手段获得的土地提供保护。

（四）"合理期待"引发的争端

投资协定对那些通过饱受质疑的手段所获得的土地进行保护，更加凸显了国家治理机制存在的缺陷，"合理期待"的原理对该观点进行了更深入的论证。被广泛认为作为公平与公正待遇核心因素的"合理期待"指的是，当东道国的行为给投资者创造了一种合理的期待，但东道国最终未能尊重这些期待，导致投资者遭受了损失的情形。① 仲裁庭通过多种方法对导致投资者产生合理期待的国家行为进行判定。比如，一些仲裁庭强调政府官员必需向投资者作出

---

① E. g. International Thunderbird Gaming Corporation v. The United Mexican States, p. 147.

了具体、特定的表示,① 而另外一些仲裁庭认为通常意义上可适用
的法律本身也蕴含着合理期待,特别是法律稳定性要求。② 但是,
仲裁判例广泛支持这样一种主张,即政府表示只能在某些情况下产
生合理期待。

因此,可以认为,公共政府当局为吸引农业投资采取相关行
动,或在合同谈判及土地分配过程中所作出的表示会导致合理期待
的产生。这些表示包括政府向投资者做出的土地可以得到且"无其
他任何权利瑕疵"的保证,以及向投资者发放必要许可证的承诺。
一些先例将普遍适用的法律当作产生合理期待的可能依据,根据这
些先例,那些投资者所依赖的国内法也会使投资者产生合理期待。
换言之,投资者可以辩称,由于按照既定的程序依法从政府部门取
得了土地租赁权,那么他们有理由合理期待项目将会顺利开展。③

但是,政府官员很可能在当地对农业投资进行磋商前就已经向
投资者作出了相关表示。正如前文所讨论的,投资者即使遵循了国
内法,这也不足以能够保证当地社区或群体不会对土地交易产生抵
制。一些反对"土地掠夺"的持续性报道抛出了一些非常具有争议
性但颇具实用性的问题,譬如,在没有社区事先参与投资项目磋商
情形下政府部门作出相关表示后,或政府部门据以作出表示的国内
法并未充分承认 VGGT 所规定的"合法的权属权利",投资者是否
可以以保护投资项目顺利开展的合理期待提出合理诉求。

但是,目前并不清楚仲裁庭将会如何处理这些问题,也不清楚
仲裁庭将会赋予那些未经社区磋商而形成的政府承诺或保证怎样的
价值。一些与"土地掠夺"无关的仲裁先例表明,仲裁庭可能会对
"投资者知道或者应当知道"的情形进行考虑。如在 Hassan Awdi 等
人诉罗马尼亚仲裁案中④,该案对历史性建筑的归还给予了关注。

---

① E. g. International Thunderbird Gaming Corporation v. The United Mexican States, pp. 147-167.

② E. g. Frontier Petroleum Services Ltd. v. The Czech Republic, para. 285.

③ Abengoa S. A. y COFIDES S. A. v. Estados Unidos Mexicanos, para. 646.

④ E. g. Hassan Awdi, Enterprise Business Consultants, Inc. and Alfa EL Corporation v. Romania.

在该案中，当时的罗马尼亚政府剥夺了建筑物所有者继承人的权利，仲裁庭认为投资者在获得财产的时候就已经意识到存在归还财产的危险，因此驳回了投资者提出的大部分与争议财产有关的诉求。

Hassan Awdi 等人诉罗马尼亚仲裁案具体介绍如下。

20 世纪 50 年代，当时的罗马尼亚政府没收了该财产。20 世纪 90 年代，该财产被罗马尼亚政府当局私有化并被申请人购买。但同时，有关当局确立了一个项目以将没收的财产归还给财产原始所有人或其继承者。该归还项目在一定程度上也是对国际人权法庭相关判决的回应：在一起与本案无关联关系的 Brumărescu v. Romania 案中，欧洲人权法院认为罗马尼亚政府未能处理好财产的归还违反了财产权，也违反了欧洲人权法院承认的听证会。

作为归还项目的一部分，罗马尼亚法院命令将富有争议的历史性建筑归还给原始所有者的继承人。由于失去了财产，申请人提出了反对罗马尼亚政府的仲裁请求。申请人要求获得赔偿，并声称政府当局违反了可适用的双边投资协定中的公平与公正待遇条款及征收条款。仲裁庭详细讨论了与罗马尼亚归还项目有关的复杂的法律框架以及政治敏感问题，并注意到，申请人在购买该财产时，财产权利继承人已经通过国内法院提起了归还财产的请求。因此，申请人知道财产的权利存在争议并且意识到了归还的危险。交易合同文本以及相对低廉的购买价格均披露了此种危险。

因此，仲裁庭认为并不存在征收。但是仲裁庭也认为，投资者拥有这样一种合理期待，即如果归还的危险发生时，投资者可以期待国家返还购买价款，因此仲裁庭命令国家将购买财产的价款归还给投资者。

尽管 Awdi 仲裁案关注的是不动产，但仲裁庭的推理与将来可能出现的关注农村土地问题的仲裁案有关。一份对此裁决的解读表明，认识到权属存在争议会影响到投资者可以在多大程度上根据合理期待对已取得的土地权利合理诉求。但是，在 Awdi 仲裁案中，政府当局向投资者清楚地披露了权属的不确定性。在许多"土地掠夺"交易中，政府通常会作出一定的表示来消除投资者对权属的疑虑。同样，仲裁庭的分析强调了投资者认识到早先存在归还财产的法律程序。但是，如果早先并不存在归还财产的法律程序，并且实践中当地土地所有者通常无法根据法律获得救济，那么，在这些情况下，仲裁庭该如何处理，该案并未进行分析。

最后，Awdi 案仲裁庭命令罗马尼亚政府将投资者用以购买财产的价款返还。仲裁庭并未给该决定的适用留下更多的空间，它仅仅只是强调只有在返还的风险实际发生时投资者才拥有返还价款的"合理期待"。该决定引发了一些问题，特别是，当以"相对低廉的价格"获得财产时，投资者要将归还财产的风险考虑在内。

（五）小结

近些年的跨国土地交易浪潮至今仍未导致公开的基于投资协定的投资者与国家间投资争端仲裁。但是，在一个相对较短的时间里世界范围内已经签订了上千份土地交易协议，这些土地交易协议的质量以及要求终止合同、对合同进行重新谈判以及严厉监管的呼声，增加了将国家卷入基于投资协定的与土地有关的投资仲裁的可能。国家应当向投资者给予赔偿的要求意味着，当政府当局或草根群体为处理"土地掠夺"而采取相关行动后（包括实施 VGGT 所付出的努力），国家所追求的公共目的就不得不承担起所有的后果。投资者即使提起了仲裁，也并不必然完全会获得仲裁庭的支持。正如一些仲裁庭强调的，投资者应当期待法律法规会随着时间的推进有所改变，尽管一些仲裁庭也强调法律的稳定性。但是，由于国家治理不力所产生的问题将会使内嵌于投资协定中的投资保护面临风险。例如，非法设立的投资不受保护，但投资协定保护符合国内法规定但剥夺了农村居民单边土地交易；投资协定的适用机制可能会导致仲裁庭根据市场价值计算赔偿金额；如果政府在纳入社区磋商之前向投资者作出了一定的表示，那么投资者可根据合理期待原理要求政府承担一定的法律责任。

新近的投资仲裁先例提供了一些视角，促使仲裁庭对与土地有关的投资争端的复杂性予以关注。这些视角包括：对通过腐败或其他非法手段设立的投资不予保护，考虑投资者在设立投资时是否认识到权属危险的存在。在今后的仲裁中，仲裁庭对这些视角的实际运用将会如何演进需要进一步关注。

四、其他与土地有关的投资争端分析

前两节内容主要探究了在土地改革与跨国土地投资引发的争端中是如何适用投资协定的，且主要集中在农业领域。然而，在许多其他领域所实施的土地治理措施或土地利用方式也存在产生与土地有关争端的可能，如在旅游、制造业、采掘业以及房地产开发领域，土地也是一项重要的资产。当前，投资者在旅游开发项目中获得的土地权利成为了许多仲裁的对象。① 在对投资协定所产生的更广泛的土地治理影响进行讨论时，本章重点放在两个问题上：其一，外国投资者在何种条件下能够获得土地权利；其二，针对土地治理的司法体制与行政体制存在哪些不足。

（一）准入前条款与外国投资者土地权利的取得

在许多社会，土地极具敏感性，外国公民对土地的征用会引起社会争论造成社会关系的紧张。在欧盟，中欧与东欧国家在讨论加入欧盟时，取消外资对土地所有权的限制是一个极其敏感的问题，所有的国家对取消限制条件的过渡期进行了谈判。在历史文化遗产占重要地位特别是曾经受过殖民掠夺与外国统治的国家，土地的敏感性尤为严重。在一些大部分土地由土著居民所有的国家，或根据习惯权属土地拥有重要的社会、文化以及精神价值的国家，以及一些资本市场有限而限制商业企业投资的国家，涉及大规模土地征用的外国投资将会导致土地向更加商业化的形式转变。已引起了社会广泛关注的市场力量竞争的无序状态迫使人们离开赖以生存的土地，加剧了土地的集中程度。这些转变不仅对农民生计也对整个社会生活产生了深远影响。

出于对各种相交织因素的回应，诸多司法体系中的国内法将本

---

① E. g. Waguih Elie George Slag and Clorinda Vecchi v. Arab Republic of Egypt；Vigotop Limited v. Hungary；Marion Unglaube and Reinhard Unglaube v. Republic of Costa Rica；and Hussain Sajwani, Damac Park Avenue for Real Estate Development S. A. E. , and Damac Gamsha Bay for Development S. A. E. v. Arab Republic of Egypt.

国公民与非本国公民征用土地的权利进行了区分。例如：

禁止非本国国民取得土地所有权;①

非本国国民土地征用权必须经政府授权;②

规定非本国国民的最长或最短租赁期限;③

规定非本国国民能获得的土地最大面积不得超过国有土地和/或次级农村土地和/或相关私有土地一定的比例;④ 以及

限制将土地权利分配给非本国国民,并要求获得土地权利的非本国国民必须根据特定的方式利用土地。⑤

然而,在实践中这些规定并未减少外国投资的涌入。案例研究表明,"自20世纪70年代以来,将马尔代夫的外国投资者旅游租赁合最高年限设定为25年,这并没有阻碍来自欧洲与亚洲的投资流向这些景区; 30年租赁合同也并未禁止韩国及中国台湾地区的投资者根据美国《非洲增长与机遇法案》投资于莱索托(非洲国家)的工厂建造"。⑥ 投资者是否愿意承担与土地所有权有关的成本、风险及义务取决于投资的具体种类。问题在于投资协定是否能够要求国家取消外国投资者获得土地权利的限制。

大部分投资协定关心的是外国投资在进入东道国之后将会受到

---

① E. g. Article 8 of Cambodia's Land Law of 2001; Article 266(1)-(2) of Ghana's Constitution of 1992; Article237 of Uganda' Constitution of 1995, amended in 2005, and Article 41 of Uganda's Land Act of 1998.

② E. g. Article 84(1)-(2) of Canada's Saskatchewan Farm Security Act of 1988, as amended; and Article 58 of Namibia's Agricultural (Commercial) Land Reform Act of 1995, as amended.

③ E. g. Article 266(4) of Ghana's Constitution of 1992.

④ E. g. Articles 8-10 of Argentina's Law No. 26737 of 2011.

⑤ E. g. Article 20(1) of Tanzania's Land Act of 1999; Article 10(2) of Uganda's Investment Code Act of 2000.

⑥ McAuslan, P. (2010) "Ensuring Access to Land for Private Investors", in Deininger, K., Augustinus, C., Enemark, S., and Munro-Faure, P. (eds), Innovations in Land Rights Recognition, Administration, and Governance, World Bank, https://openknowledge.worldbank.org/bitstream/handle/10986/2519/578 820PUB0Inno101public10BOX353783B. pdf? sequence＝1, pp. 195-207.

怎样的待遇。国家有权对外国投资准入进行管制，包括对为实施项目而取得土地使用权采取的管制措施。但是采取"准入前模式"的投资协定为国家设立了在一定条件下承认外国投资的义务。受制于例外与保留条款，这些投资协定倾向于将国民待遇条款与最惠国待遇条款不仅适用于外国投资待遇，同样也适用于其准入。换言之，它们要求国家在实施颁发许可证、进行授权以及其他与设立投资有关的行政行为时，不应当歧视外国投资者或外国投资。

准入前方式有效促进了投资自由化。尽管在世界范围内这种方式仅仅存在于少部分投资协定中，但准入前条款正越来越普遍，特别是在综合性的贸易与投资协定中。一些投资协定以包含准入前条款为特色，但将这些条款的适用排除在投资者与国家间投资争端之外。①

根据准入前国民待遇条款，协定涵盖的外国投资者原则上有权在相同条件下获得与当地国民同样类型的土地权利。那些区分国民与非国民取得土地权的措施会违反投资协定的规定。但是，投资协定对准入前国民待遇同样进行了限制。例如，一些协定排除了已有的不符措施。一些协定明确将土地权利排除，以避免准入前承诺适用于现在或将来与土地权利有关的措施。② 但是，其他协定并没有排除土地权利，因此准入前义务原则上是涵盖土地权利的。在准入前国民待遇明确适用于土地权利的国家，如果国内法给予外国投资者的待遇低于当地国民所受的待遇，那么该国内法就与国际法不一致。准入前条款有利于外国投资者取得土地权利，包括"土地掠夺"背景下的土地权利取得，因为国家负有法定义务对其国内法律进行修改，并保证外国投资者获得与本国国民同等的待遇。

事实上，将投资法中针对违反协定的法律救济措施适用于准入阶段产生了一些实践难题，这不仅仅只是因为尚不清楚仲裁庭将如

---

① E. g. ASEAN Comprehensive Investment Agreement of 2009, Article 32 (a).

② E. g. Canada-Mali BIT 2014, Annex I, Annex II of the Benin-Canada BIT 2013 and Annex II(2) of the Japan-Laos BIT 2008.

何对赔偿进行认定。正如前文所讨论的，一些投资协定不允许投资者以违反准入前条款为由提起仲裁。包含准入前条款的投资协定究竟在多大程度上推动了土地关系的改变仍然需要更深入的研究。

（二）土地行政管理在投资仲裁中的审查

在投资者与国家间投资争端仲裁中，一国土地行政管理的质量常常受到严格的审查。仲裁庭对投资协定的条款进行解释时，已经阐明了政府当局被期望达到的行为标准。仲裁庭认为，公平与公正待遇标准要求国家应当"通过一致的，不具有歧视性并且完全透明的方式处理其与外国投资者之间的关系"。① 仲裁庭将会根据这些标准对国家土地行政管理机构的行为进行评价。不符合这些标准的行为可被认为违反了可适用的投资协定，据此投资者可以要求政府进行赔偿。

例如，在一个影响到土地分区管制的 MTD Equity Sdn. Bhd. 诉智利共和国仲裁案中，仲裁庭发现由于涉及投资核准的多个政府部门未能达成统一，政府行为产生了不一致性，因此违反了投资协定的保护标准。在该案中，该公司取得了在圣地亚哥的一块土地进行房地产开发，而智利外商投资委员会未咨询负责住房与农村发展的部门而核准了该投资。当投资者最终着手进行开发时，负责住房与农村发展的部门认为再分区不符合农村发展计划的规定，因此拒绝将原先用于农林牧的土地再分区进行家庭住宅利用，这就导致了项目的搁置。

仲裁庭发现，根据可适用的投资协定，智利政府行为未能保持一致性违反了公平与公正待遇标准。然而，仲裁庭同样也减少了投资者提出的赔偿金额，理由是投资者在尽职调查中未能尽到审慎的义务。

尽管该案例并未直接关注土地权利，但其列明了一些仲裁庭据以对国家土地治理司法体制与行政体制进行评定的标准。一些低收入国家的土地治理体制的能力面临极大的挑战，因为这些国家法院

---

① E. g. Técnicas Medioambientales Tecmed S. A. v. United Mexican States, para. 154.

积压了大量悬而未决的土地争端。① 同样，当复杂的外国投资项目岌岌可危时，投资者对有效管理土地的公共行动提出了较高的技术要求与机构能力要求。当投资需要国家和地方多个政府机构共同核准，或与多个政府机构有关时，对政府行动必须确保一致性的能力要求会更高。

在许多低收入和中等收入国家，政府当局可能没有能力采取一些不会导致国家卷入仲裁请求的行动。尽管投资协定会增加国家改善行政程序与司法程序压力的说法存在争议，但在资源匮乏的国家存在一种风险，即政府可能会将外国投资的利益置于本国公民的需求之上而优先升级相关制度，如通过单独的快速跟踪程序。一些新投资条约要求仲裁庭在适用公平与公正待遇标准时对一国的发展水平予以考虑。② 但是，此类条款仍然十分罕见，仲裁庭将如何对其适用也尚未明确。

另一个重要的治理问题是仲裁庭倾向于反对将处理外国投资的措施政治化。在一个案例中，一国政府采取社会、环境措施以达到政治目的。③ 仲裁庭极力反对具有煽动性的言论与政治联盟以及在选举活动背景下采取的行动。但是，一些仲裁庭承认"一个小小的公共政策问题演变为政治问题是正常而且常见的"，并认为政治化并不必然导致专断或歧视行为。④

土地权利不可避免地会产生敏感的政治问题，特别是在将土地作为生计、社会与文化价值、政治力量与实现集体正义重要基础的

① Crook, R. C. (2004) "Access to Justice and Land Disputes in Ghana's State Courts: The Litigants' Perspective", 50 Journal of Legal Pluralism 1-28.

② E. g. COMESA (Common Market for Eastern and Southern Africa) Investment Agreement of 2007, Article14(3).

③ E. g. Compañía de Aguas del Aconquija S. A. and Vivendi Universal S. A. v. Republic of Argentina ('Vivendi II'), paras. 7. 4. 18-7. 4. 46 and 7. 5. 8; Biwater Gauff (Tanzania) Limited v. United Republic of Tanzania, paras. 497-500 and 519; Abengoa S. A. y COFIDES S. A. v. Estados Unidos Mexicanos, paras. 192-297, 610, 624, 647-648.

④ AES Summit Generation Limited and AES-Tisza Erömü Kft v. The Republic of Hungary, paras. 10. 3. 22-24 and 34.

低收入与中等收入国家。在此背景下，涉及土地改革或占有大量富有争议土地的争端在一定程度上带有政治化倾向。那些受"土地掠夺"影响的草根群体采取的常见战略便是迫使执政党下台或更换领导人。① 在此背景下，土地的政治属性会增加国家卷入投资者与国家间投资争端仲裁并获得不利裁决结果的危险。

（三）小结

除土地改革与跨国土地投资以外，投资协定会对许多重要的土地治理产生影响。比如，包含准入前条款的投资协定要求国家对那些对国民与非国民取得土地权利进行区分的法律进行修改，及以土地商业投资的涌入会导致在一些土地具有重要的社会文化精神价值的地方土地关系的商业化。此外，由于一些国家涉及土地治理的司法体制与行政管理体制存在重大缺陷，如解决争端程序的迟延或多个政府机构间协调失灵，当发生此类情况时，投资协定可能要求政府承担相关的法律责任。

第四节　东道国与母国在跨国土地投资中的职责

规范跨国土地投资的核心在于制定法律约束各方行为，特别是注重国内法律与国际法律之间的衔接，这样既可以给投资者划定一个合乎法律框架的活动范围，也可以使农民的土地权利、劳动保护权利、水资源权利以及性别平等权利得到保障。② 加强国际间合作，签订国际指导性准则、双边或多边协议已成为当前解决跨国土地投资"乱象"的一个重要方向。但现有的研究表明，尽管国际社会对跨国土地投资者的普遍行为或农业投资行为进行法律规制取得了一些成果，但这些国际文件大多属于倡议性或原则性规范，不仅

① Polack, E., Cotula, L., and Côte, M. (2013) Accountability in Africa's Land Rush: What Role for Legal Empowerment? IIED, http://pubs.iied.org/12572IIED.html.

② Smaller C, Mann H. A Thirst for Distant Lands: Foreign Investment in Agricultural Land and Water [R]. Ottawa: International Development Research Centre of the Government of Canada, 2009.

缺乏执行力，尤其对跨国公司本身很难有约束，而且其"软法"性质使得跨国公司可能随时游离于国际规范之外。因此，从投资争端实践角度看，在跨国土地投资的监管方面，国际投资协定可以成为推动负责任土地权属治理与负责任农业投资的有效途径。但问题的关键在于，在制定此类协定时应当如何在保护和促进跨国土地投资者权益与东道国监管权政策空间之间找到适当的平衡点，这就离不开东道国与投资者母国的共同努力。

一、东道国的职责

(一)加强政府利用投资协定的能力

跨国土地投资东道国的作为与不作为对平衡土地投资者权益与东道国国民的土地权利起着至关重要的作用。一方面，如果东道国政府可能为吸引外国投资而滥用公共权力强制驱逐土地使用者，纵容投资者开展侵害人权的土地投资项目；另一方面，由于接收土地投资的东道国由于土地制度不完善，在执行法律或投资协定时，无法保护本国国民的权利。因此，完善被投资国的土地权属制度是保证跨国土地投资顺利发展的关键。但从目前实践来看，土地改革导致土地权利内容与性质的变化容易造成投资者利益的损失，也会造成本国国民土地权利的丧失。因此，本文认为，从目前的跨国土地投资形势看，东道国在完善本国土地治理的同时，更应当注重利用国际投资协定对跨国土地投资进行监管。作为缔结投资协定与通过制定及实施法律进行土地治理的主要参加者，国家在跨境投资法律制度的形成过程中起着核心作用。鉴于投资协定对跨国土地投资的各方面产生了深远影响，东道国政府应当从以下几方面履行相关职责。

对政策选择进行仔细思考——是否以及应当以何种形式缔结、终止或重新谈判投资协定。由于投资协定在许多政治领域会产生影响，这就要求对其进行仔细的考量。然而证据表明，一国政府在签订协定时常常不能充分理解协定的影响。[1] 为了做出明智的选择，

---

[1]　Poulsen, L. N. S., and Aisbett, E. (2013) "When the Claim Hits: Bilateral Investment Treaties and Bounded Rational Learning", 65(2) World Politics.

政府应当对现有的投资协定库以及这些协定存在的现实及潜在影响（包括对跨国土地投资的影响）进行系统性审查。

提高投资法与仲裁的透明度，以形成更具包容性的政策选择，推动产生针对土地权利的更完备的条约监督方法。这就包括开放投资协定的制定过程，接受公众监督与参与，为议会、社会运动组织、公民社会及公民创造影响政策选择的空间。批准联合国大会于2014年通过的《联合国投资人与国家间基于条约仲裁透明度公约》（又称《毛里求斯透明度公约》）。该公约向国家提供了一套机制，即允许国家同意将 UNCITRAL 透明度规则适用于根据2014年4月1日之前订立的投资协定提起的争端，并且这些规则自动适用于根据2014年4月1日以后缔结的协定提起的 UNCITRAL 仲裁。

考量已缔结的投资协定对跨国土地投资产生的影响。通过构想拙劣的土地分配政策将土地分配给外国投资者更易使政府承担来自于合同及任何可能适用的投资协定所规定的法律责任。当政府终止土地交易，或者对土地交易进行重新谈判或管制时，投资协定也会产生一定的影响。但有时外国投资者为达到阻止政策实施的目的通常会夸大投资协定的影响力。① 对这些可能性进行考量不应当使政府产生"监管恐惧"，或阻却政府采取满足社会需要的公共行动，而是应当推动政府通过采取审慎行为使国家免于承担法律责任或减轻相关法律责任。

通过实施 VGGT 与负责任农业投资原则加快增强国家土地治理能力，提高跨国土地投资门槛与治理。当因为国家治理存在缺陷而使投资协定产生一些问题时，在国家层面采取相关行动就十分重要了。根据具体情况不同，这些行动包括承认并保护目前不受法律保护的土地权利，以及提高行动的透明度、公众参与度与公众责任感。

如果正在对新协定进行谈判，国家应该考虑缔结有助于解决土

---

① Peterson, L. E., and Garland, R. (2010) Bilateral Investment Treaties and Land Reform in Southern Africa, Rights & Democracy, www.iareporter.com/downloads/20150504. p. 16.

地权利与投资协定耦合问题的协定。拿赔偿标准来说，许多国家仅在宪法性财产权条款中规定了市场价值标准，它们可能希望将此标准同样在投资协定中加以谈判。同样，国家也应当将这些赔偿标准融入于那些比投资协定更具灵活性的国际人权法中。当投资协定确实脱离了宪法或国际人权法时，政府应当对这种分化的方法所蕴含的基本原理进行仔细地考量。

对那些要求缔约国实施 VGGT 的协定条款进行考量。做出实施 VGGT 的承诺既与对土地进行分配的国家有关，也与投资来源国即投资母国有关。后者有义务要求其投资者——至少那些获得投资母国公共支持的投资者，在海外投资时遵守 VGGT 的规定。

对明确跨国土地投资者义务的条款进行仔细考量。一些条款清晰完整地规定了投资者应当遵守适用的法律，投资者参与土地事务应当遵守特定的国际标准。根据协定的措辞以及违反行为的性质，违反可适用的法律和标准将会使投资不受协定保护，这些违反行为也可能成为仲裁庭决定案情时的考察因素。

一般说来，签订投资协定应当与可持续发展目标保持高度一致。越来越多的文献对此给出了建议，通过对这些建议选择来保障监管空间。如果最惠国待遇条款不允许投资者根据已存在的投资协定获得更有利的待遇，那么缔结新的投资协定似乎是最有效的方法。

保证国家有能力遵守其缔结的任何投资协定。国家土地治理对政府评估自身的能力水平提出了新的考验。如果能力不足，政府可能希望确保通过一种承认缔约国各方能力存在差异的方式作出投资协定的承诺。

(二)推动其他利益相关者的参与

土地具有显著的政治性，由于不同的群体对理想的经济政策与相互竞争的政策之间应当达成的恰当平衡拥有不同的立场，因此是否缔结投资协定以及以何种形式缔结协定的选择同样具有政治性。政策选择的合法性最终有赖于具有包容性的公开辩论。因此，如何利用投资协定解决跨国土地投资争端并非仅仅是东道国政府的任务。

议会应当在制定投资协定过程中发挥重要作用，利用它们所拥有的任何与投资协定有关的宪法权力(如在协定批准阶段的作用)，更广泛地举行辩论、提出问题与议案、表达政治取向以及推动政府对社会运动组织与公民社会提出的问题进行考虑。

社会运动组织，包括农村居民组织与小规模农村生产者，在国家与国际政策制定过程中表达与加强其选民心声发挥了重要作用。它们可以充分利用人数与内部团结优势作为会议召集人与集体行动的催化剂，促进公众意识到各政策领域相互之间的关联性，特别是土地权利与投资协定的互动所产生的影响。它们同样可以为理想发展途径的民主审议和追求有关跨国土地投与投资协定的政治选择创造空间。

公民社会应当对投资协定保持警惕并加大宣传投资协定对跨国土地投资影响的宣传。特别是在低收入和中等收入国家，这些意识仍然十分有限。这些国家的公民社会对推动公众意识与辩论发挥着重要作用。它们应当开发新的实践与方法推动政府承担责任，加强联合并扩大建设国际联盟的安排机制，分享对关于土地治理与投资协定公共政策产生影响的方法。此外，公民社会在推动公众与草根全体关注投资者与国家争端仲裁方面积累了越来越多的经验。

捐赠机构应当通过提供技术与资金支持政府、议会、社会运动组织及公民社会采取的行动，承认解决跨国土地投资涉及的土地权利与投资协定之间相互作用产生的问题是加强一国土地治理与实施VGGT不可或缺的一部分。这可能需要将主流的投资协定问题纳入旨在分享国际经验与确立最佳实践的国别方案制定与支持平台。

二、投资者母国的职责

利用现行国际法解决侵权问题存在不完善之处，如当个人因国际人权法的投资机制蒙受损失时，投资者可以根据国际投资法寻求赔偿，而在这样的体系下，对东道国本国土地所有者或使用者的保护远不如对投资者的保护。① 另外，由于国际投资法律机制的执行

---

① See, Lorenzo Cotula, "Law at two speeds: legal frameworks regulating foreign investment in the global South", Columbia FDI Perspectives, No. 73, June 29, 2012.

力较强，使得东道国有限考虑其投资法义务而非人权法的义务。在跨国土地投资中，东道国和国际法对平衡本国国民人权保护与外国投资者利益的失败突出了通过其他机制如母国措施来预防跨国土地投资争端的重要性。国际投资法新发展表明，跨国土地投资的良好发展离不开母国对本国海外投资者给予的保护与支持，也离不开母国对海外投资行为的监管与规范。

（一）明确跨国土地投资在东道国面临的风险

跨国土地投资的准入以及准入后的运营必须严格遵守东道国政策、法律法规，接受东道国土地治理，面临着来自东道国的政治风险、法律风险、商业风险、自然风险等。

1. 跨国土地投资准入风险

当前，越来越多的东道国将涵盖经济安全、文化安全、生态安全等内容的国家安全作为审查投资准入的考量因素，纷纷建立且不断推动国家安全审查制度的完善，以期引进外资的同时确保国际安全。如美国先后制定《埃克森—弗罗里奥法案》、《外国投资国家安全法》及实施细则，并成立专门的国家安全审查机构 CFIUS。此外，加拿大、澳大利亚、日本、中国均建立了国家安全审查制度。我国在 2009 年中央一号文件中也强调"按照世界贸易组织规则，健全外商经营农产品和农资准入制度，明确外资并购境内涉农企业安全审查范围和程序"。

从政治风险角度看，跨国土地投资是一个经济问题，更是一个政治问题，已经引起了东道国国家安全审查和政府特许审查方面的注意。澳大利亚政府曾表示将严格审查来自中国、中东和新加坡等具有政府背景或者国有企业的与本国农村土地和粮食生产有关的外资项目。2011 年，中坤集团收购冰岛土地也因冰岛政府的特许审查宣告失败。此类投资准入风险应当引起投资者母国的注意，加强对本国跨国土地投资者投资活动的引导。

2. 跨国土地投资经营风险

从上文可知，各国对本国自然资源享有永久主权，东道国对本国土地及自然资源拥有属地管辖权。因此，跨国土地投资面临东道国给予政治政策采取的征收国有化、限制汇兑、违约等风险。对于政治局势不稳定的东道国，跨国土地投资还面临战争、内乱风险。实践中基于公共利益而实施的征收以不动产为主，因此跨国土地投资面临的最大、最常见的政治风险征收国有化风险。同时，在东道国政府与投资者签订跨国土地投资合同后，也有可能因为新旧政府更迭、政策缺乏稳定性而导致东道国政府迟延履行、不履行或不完全履行投资合同。如 2007 年 9 月，菲律宾农业部以将有限的国内耕地资源租给我国将会威胁其粮食安全为由，宣布暂缓落实该农业合作协议，严重影响了农业合作项目的开展。同时，在政治体制和法制不健全的非洲和拉丁美洲地区，投资者与东道国政府签订的投资合同常常因涉嫌恶债或贿赂被认定为无效。

3. 跨国土地投资法律风险

跨国土地投资东道国主要是集中于存在较大法律风险的低收入与中等收入国家。除上文详细阐述的土地权属制度不健全之外，还存在其他方面的法律风险，如东道国常常缺乏一套关于外资准入、设立、运营、终止方面的法律法规，或者相关法律法规与国际法相冲突，导致跨国土地投资项目存在较大风险。同时，东道国法制环境不稳定，政策朝令夕改，甚至在特定情况下为限制投资者利益修改法律。此外，在法制不健全的情况下，地方保护主义与民族主义的膨胀往往会导致在执法过程中给予外国投资者歧视性待遇。

(二)建立并完善跨国土地投资国内法律制度

1. 跨国土地投资促进政策

尽管跨国土地投资可能会产生一系列负面影响，但其对于解决世界性粮食安全问题、推动低收入与中等收入东道国农业产业升级以及实现国际间资源优化配置起着十分重要的作用。因此，在跨国土地投资热潮不会减退的背景下，母国可实施相关促进政策，引导跨国土地投资的发展。一些跨国土地投资先行国的投资促进政策具有较高的借鉴意义。如 20 世纪 80 年代后，日本实施完全自由政策①

---

① 资本交易完全自由政策，实施海外投资备案制，除个别涉及军事、国家安全的敏感项目外，所有海外投资可以自由进行，其中投资额 1 亿日元以上的项目需到银行备案，1 亿日元以下的项目完全自由，无需备案。

促进各个产业的海外投资，这就有利于促进中小企业、自然人开展小规模的跨国土地投资，有效降低了东道国政治风险，也避免了将日本跨国土地投资被打上"新殖民主义"的标签。同时，日本政府部门借助对外援助以确保跨国土地投资顺利开展，其中农林水产省经济局负责提供政策与信息指导，其下设海外农业开发协会可以获得政府预算用于开展跨国土地投资；日本海外经济协力基金专门援助海外农业投资，国际合作银行负责向海外投资企业提供政策性贷款；相关机构联合主要商社举办促进跨国土地投资会议，旨在通过官民协同，促进本国企业开展跨国土地投资；综合商社的主营业务正从过去确保粮食供应转向在海外获得土地和从事农业经济转变。① 再如韩国早在 1962 年就制定了《海外移驻法》，鼓励跨国土地投资。20 世纪 80 年代，韩国设立对外合作基金，专门资助韩国投资者在发展中国家从事资源开发和股权投资。2008 年，韩国政府推出"建立海外粮食基地"国家计划，成立海外农业开发协力团，促进私营部门开展跨国土地投资。

2. 跨国土地投资保险制度

完善跨国土地投资保险法律制度，为跨国土地投资提供风险规避渠道，将跨国土地投资争端造成的损失降到最低，是保护跨国土地投资的核心。因此，母国应当以法律形式确立跨国土地投资保险机构、被保险人、承包险别、承保条件、保险费、保险期间、保险金等各方面的内容。

在跨国土地投资保险模式方面，国际上目前存在三种典型的海外投资保险模式——美国双边保险模式、日本单边保险模式及德国混合保险模式。美国双边保险模式只对在与美国签订双边投资保护协定的东道国开展的投资承保，使得投资者获得来自双边投资协定和国内法的双边保护，同时也限制了海外投资的东道国范围；日本单边保险模式无需国际投资协定为前提，只要符合国内法关于投资、投资者、东道国的规定即可投保，扩大了海外投资国东道国的

---

① 喻燕：《中国企业海外耕地投资战略风险研究》，华中科技大学论文，2011 年。

范围；德国混合保险模式并未明确限定以双边投资保护协定为前提，但在实践中大多承保签订保护协定的东道国投资，而且以协定为索赔依据。本书认为，跨国土地投资面临的风险比较特殊，从保护投资者利益的角度看，应该以农业投资双边保护协定为前提，采取双边保险模式，确保代位追偿权的实质行使。

在跨国土地投资承保机构方面，由于土地的敏感性，跨国土地投资面临的投资风险不同于其他直接投资，因此，本书认为，母国应结合跨国土地投资的特征和面临的风险，成立跨国土地投资政策性保险公司，承保投资风险。同时鼓励有实力的商业财产保险公司开设跨国土地投资保险业务。

（三）以社会责任投资理念指导跨国土地投资

晚近国际投资条约出现一种追求保护投资者利益与保护东道国公共利益平衡、强调发展维度的新趋势。在国际投资法体系中通过倡导社会责任投资理念，明确规定投资者义务与责任，以实现经济、社会、环境的可持续发展，促进国际公平与正义，为投资和东道国可持续发展提供足够政策空间。母国在鼓励本国投资者进行跨国土地投资时，应当强调社回责任投资理念，践行 VGGT 与负责任农业投资原则相关要求，促进负责任的跨国土地投资。

首先，母国应当要求投资者在跨国土地投资准入和经营阶段遵守东道国土地权属制度、国家安全审查制度及其他相关法律规定，制定针对不遵从行为的处罚措施，如拒绝对违反东道国法律所作的投资以及违反有关履行劳工标准、反腐败、环境、资源保护等条约义务的投资予以条约保护。

其次，母国必须保证国内政策不提倡对东道国人权、经济、环境产生负面影响的跨国土交易，促进投资者遵守可适用的企业社会责任。如母国可要求，如果跨国土地投资的风险过高则可以取消相关投资项目，或者对海外投资项目进行影响评估时，加强对人权、经济、环境标准的考量。

再次，母国可以对遵守人权相关准则的跨国土地投资者给予财政或外交支持，鼓励投资者遵守负责任农业投资原则。例如，根据加拿大对外投资者的企业社会责任，如果采掘业不参与加拿大经合组织国家联络办公室组织的对话调解程序，就会面临政府对企业在海外发展给予的服务和财政支持的撤销。

最后，母国可要求建立跨国土地投资的信息披露。为倡导高质量负责任的跨国土地投资，类似于美国多德—弗兰克法案和欧盟会计指令中对采掘业提出的强制性信息披露、评估和报告义务等要求可适用于海外农业和林业的企业投资项目。

（四）结论

跨国土地投资作为国际农业直接投资领域新出现的投资内容，是国际农业投资主体根据土地所在东道国法律规定的购买或租赁等方式获得土地并利用土地开展投资项目的投资行为。通过总结国际投资争端仲裁实践及分析国际投资协定中投资涉及的"资产"可知，外国投资者根据东道国法律开展的跨国土地投资作为"投资"领域中的一部分，属于国际投资协定中"投资"的范畴，将会在国际投资仲裁实践中得到确认。

跨国土地投资由于是一种农业投资，农业作为一种弱质产业，具有投资时间跨度长、投资回报收益慢的特点，往往容易导致外国投资者和东道国之间发生投资争端。跨国土地投资导致的投资争端与其他农业投资争端以及其他领域的国际投资争端类型不同，其往往涉及到东道国薄弱土地治理体制中复杂的土地权属关系。从法律角度而言，无论是国内法还是国际法、实体法还是程序法在跨国土地投资争端中都会有所涉及。在国内法方面，跨国土地投资争端可能涉及东道国国内土地法或投资法对土地投资项目的行政管制；在国际法方面，国际投资者作为个人根据东道国的相关承诺，通常享有国民待遇、最惠国待遇、公平公正待遇、获得持续和充分的投资保护等，同时必须履行在东道国内进行适当投资的相关义务。东道国则应当为投资者提供较为安全、稳定的跨国土地投资环境，并对境内涉及自然资源的相关投资进行管制。由此可知，多重法律关系同时贯穿于土地投资的全过程中，包括东道国与外国投资者之间的行政管理关系，东道国政府机构与投资者之间特许协议的合同关系，以及跨国土地投资母国与东道国之间的双边或多边条约关系。

在全球化世界，对跨国土地投资的管理主要为国际层面的制度。《国家粮食安全范围内土地、渔业及森林的负责任治理自愿准则》与《农业和粮食系统负责任农业投资原则》从不同的两方面对跨国土地投资进行规制。前者偏向为跨国土地投资涉及的东道国土地治理提供较为明确的法律指导框架，后者则对外国投资者开展负责任的跨国土地投资良好实践提出了具体要求，目的在于减少甚至避免跨国土他投资争端，促进全球农业投资的良性发展。同时，通过数据对比可知，大部分跨国土地投资涉及的土地交易至少受到一个已生效的投资协定的保护，因此当投资者与东道国之间发生跨国土地投资争端时，土地权利外国持有人也可根据投资协定中的争端解决条款提起投资者与国家间投资争端仲裁。国际投资协定中的有关征收、充分的保护安全、国家责任、合理期待等实质待遇条款是跨国土地投资争端常常涉及的内容。

随着土地压力加剧及土地关系更具跨国性，由跨国土地投资引发的以及与土地有关的争端的解决越来越依赖于投资协定与仲裁，不管是在国家层面还是在国际层面，国际投资协定均为跨国土地投资中的诉求留下了充足的发展空间，将对跨国土地投资以及更广泛的土地治理框架产生深远影响。尽管目前，并不存在为公众所知由跨国土地投资直接导致的基于投资协定的投资者与国家间投资争端仲裁。但是，全球范围内投资者与国家之间在短时间达成了上千份质量较低的土地交易合同，为解释和重新谈判留下了很大的空间，东道国终止协议或对协议进行重新谈判，提高跨国土地投资中社会、环境与经济考量标准的要求，以及在本国实施更为严格的土地治理措施，都使得政府更容易卷入潜在的跨国土地投资争端中。投资者与国家间争端仲裁庭已经对与土地重新分配、财产归还、土地估价、耕地占用、土地交易终止以及土地分区管制有关的国家行为的合法性进行了审查。这些投资仲裁先例为仲裁庭处理跨国土地投资争端提供了一些视角，包括：对通过腐败或其他非法手段设立的投资不予保护，考虑投资者在设立投资时是否认识到权属危险的存在。这些案例中形成的观点将如何在跨国土地投资争端中推进仍需予以关注。

基于投资协定的跨国土地投资争端反映了不同利益群体之间、

不同物权请求权体系之间及不同土地定义方法之间的碰撞与紧张关系。经常有争论认为，由于在东道国不存在政治利益代表，并且大型跨国土地投资常伴随着更高的经济风险，因此需要更加完备的法律制度对跨国土地投资中的外国投资者的利益给予特殊的保护。但是，这种对政治影响力形而上学的观点并未考虑接受跨国土地投资对东道国国民的影响。对许多低收入和中等收入国家的居民特别是对土地高度依赖的农村居民来说，他们所享有的土地权利是其实现基本人权的保障，这些基本人权包括财产权、食物权、公民住房权以及土著居民对其祖传土地所拥有的权利。但跨国土地投资对土地的利用可能会剥夺他们赖以生存的一切。从本质上来说，跨国土地投资争端的解决反映了外国投资者利益和东道国实施土地治理与保护公共利益之间的博弈。只保护跨国土地投资者的利益而对其他利益相关者的土地诉求不予理会，将会导致法律权利之间以及权力关系之间的失衡。从长远来看，通过特殊的法律安排以保障跨国土地投资不受国内法律体系缺陷影响的做法并不可取，更有效的做法应该是通过东道国与母国的共同努力，确立一套公平有效且能够满足所有人需求的跨国土地投资治理机制，利用国际投资协定在保护和促进跨国土地投资者权益与东道国监管权政策空间之间找到适当的平衡点。